MINERVA
はじめて学ぶ教職

12

吉田武男
監修

道 徳 教 育

田中マリア
編著

ミネルヴァ書房

監修者のことば

　本書を手に取られた多くのみなさんは，おそらく教師になることを考えて，教職課程をこれから履修しよう，あるいは履修している方ではないでしょうか。それ以外にも，教師になるか迷っている，あるいは教師の免許状だけを取っておく，さらには教養として本書を読む方も，おられるかもしれません。

　どのようなきっかけであれ，教育の営みについて，はじめて学問として学ぼうとする方に対して，本シリーズ「MINERVA はじめて学ぶ教職」は，教育学の初歩的で基礎的・基本的な内容を学びつつも，教育学の広くて深い内容の一端を感じ取ってもらおうとして編まれた，教職課程向けのテキスト選集です。

　したがって，本シリーズのすべての巻によって，教職に必要な教育に関する知識内容はもちろんのこと，それに関連する教育学の専門領域の内容もほとんど網羅されています。その意味では，少し大げさな物言いを許していただけるならば，本シリーズは，「教職の視点から教育学全体を体系的にわかりやすく整理した選集」であり，また，このシリーズの各巻は，「教職の視点からさまざまな教育学の専門分野を系統的・体系的にわかりやすく整理したテキスト」です。もちろん，各巻は，教育学の専門分野固有の特徴と編者・執筆者の意図によって，それぞれ個性的で特徴的なものになっています。しかし，各巻に共通する本シリーズの特徴は，文部科学省において検討された「教職課程コアカリキュラム」の内容を踏まえ，多面的・多角的な視点から教職に必要な知識について，従来のテキストより大きい版で見やすく，かつ「用語解説」「法令」「人物」「出典」などの豊富な側注によってわかりやすさを重視しながら解説されていることです。また教職を「はじめて学ぶ」方が，「見方・考え方」の資質・能力を養えるように，さらには知識をよりいっそう深め，そして資質・能力もよりいっそう高められるように，各章の最後に「Exercise」と「次への一冊」を設けています。なお，別巻は別の視点，すなわち教育行政官の視点から現代の教育を解説しています。

　この難しい時代にあって，もっと楽な他の職業も選択できたてあろうに，それぞれ何らかのミッションを感じ，「自主的に学び続ける力」と「高度な専門的知識・技術」と「総合的な人間力」の備わった教師を志すみなさんにとって，本シリーズのテキストが教職および教育学の道標になることを，先輩の教育関係者のわれわれは心から願っています。

　2018年

吉　田　武　男

はじめに

　今日，日本の教育現場は大きな転換期にさしかかり，道徳教育もまた新たな局面を迎えている。本書は，基本的には教職を志す学生向けのテキストであるが，本書の編集においては，教職にたずさわる者だけでなく，道徳教育の教科化を契機として道徳教育に関心を抱くようになった人々が，より深く，道徳教育について学ぶことができるよう心掛けた。

　第Ⅰ部「道徳教育の基礎・理論」では，道徳の概念や道徳教育の諸理論などを取り上げた。「道徳とは何か」「道徳を教えるとはどういうことか」等について，学習指導要領上の目標や内容からだけでなく，より深く，より広い視野から多面的・多角的に捉え直すことができるよう積極的に学んでほしい。

　第Ⅱ部「日本における道徳教育の歴史」では，明治期の「修身科」の発足から今回の道徳の教科化までの歴史についてまとめた。道徳の教科化は，直接的には「いじめ問題」を契機としているが，教科化をめぐる議論はそれ以前から存在してきたものであり，その議論は道徳教育の本質を問うものでもあった。学習者らにはその点も歴史から学んでほしい。

　第Ⅲ部「教科化時代の道徳教育」では，今回の学習指導要領改訂の趣旨や内容等を踏まえ，教科化を迎えた今日の道徳教育および道徳科についてまとめた。指導体制，教科書，評価などについて，従来と変更された点や踏襲された点をおさえつつ，そこから浮かび上がってくる道徳教育の特質について理解を深めてほしい。

　第Ⅳ部「新たな時代の道徳教育」では，現代的な諸課題の例として，環境教育，情報教育，人権教育を取り上げた。これらは日本だけでなく，国際社会においても取り組まれている諸課題である。ここでは現代的な諸課題への取り組みに関する国内外の動向についてふれているので，いずれ自分なりの指導計画を立てることができるよう，これらの諸課題についてどのように指導していけばよいのか，考えてみてほしい。

　第Ⅴ部「価値教育をめぐる諸外国の動向」では，アジア圏も含め，できるだけ多くの国々を紹介することができるように努めた。その際，あえて統一的な枠組みのなかにはめ込むことをせず，各国を研究対象とする専門家のとらえ方を尊重した。それは，めまぐるしく変化する社会において，政策は日々移り変わり，地域ごとに多様な取り組みがなされ，ネットワークによってつながるボーダレスな世界市民も誕生するようになってきた昨今の世に「国家百年の計」といわれた時代の編集の仕方はなじまなくなってきているように思われたからである。また，それらは非常に限られた紙幅の中で紹介されたものでもあるため，学習者には本書で紹介される多くの国々について，随時，情報の補充や更新を心掛けながら，日本の道徳教育を相対化する視点を養ってほしい。

　《巻末資料》として「「学習指導要領」平成20年版と平成29年版の比較対照表」【小学校版】と【中学校版】を掲載した。比較対照表の作成にあたっては，総則のなかに道徳教育に関する記述が大幅に増えたことを考慮し，総則のなかの道徳に関わる記述も抜粋した。また，比較する学習指導要領は平成20年

版と平成29年版を選択した。道徳教育に関しては，平成27年に一部改訂が行われたこともあり，平成20年版と平成27年版の比較や平成27年版と平成29年版の比較対照表は散見されるが，総則を含めて平成20年版と平成29年版を比較した対照表は管見の限り見あたらない。しかし，従来の道徳教育との違いをより明確にするため，これまで教育現場に浸透してきた平成20年版の学習指導要領と平成29年版を比較した方がよいと判断した。

　冒頭にも述べたように，今日道徳教育は新たな局面を迎えているが，児童生徒は生活のなかで道徳的な場面に直面しながら日々成長していくものであるということ，そのような日々の生活のなかで児童生徒と直接向かい合う教師が重要な役割を果たすということに変わりはない。本書を通じてそのような役割を果たすことのできる教師が一人でも多く育ってくれることを期待したい。

　最後に，本書を刊行するにあたり，ミネルヴァ書房編集部の河野菜穂氏をはじめ，多くの方々に協力いただいた。心から感謝と御礼の気持ちを申し上げたい。

　2018年4月

編著者　田中マリア

目　次

監修者のことば

はじめに

第Ⅰ部　道徳教育の基礎と理論

第1章　道徳とは何か……………………………………………3
1　道徳の二側面………………………………………………3
2　変化する社会と道徳………………………………………5
3　道徳の新たな捉え方………………………………………9

第2章　道徳教育の諸理論（西洋）……………………………13
1　デュルケムの道徳教育論…………………………………13
2　デューイの道徳教育論……………………………………15
3　道徳性発達に関する心理学研究とそれに基づく道徳教育論………17
4　近年の，そしてこれからの道徳教育の展開……………21

第Ⅱ部　日本における道徳教育の歴史

第3章　修身科時代の道徳教育…………………………………25
1　「学制」と修身科の開始…………………………………25
2　徳育論争と修身科…………………………………………26
3　教育勅語と修身科…………………………………………28
4　大正新教育と修身科………………………………………30
5　総力戦体制下と修身科……………………………………32

第4章　全面主義道徳から特設道徳へ…………………………35
1　全面主義道徳教育の時代…………………………………35
2　特設道徳の誕生と展開……………………………………37
3　心の教育の提唱と道徳の時間……………………………39

第5章　「道徳の時間」から「特別の教科　道徳」へ…………43
1　教育再生実行会議第一次提言と道徳教育の充実に関する懇談会報告………43
2　中央教育審議会答申から学習指導要領改訂へ…………45

3 道徳の教科化の必要性と教科化した道徳教育への期待 …………………… 46

4 道徳の教科化成立以降の動向 …………………………………………………… 48

第Ⅲ部　教科化時代の道徳教育

第6章　指導体制と担当者 ……………………………………………………………… 55

1 学校における道徳教育の指導計画 …………………………………………… 55

2 道徳教育推進教師の役割 ……………………………………………………… 60

3 授業担当者としての学級担任 ………………………………………………… 61

第7章　道徳教育用教材 ………………………………………………………………… 65

1 道徳授業の読み物教材の性質 ………………………………………………… 65

2 これまでの道徳教育用教材 …………………………………………………… 66

3 教材開発の方法 ………………………………………………………………… 69

4 教材活用の視点 ………………………………………………………………… 71

第8章　道徳教育における評価 ………………………………………………………… 75

1 道徳教育における評価の困難性と必要性 …………………………………… 75

2 「特別の教科　道徳」における評価の諸相 ………………………………… 77

3 道徳教育における評価の課題と展望 ………………………………………… 83

第Ⅳ部　新たな時代の道徳教育

第9章　道徳教育における環境教育 …………………………………………………… 87

1 環境教育の動向 ………………………………………………………………… 87

2 各教科と環境教育との関連 …………………………………………………… 90

3 道徳教育における環境教育の実践 …………………………………………… 92

4 道徳教育における環境教育のための教材 …………………………………… 93

第10章　道徳教育における情報モラル教育 ………………………………………… 97

1 情報モラル教育の動向 ………………………………………………………… 97

2 各教科と情報モラル教育との関連 …………………………………………… 100

3 道徳教育における情報モラル教育 …………………………………………… 103

4 情報モラル教育のための教材 ………………………………………………… 104

第11章 道徳教育における現代的な課題の取扱い
　　──国際的な人権教育から……………………………………………… 107
　1　新学習指導要領における現代的な課題の取扱い ……………………………… 107
　2　現代的な課題への取り組みに関する国際的動向 ……………………………… 109
　3　体験型学習による教育方法原理 ………………………………………………… 110
　4　ファシリテーターとしての教師に求められる資質・能力……………………… 113

第Ⅴ部　価値教育をめぐる諸外国の動向

　1　アメリカ ……………………………………………………………………… 119
　2　イギリス ……………………………………………………………………… 125
　3　ドイツ ………………………………………………………………………… 130
　4　フランス ……………………………………………………………………… 136
　5　スイス連邦 …………………………………………………………………… 142
　6　韓　国 ………………………………………………………………………… 148
　7　中　国 ………………………………………………………………………… 154
　8　シンガポール ………………………………………………………………… 160
　9　タ　イ ………………………………………………………………………… 166
　10　マレーシア …………………………………………………………………… 172

巻末資料
索　　引

第 I 部

道徳教育の基礎と理論

第1章
道徳とは何か

〈この章のポイント〉

　本章ではまず「道徳」の語源的意味に触れたうえで，道徳の機能の面から「閉じた道徳」と「開かれた道徳」，目的の面から理想主義と現実主義の二側面を取り上げ，それぞれのメリット・デメリットを示す。そして，われわれの道徳性は動物とも共通する萌芽から進化，発展したことを踏まえて20世紀の社会で求められた道徳と対比しながら21世紀の社会で求められつつある道徳について考察する。そのうえで道徳を善悪の二分法ではなく連続した斜面上の移動と捉える視点を示す。この視点から本章では理想主義と現実主義の両方から道徳を捉える必要性について学ぶ。

1　道徳の二側面

1　道徳の語源的意味と機能的に見た二側面

　「道徳」は，ラテン語で「気質」や「慣習」を意味する mores（モーレス）に由来する英語の moral の訳語として明治時代以降，用いられるようになった。「道徳」は，元々「道」と「徳」の合成語であるが，「道」は人として守らなければならないことや行わなければならないこと，「徳」は人が人間性，性格，考え方をよくするために習得すべきものや人が善いことと悪いことを判断して正しい行為をするために守り従わねばならない規範の全体を意味する。

　道徳は社会においてどのような機能を果たしているだろうか。ベルグソンは，道徳には「閉じた道徳」と「開かれた道徳」の二側面があることを論じている。「閉じた道徳」とは，人類が歴史的に血族的な人間関係から次第に社会の規模を拡大していく過程において，自然に発展してきた道徳であり，その社会の「ならわし」や「しきたり」といった人間関係における振る舞い方とその振る舞いをすることで身についた性質や考え方，価値のなかで，その社会集団内の成員が守り従わねばならないとされるものである。

　例えば，挨拶の仕方には，学校や職場，仲間集団など社会集団によってさまざまに異なる「しきたり」がある。学校では大きな声でハキハキと挨拶することが「しきたり」となっていることが多いが，葬儀社の社員が葬儀場で行う挨拶は，恐らく学校のそれとはまったく異なっているであろう。外形は異なって

▷1　アンリ・ベルグソン（H. Bergson，1859〜1941）フランスの哲学者。1932年に最後の主著として発表された『道徳と宗教の二源泉』では，人間が社会を構成するうえでの根本問題である道徳と宗教について独自の考察を行っている。

第Ⅰ部　道徳教育の基礎と理論

いても，挨拶には相手の存在を認め，人間関係を保っていることを相互に確認し合うことで，集団の結束を固め，社会の秩序や安寧を保つ機能がある。このように「閉じた道徳」には，社会の秩序を保ち，社会を維持する機能がある。その一方，「閉じた道徳」には，「ならわし」や「しきたり」に従わない者を非難し，その社会集団から排除してしまうことで排他的な社会を築き，その社会集団の外部との交流を断ち切って対立を深めたり，変化する環境に対応できずに孤立したりする危険性もある。ベルグソンは，周囲の他の社会との対立，闘争に明け暮れる「閉じられた社会」を克服するために「閉じた道徳」から国家を超えて人類全体を包み込める「開かれた道徳」への飛躍が必要だと論じた。

　「開かれた道徳」とは，時代や社会によらず，人類すべてに通用しうる，あるいは支持されうると考えられる性質や考え方，価値のことである。例えば，挨拶の仕方は時代や社会によって変化するが，その本質である礼儀は時代や社会によらず，人類すべてに通用し，支持されうるものと考えられている。挨拶はしばしばその本来的な目的が忘れ去られたり，習慣の異なる異民族と交流する際には通じなかったりすることがある。そのような場合，礼儀とは何か，挨拶を通じて相手に伝えたいことは何か，ということを考察し，実践しながら行動を修正することで新たな挨拶のあり方を構築する必要が生じる。このように「開かれた道徳」には変化する社会状況に対応して「閉じた道徳」を修正する機能がある。その一方，「開かれた道徳」は，例えば礼儀とは何か，について人類すべてに通用し支持される明確な定義を示せないように，永久に探究し続けなければならず，探究をやめて固定化した「道徳」を相手に要求するようになれば「閉じた道徳」となって対立，闘争を生み出してしまう危険性もある。

　したがって，「閉じた道徳」と「開かれた道徳」はベルグソンが言う「閉じた道徳」から「開かれた道徳」へと飛躍する一方通行の関係ではなく，社会を維持する機能と社会を発展させる機能が補い合う関係と捉えるべきであろう。「閉じた道徳」と「開かれた道徳」を互いに補い合う関係と捉え直すことで，道徳には社会の維持と発展のバランスをとる機能があることが明らかになる。

［2］　道徳に関する思考の起点から見た現実主義と理想主義の二側面

　道徳教育によって社会の維持，発展を図る際に道徳を捉える視点には，現実の姿から出発してよりよい姿を目指す現実主義とあるべき姿から出発してその理想の実現を目指す理想主義の2つがある。

　現実主義の視点では，現実に道徳的問題が生じている場面や状況においてわれわれはどのように感じ，行動する傾向があるか，そして，その傾向がもたらす問題をどのように解決すればよいか，あるいは解決が困難な場合にはどのように折り合いをつければよいか，という観点から現状の維持・改善を図ろうと

する。そのため，道徳的価値の理想よりも当事者に対する人間理解が重視される。現実主義は達成可能な目標を目指すがゆえに達成できたかどうかの評価が容易である反面，単に世渡り上手を目指すにとどまり，社会の道徳的な問題には目を向けず現状維持に留まる危険性もある。

理想主義の視点では，道徳的価値の理想はどうあるべきか，その理想を実現する行動や生き方とはどのようなものか，という観点から理想の実現を目指す。そのため常に現実の人間や社会のあり方を批判的に捉え，その改善を図る強い原動力となりうる反面，現実には実現不可能な究極の理想を提示するだけに留まって道徳を建前だけのものにしたり，互いに相容れない理想を抱く異なる社会集団間で対立を深刻化させたりする危険性もある。

2　変化する社会と道徳

1　道徳の生態学的起源としての互恵的利他性（現実主義的観点）

① 動物の道徳性と人間の道徳性

古来より道徳や道徳性について，理想主義的な観点から哲学や倫理学の分野でさまざまな議論が行われてきたが，現在に至るまで合意は得られていない。これに対して近年，進化心理学や認知神経科学の分野で，現実主義的な観点から道徳性についての考察が行われている。進化心理学では，道徳性とは道徳的行動を支える性質であり，チンパンジーなど社会的動物も自分と遺伝的に無関係な他者を援助するために，時間やエネルギー，資源を費やす互恵的利他性としての道徳性を備えていると捉える。そして，チンパンジーなどにも不公平なエサの分け方を拒否する公平さやエサをひとり占めする仲間に制裁を加える正義感が見られることから，人類の道徳性は社会的動物の道徳性からさらに高度に相互依存的で協力的なものへと進化したものと捉えられている。

では，人間の道徳性と他の動物の道徳性とが区別される点はどこにあるのだろうか。近年，人間（ホモ・サピエンス）と他の類人猿の違いとして，虚構について語り，信じる力が指摘されている。虚構の物語である宗教や貨幣，国家，学校などの存在を人々が信じ，血縁も面識もない人々が同じ行動様式で協力し合うことによって，人間だけが少人数の血族による狩猟生活から抜け出して数千名〜数億名による高度に文明化した社会生活を送るように進化できたのである（ハラリ，2016）。また，母子の愛着から「象徴的なものに愛着を感じる」ように進化したことが人間の道徳性に決定的な役割を果たしているとする見方もある。人間が親族の範囲を超えて他者の身になって感じる感情的な絆を発展させた「延長された愛着」は集団での狩猟，住居の建設，儀式への参加などを促

▷2　互恵的利他性
ある個体が他の個体の利益になる行為をあとからの見返りを期待して即座の見返りなしに行おうとする性質。進化生物学者のロバート・トリヴァース（Robert L. Trivers）が1971年に提唱した「互恵的利他主義」に基づく。

した。それにともない，集団内での協力と集団間の競争，集団外の人々への攻撃性も促進し，それらが愛や共感と関係する思いやりの道徳だけでなく，義務の感情に基づくルールとしての道徳の根源になっていると考えられている。

② 現実主義的に見た道徳性

　以上の現実主義的な議論についても，仮説や推測の域を出ていないが，こうした進化心理学や認知神経科学における道徳性に関する現実主義的な議論は，われわれに何をもたらすだろうか。

　一つには，われわれ人類がとくに無意識や感情のレベルでは動物とも共通する道徳性を備えており，それによって突き動かされていると自覚できることがあげられる。例えば，正義感は協力的な社会集団のなかでは不公平な分配を避けるための他者への気遣いとして現れることが多いが，競争的な社会集団では不正な利益を得たと疑われる者に対する攻撃性として現れがちである。その結果，不正な利益を得たという疑いをかけた他者への共感を失い，正義の名のもとに過剰な攻撃を当然のこととして正当化する傾向をわれわれは誰もがもっている。このことを自覚することで，正義を貫くことのよさとその危険性の両方を踏まえた行動について考えることができるようになるだろう。

　もう一つは，信頼の大切さである。「道徳」もまた人類が生み出した虚構だといえるが，その存在を信じ，それに従って生きることでより広い範囲の社会集団の成員同士が交流し，協力し合う可能性が拓かれてきた。そして，現代において富は金銀宝石などの物質よりも，人的資源や技術的ノウハウ，銀行口座の情報といった人間同士の信用・信頼の形で蓄積されるようになっている。物質は力で奪うことができるが，信頼を力で奪うことはできない。その結果，国家が侵略戦争によって得られる利益よりも他国と平和な関係を築くことによって得られる利益の方が大きくなったために国家間の全面戦争が起きる可能性が極めて低くなったとする見方もある。互いに相手を憎んで攻撃する行動のあり方よりも，互いの価値観や考え方，行動のあり方について相互理解を深めながら信頼を深めていく行動のあり方によさを認め，それに従って生きることのよさをわれわれは人類が歩んできた道から学ぶことができるのである。

　最後に，道徳は固定したものではなく，われわれの行動や生き方によって進化，発展させられるものだという認識である。道徳が動物と共通の本能的な部分を核としながらも，人類の歴史を通じて進化，発展してきたものであるならば，急激に変化する現代社会に生きるわれわれも道徳をさらに進化，発展させられる可能性を備えているとともにその必要に迫られているといえよう。

2 これまでの社会で求められた道徳とこれからの社会で求められつつある道徳

① 20世紀の行動規範と21世紀の行動規範

　20世紀のわが国は，前半から中盤にかけてが製鉄・重化学工業などの生産財産業[3]が発展する製造業中心社会，後半が家電製造業などの消費財産業やサービス業が発展する消費者中心社会であった。製造業中心社会で求められる行動規範は，その集団の目的や目標を疑問をもたずに従うべきものと受けとめ，上の立場の人間の考え方や価値観に忠実に従って各自に与えられた役割を果たすことである。そして，消費者中心社会で求められる行動規範は，その場の活動の目的や優先順位を自分自身の行動規範として内面化し，その行動規範の範囲内で相手の意向や状況に応じて自ら判断し，主体的に行動することである。

　以上にあげた道徳は，もちろん現代の社会においても必要なものである。しかし，21世紀の社会は知識基盤社会[4]と言われるように，モノ自体よりもモノに付随する情報やモノと一体となったライフスタイルを創造することが中心になりつつある。そして，それに応じてわれわれのライフスタイルや価値観を急激に変化，発展させる必要性にも迫られている。1995年に Windows 95 が発売され，インターネットが一般に普及し始めてわずか20年余りで Amazon や Google は世界的な企業へと発展し，コミュニケーション手段も電話や FAX から E メール，Twitter，LINE，Facebook など多様化するとともに，その移り変わりや普及の時間がどんどん短縮されてきている。それにともなって，われわれも日常生活を円滑に営むためには絶えず行われているデジタル機器のアップグレードについていかざるを得なくなっている。このような現代社会のわれわれは「永遠の初心者」であり，生成され続ける情報をスクリーニング（画面に映し出しながら必要なものを選別すること）して他者と共有しながら再構成したり，経験を創造，拡張したりしながら常に変化，流動する社会環境に対応する状況になりつつあることが指摘されている（ケリー，2016）。

② これからの社会で求められつつある道徳

　このようにわれわれのコミュニケーション環境が常に変化，流動する社会においては，道徳についても変化する側面が重視されることになるだろう。歴史的に善の定義はさまざまになされてきたが，わが国の現状では，神のような存在に善悪の基準を求めることは現実的ではない。また，20世紀の製造業中心社会や消費者中心社会で行われてきた幸福の総量を最大化する功利性に善悪の基準を求める方法についても，個々人の個性の違いや潜在的可能性を無視して個々人を同じものと扱う非現実性が問題視されつつある。このように善悪の物差しを神や功利性などの抽象的な信念に求めてそれらに無条件に従うことを他

▷3　生産財産業
産業商品の用途による分類カテゴリーの一つで，他の産業の原材料を生産する産業を指す。他に生産手段を生産する投資財産業と消費にあてられる財を生産する消費財産業がある。

▷4　知識基盤社会
新しい知識・情報・技術が政治・経済・文化をはじめ社会のあらゆる領域での活動の基盤として飛躍的に重要性を増す社会。2005年の中央教育審議会答申「我が国の高等教育の将来像」で示された。

第Ⅰ部　道徳教育の基礎と理論

> 5　ジョン・デューイ
（J. Dewey, 1859~1952）
アメリカの哲学者・教育学者。シカゴ大学に実験学校を設立し，生活経験を中心とした教育の実践を行った。

者にも要求する理想主義は，先にも述べたように，現実には実現不可能な理想を提示するに留まって道徳を建前だけのものにしたり，互いに相容れない理想を抱く異なる社会集団間で対立を深刻化させたりする事態を克服することができない。20世紀初頭にはすでに生じていたこのような問題を克服するため，デューイは『人間性と行為』において，道徳を「成長する科学」と述べ，善悪の基準を根拠のない抽象物に求めずに善を社会的意義の柔軟な創造活動であると定義している。このような善の定義であれば，神を信じる人々も功利主義を信じる人々もそれぞれが善と考える行動がどのような社会的意義を生み出すのか，について相互に議論することが可能となる。それによって，変化する社会において柔軟に道徳を捉え，道徳性を育てることができるだろう。

③　「自由の相互承認」の原理

> 6　構造構成主義
あらゆる存在や意味は，われわれの身体や欲望や関心と相関的に立ち現れてくる，とする関心相関性に基づいて，所与の確信を「構成された構造」と捉え，その確信成立の条件を解明することで，建設的な議論に基づく実践的な人間科学を構築しようとするメタ理論。意味や価値を含む人間的な事象を，それを捉える研究者の関心や目的との相関と構造構成のプロセスを明示する形で科学的に扱う。

　しかし，デューイの定義では，善とされるものの社会的意義についての議論はできるが，社会的意義の有無や程度の判断基準は示されていないため，議論を収束させられず，善は人それぞれに異なるという相対主義を克服できない。この問題に対して，自分や他者が「正しい」「よい」と考える行為や生き方の背後にある身体，欲望，関心と，なぜその行為や生き方を「正しい」「よい」と考えるに至ったかということを互いに議論し，「正しさ」の捉え方は立場によって異なることを理解したうえで，互いの自由を尊重するためにそれぞれが求める「正しさ」や「よさ」の折り合いをつける方法として，構造構成主義が提案されている。構造構成主義は多職種が連携するチーム医療の現場に応用され，「自分にとっての当たり前が他人にとっての当たり前ではない」ことに気づいて「感じ方や考え方は人それぞれだという理解を前提にしたうえで，それでもなお前に進むために協力できるところはやっていこう」とするという形で実践に移されている。この実践が方法化され，立場や専門性の違いから生じる信念の対立を解明し，互いに折り合いをつける方法として信念対立解明アプローチが開発されている。信念対立解明アプローチでは「感じ方や考え方は人それぞれ」という相対性を克服する原理を「自由の相互承認」に求めている。すべての人間が不自由な状態から解放されて自由になりたいと願うことは，誰も否定できない事実である。そして，各自が自由を得るために富や権力を得ようと争い続けてきた。しかし，どんなに巨大な富や権力をもっても，自分の自由を力ずくで他人に認めさせ続けることは長い目で見れば不可能なことは独裁者の生涯を見れば明らかである。だから，自分が自由になるために，他者も自由を求めていることを，互いに承認し合うことで互いの自由のあり方を調整する必要がある。このことは「自由の相互承認」の原理と呼ばれている。

> 7　信念対立解明アプローチ
人間関係のトラブルは無意識に自分にとっての常識を拡大解釈し，他人にとってもそれが常識であると思い込むために生じると捉える。このような人間関係のトラブルに対して，感じ方や考え方は人それぞれだと自覚する相対可能性とそれでもなお前に進むために協力できるところは協力しようとする連携可能性とを構造化された問いによって引き出す方法。

　信念対立解明アプローチでは，「自由の相互承認」は誰もが疑うことのできない原理とされている。しかし，現実には自己肯定感が低く，他者から認めて

8

もらえない人物が自由を求めていると自覚することは困難である。また，巨大な権力や富をもった人物は，その力を誇示して他者を支配したくなるものであり，そういった人物の周囲には自分の自由を失っても支配されて楽に生きたい人々が群がることは権力者の周囲に集まる人々の姿から明らかである。

　したがって，「自由の相互承認」の原理は，自他の行為の結果を長期的視野から考察できる人格を備えた成熟した大人によって社会が構成されていることを成立の前提としているといえよう。だから，子どもたちの「自由の相互承認」の感度を育むことでそれを実質化させるために公教育が必要とされるのである。では，そのような「自由の相互承認」の感度を備えた成熟した大人の人格とはどのようなものだろうか。「自由の相互承認」の感度とは，価値観や感受性が異なっていても，それが自他の自由を著しく侵害しない限り，たとえそれに共感できなくてもその存在だけは認める，という態度のことである。

　「自由の相互承認」に基づく社会のあり方は，人々が一定の価値観や規範を共有しながら富や権力による支配・被支配の関係を結ぶ社会ではなく，感じ方や考え方の違いを認め，できるところは協力し合うことでゆるやかな信頼関係を結ぶ社会であろう。それは，「永遠の初心者」として学び続けながら価値やライフスタイルを創造する社会でもある。

3　道徳の新たな捉え方

1　行為と習慣および意識と無意識の関係

　前節で論じたこれからの社会で求められる道徳を育む教育を行うには，道徳の捉え方を見直す必要がある。わが国の道徳教育では，道徳的行為とその基盤となる道徳的判断力や道徳的心情に重点を置いて道徳性が捉えられ，習慣についてはほとんど重視されてこなかった。それは，善を行おうとする心情や判断といった個人の意識的な行為の側面に焦点を当てて道徳性が捉えられ，環境や状況とそれらが集団においてどのように捉えられてきたかといった集団的な潜在意識や直観に基づく習慣の側面が軽視されてきたことによるものだろう。

　近年の社会心理学の議論では，近代に，どのような習慣や人格を備えた人になるべきかという人格に焦点を当てた議論から，特定の行為が正しいか間違いかを問う行為に焦点を当てた議論へと道徳性に関する議論が狭まったことで道徳性が弱体化した，とする見方がある。その原因は，普遍妥当的な原理に基づく道徳的義務に従って行為すべきことを主張するカントと行為の結果が社会全体の利益を最大化するよう行為すべきことを主張するベンサムの議論が西洋社会に浸透したことにあるとされている。また，われわれは道徳的判断に基づい

▷8　イマヌエル・カント
(I. Kant, 1724〜1804)
ドイツの哲学者。人間が従うべき道徳法則を「汝の意志の格律がつねに同時に普遍的立法の原理として妥当するように行為せよ」という定言命法として定式化した。

▷9　ジェレミ・ベンサム
(J. Bentham, 1748〜1832)
イギリスの哲学者。幸福をもたらす行為を善と考え，個々人の行為がもたらす幸福の総計が社会全体の幸福であり，社会全体の幸福を最大化すべきとする「最大多数の最大幸福」の原則を主張した。

て行動していると捉えているが，実際には直観に基づいて行動し，その行動の理由は後から理性によって正当化しているにすぎないことも心理実験によって明らかにされている（ハイト，2014）。

たしかに，行為の後づけであっても道徳的判断力を身につけることは自他の行為を振り返って反省するために必要である。しかし，よりよく生きるには判断や心情，行為を正しく行う個人的で行為的な側面だけでなく，無意識的な習慣や自然的社会的な環境を意識化して集団の成員が互いに支え合いながら問題に折り合いをつける集団的で人格的な側面も捉えていく必要があるだろう。

[2] 道徳についての善悪二分法の捉え方の問題点

特定の行為が正しいか間違いかを問う行為に焦点を当てた道徳の議論が道徳教育に導入されたことで，ある行為が客観的に善か悪に分けられるとする善悪二分法の捉え方も当然のようにわれわれの生活のなかに浸透している。ただし，現実の生活ではわれわれは，互いの人格をよく理解し，信頼関係がある場合には善悪二分法を適用せず，一見悪く見える行為であっても，そうせざるをえなかった事情やその人物の普段の言動を考えて柔軟に判断しているはずである。ところが，見知らぬ人や関心が薄い相手には安易に善悪二分法を適用し，相手の行為の善悪を決めつけがちである。とくに道徳的に悪いと見なされた人物に敵意や嫌悪感を抱いた場合には，異なる視点から見直すことなく相手に対する誹謗中傷を正当化してしまう現象がしばしば見られる。逆に，道徳的によい人物だと評価している場合でも，その人物に一つでも悪いと見なされる行為が見られれば，評価が悪い人物へと一気に逆転してしまう現象も見られる。

善悪二分法の捉え方は一般的に自分自身には適用されず，自分の行為が周囲から悪いと指摘された場合にはそうせざるを得なかった事情を述べたり，自己を正当化したりすることが多い。しかし，善悪二分法を自分に適用すれば，個々の行為について周囲の評価を気にして主体的に行動できなくなったり，自分に自信がもてず自尊感情が極端に低くなったりする危険性もある。

[3] 道徳を連続した斜面上の移動と見る捉え方

個々の行為の善悪にとらわれすぎず，行為の積み重ねによって形成される習慣や人格を見通す視点で捉えるため，道徳や人格の成長を登山に喩えてみたい。図1－1では，道徳的行為はある瞬間の移動方向とその速度によって，道徳的習慣は行為の積み重ねにより移動した高度差によって，人格は到達した高さによって捉えられる。個々の行為は山を登る一歩一歩の歩みであり，よい習慣の形成は山の斜面をより高度の高い方向へ登ることに喩えられ，悪い習慣の形成は山の斜面をより高度の低い方向へと下ることに喩えられる。すなわち，

よい習慣を身につけること（上り坂を登ること）は身体的にも精神的にも辛く，時間がかかるが，時々努力を積み重ねてきた過程（自分が登ってきた道）を振り返ることで努力の成果を実感することができる（図1-1の矢印A）。これに対して，悪い習慣を身につけること（下り坂を下ること）は身体的に楽で，時間もかからず一気に身についてしまう（下ってしまう）。しか

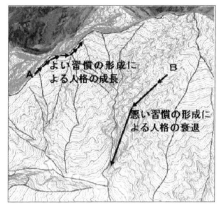

図1-1　登山に喩えた道徳の捉え方
出所：筆者作成。地図は Google Earth より。

も，悪い習慣をエスカレートさせる（下る速度を上げる）と自分で止めることができずに犯罪者へと転落する（坂道を転げ落ちる）ことにもなり得る（図1-1の矢印B）。このように山登りに喩えながら習慣や人格を含めて道徳を捉える視点では，個々の行為の善悪も大切だが，個々の行為の積み重ねによって形成される習慣の善悪とその変化や，習慣の積み重ねによって身についた人格の高さがより重視される。

このような捉え方をすることで2つのメリットが生じる。第一に，個々の行為をその行為が生じた背景や，結果として生じうる習慣といった過去や未来とのつながりにおいて捉えることができる。そのため，日常の小さな努力の積み重ねの意義を認めることができるとともに，小さな悪い行為に対する無関心が次第にその行為をエスカレートさせて大きな悪を平気で行ってしまう危険性も認識できる。

第二に，悪い行為をする他者を自分とかけ離れた凶悪な存在ではなく，状況によっては自分もそのようになってしまう可能性のある存在として捉えることができる。逆に偉大な善行を行った他者についても自分とかけ離れた素晴らしい存在ではなく，その人物の小さな努力の積み重ねから自分も学ぶことで自分もそのようになれる可能性がある存在として捉えることができる。このような認識を社会全体で共有することで，各自のよさや課題を理解し合い，人格の成長に向けて互いに学び合い，支え合う人間関係を築くことができる。

登山には自分がどこへ向かっているか，そして今どこにいてどのように進路をとるのがよりよいかを方位磁針と地形図から読み取る力が必要なように，人格の向上には，道徳的価値や生き方の理想像を追求する理想主義的な視点と，現実の生活における具体的な場面での言動とそれによって生じる結果の可能性を適切かつ多様に考える現実主義的な視点の両方が必要なのである。

第Ⅰ部　道徳教育の基礎と理論

Exercise

① 「閉じた道徳」と「開かれた道徳」について身近な事例をあげてみよう。

② 正義を貫くことのよさと危険性について身近な事例を基に考えてみよう。

③ 道徳を行為だけでなく，習慣や人格の側面から捉えることは，あなたの生き方や考え方にどのような変化を及ぼしうるか，考えてみよう。

📖次への一冊

フェアブレツェ，J. 他編，立木教夫・望月文明監訳『モーラルブレイン──脳科学と進化科学の出会いが拓く道徳脳研究』麗澤大学出版会，2013年。
　　進化生物学や認知神経科学などの分野における道徳についての科学的研究の最新成果に基づいて明らかにされたことと科学的研究の限界とが示されている。

デューイ，J.，河村望訳『人間性と行為』人間の科学社，1995年。
　　現実主義的観点から道徳を人間と環境の相互作用によって築かれた習慣と捉え，善悪の基準が社会によって変わる相対的なものであることを論じている。

ハイト，J.，高橋洋訳『社会はなぜ左と右にわかれるのか──対立を超えるための道徳心理学』紀伊國屋書店，2014年。
　　われわれは無意識に自集団に資する正義を志向するが，判断の根拠は後づけだと自覚することで異なる価値観をもつ人と理解し合える可能性が示されている。

引用・参考文献

ベルグソン，H.，平山高次訳『道徳と宗教の二源泉』岩波文庫，1953年。

デューイ，J.，河村望訳『人間性と行為』人間の科学社，1995年。

ハイト，J.，高橋洋訳『社会はなぜ左と右にわかれるのか──対立を超えるための道徳心理学』紀伊國屋書店，2014年。

ハラリ，Y.，柴田裕之訳『サピエンス全史　上・下』河出書房新社，2016年。

ケリー，K.，服部桂訳『〈インターネット〉の次に来るもの──未来を決める12の法則』NHK出版，2016年。

京極真『チーム医療　多職種連携の可能性をひらく　信念対立解明アプローチ入門』中央法規出版，2012年。

西條剛央『構造構成主義とは何か──次世代人間科学の原理』北大路書房，2005年。

苫野一徳『教育の力──すべての子どもに〈生きる力〉を』講談社現代新書，2014年。

フェアブレツェ，J.，ブレックマン，J.，ヴァネステ，S. 編，立木教夫・望月文明監訳『モーラルブレイン──脳科学と進化科学の出会いが拓く道徳脳研究』麗澤大学出版会，2013年。

ヴァール，F.，柴田裕之訳『共感の時代へ──動物行動学が教えてくれること』紀伊國屋書店，2010年。

第2章
道徳教育の諸理論（西洋）

〈この章のポイント〉

　古典的ながら現代の道徳教育研究・実践の土台をなす西洋の理論について学ぶことは，現在の道徳教育を批判的に吟味し，これからの道徳教育を創造していくのに欠かせないステップである。本章では，西洋における道徳教育の基礎理論として，デュルケムとデューイの各理論，およびコールバーグなどの心理学理論を取り上げ，それらの間の関係性にも着目して解説する。

1　デュルケムの道徳教育論

［1］　世俗的な道徳教育を求めて

　社会学の確立に大きく貢献したデュルケム（É. Durkheim, 1858～1917）は，彼の祖国フランスにおける宗教によらない道徳教育のあり方を探究した。歴史上長らく，宗教は道徳の役割も担ってきた。しかし，フランスでは第三共和政（1870～1940）の時に宗教が公教育から引き離された。そのため，宗教によらない世俗的な道徳教育が求められたのである。これに対するデュルケムの回答は，彼の講義を収録した『道徳教育論』（1925/1964）に詳しく記されている。

　デュルケムはまず，世俗的で合理的な道徳教育を構築するには，道徳から宗教的な要素をただ取り除くだけではいけないと警告する。私たちは道徳のなかに神聖さや威厳を見取ることで，道徳に反しないよう行為する。この神聖さや威厳は，道徳と宗教が一体であった時代には神の超越性に基づいていた。それゆえ，宗教的な要素を除くのみで，宗教に代わって道徳を基礎づける何かを見つけなければ，道徳の基本的な要素も同時に失われてしまうとデュルケムは考えるのである。そこでデュルケムは道徳の基本的な要素を探究し，次の三要素を提示するとともに，「社会」が宗教を合理的に代替することを究明している。

▷1　第三共和政
ナポレオン3世による第二帝政（1853～70）の後に成立した共和政体。現在のフランスは，第五共和政が1958年から続いている。

［2］　道徳の三要素

　デュルケムの考える道徳の第一の要素は「規律の精神」であり，これは規則性の感覚と権威の感覚からなる。道徳とは規則を集めた総体であり，道徳的な行為は規則に従うという点で共通する。しかし，規則は個人の外側に存在し，

第Ⅰ部　道徳教育の基礎と理論

個人から独立して個人を強制するものである。デュルケムは，それでも個人が規則に従う事実は，規則が個人にまさる権威を有することを示していると論じている。

　第二の要素は「社会集団への愛着」である。デュルケムにとって道徳的な行為とは，自己の利益の追求でも自己犠牲でもなく，個人を超える集団の利益をもたらす行為である。そして，この個人を超えるものこそ，家族や国家，人類といった多様なレベルで存在する社会である。デュルケムは社会を単なる個人の集合ではない人格的な存在と捉え，個人は社会に自ら愛着することで人間らしく生きることができると考える。ただし，現実的に愛着することができる最上位の社会としての国家は，排他的な愛国主義ではなく人類の普遍的利益を実現する理想を掲げるべきであることや，自然と生じる他者への愛着は，その他者が体現する社会的理想に愛着する時に初めて道徳的価値を有することに，デュルケムは注意を促している。

　第三の要素は「意志の自律性」である。自律性は，個人が社会に従属する上述の二要素と矛盾するようにみえるが，デュルケムはこの矛盾を科学の完成を信じることで解消しようとする。自然科学の発展によって，人間は自然に対する従属から解放されつつあるが，同様に道徳の存在理由や規定要因，諸機能を解明する「道徳の科学」が完成された時，私たちは道徳のすべてを把握し，自らの意志で自律的に道徳に服せるようになるという。デュルケムは意志の自律性を「道徳を理解する知性」とも表現する。道徳を知的に理解することは，宗教によらない合理的な道徳が成り立つための固有の要件なのである。

3　三要素を養う道徳教育

　道徳性の基本的要素に関する以上の論究を踏まえ，デュルケムは道徳教育の方法を提案する。まず，規律の精神に関しては学校規律の活用が強調される。規律のもつ権威を児童生徒に感じ取らせるため，教師自身がその権威を自覚し体得することが求められる。教師は時として罰を用いるが，それは苦痛を与えたり恐怖を植え付けたりする体罰などでは決してなく，規則の権威に背いたことへの非難であるという。社会集団への愛着に関しては，他者に共感できる利他性を前提としたうえで，この利他性によって集団に愛着することを学ばせるため，実際に集団生活を営み，集団感覚を身につけることが求められる。学校において個人の集合とは異なる「われわれ」の魅力を実感し，その集団としての歴史を認識することで，社会的理想に愛着する素地が形成されるという。これらと「道徳を理解する知性」を培う道徳の授業とで，デュルケムは道徳の三要素すべてを養おうとする。

　デュルケムの論述は今日の私たちからみるとやや理想主義的であり，集団へ

▷2　利他性
一般的には，自分自身を犠牲にしてでも（例えば，時間やお金などのコストを引き受けても）他者の利益になることをしようとすることを意味する。心理学，神経科学，進化生物学などの分野で，精力的に研究が進められている。

の従属が集団主義に陥る可能性も考慮する必要がある。しかし，「特別の教科 道徳」が始まる日本の道徳教育において，道徳教育全体における道徳の授業の 役割を改めて検討するうえで，デュルケム道徳教育論は今なお現代的な示唆を 与えるものといえるだろう。

2　デューイの道徳教育論

1 　新教育の中で

　プラグマティズム[3]の哲学者・教育学者であり，新教育[4]を批判的に先導した デューイ（J. Dewey, 1859～1952）は，道徳教育に関する論考を数多く残した。 デューイは19世紀末，教訓の一方的な伝達やヘルバルト主義の教授法[5]に基づく 道徳教育を批判した。産業化などで社会が常に変化し続け，日々新たな道徳的 葛藤が生じるなかでは，規則を昔の慣習に求める「慣習的道徳」よりも，理性 的な原理に訴える「反省的道徳」を身につける必要がある。また，子どもが獲 得する観念も，親切や正直などについての知識を意味する「道徳についての観 念」ではなく，人格の一部になって道徳的行為の動機としてはたらく「道徳的 観念」でなければならない。そう考えるデューイは，当時の道徳教育では何が 正しいのか，なぜ善いのかをつきつめて考えられず，得られる観念も善い行い を動機づけることにはならないとみなしたのである。

2 　間接的な道徳教育と授業形式の道徳教育

　子どもが「反省的道徳」や「道徳的観念」を獲得できる道徳教育のあり方と して，デューイは大きく2つの方法を提唱している。

　一つは，学校生活のあらゆる機会を通じて行う間接的な道徳教育である。こ れはデューイがシカゴ大学附属小学校で主導した，「実験学校」[6]での実践に基 づいている。デューイは学校を社会の縮図とすること，つまり社会生活の典型 的な特徴を，児童生徒が混乱しない程度に単純にしたかたちで学校のなかに再 現することを求める。そうすることで，他者との対等な交流を通して共通経験 を積める環境が学校内に整い，そのなかで児童生徒の社会的な認識や関心が発 達するとデューイは考えるのである。

　社会の縮図としての学校と社会的な認識や関心の発達との間には，児童生徒 が行う「仕事（occupations）」が位置づいている。デューイのいう「仕事」と は，社会が産業化し分業化していく過程で家庭から失われた手工など，かつて はそれによって知徳体の諸能力を発達させた諸活動を意味する。「仕事」は児 童生徒の興味関心をひくとともに，慎重な熟慮も必要とする。児童生徒は作業

▷3　プラグマティズム
19世紀後半のアメリカで生 まれ，発展した思想学派。 行動を重視し，観念の意味 も行動の結果によって明ら かになると考える。デュー イは教育を，哲学上の差異 が具体化される実験室とみ なしている。

▷4　新教育
欧米を中心に19世紀末から 20世紀初めにかけて数多く 展開された教育改革の総 称。それまでの教育（旧教 育）を画一的，管理的と批 判し，総じて子どもの興味 関心や自発的活動を重視し た。アメリカにおける新教 育は進歩主義教育とも呼ば れる。

▷5　ヘルバルト主義の教 授法
教育学を学問として初めて 体系化したヘルバルトが提 示した学習の心理的段階 を，「予備・提示・比較・ 総括・応用」という教授法 に矮小化したもの。本文に 示したように新教育によっ て批判されたが，国民教育 の展開には大きく寄与した とも評価される。

▷6　デューイはシカゴ大 学在職中の1896年，同大附 属小学校としてこの「実験 学校」（Laboratory school, 「実験室学校」とも呼ば れる）を設立し，教育研究を 展開した。

第Ⅰ部　道徳教育の基礎と理論

場や実験室で生活の一部として「仕事」に取り組み，他の児童生徒と協力して思考をはたらかせるなかで，他者とともに生きるのに必要な感受性や判断力，習慣などを発達させることができる。

このようにデューイは，「仕事」を核とする協同的な学習を展開することで，学校外の社会でも生き生きとはたらく「道徳的観念」が獲得されると考える。デューイは，熟慮し協同しながら「仕事」を進めるには，決められた行動をとる「慣習的道徳」ではなく「反省的道徳」が有効であると考える。プラグマティストのデューイにとって民主主義こそ「反省的道徳」を身につけられる場であるが，それは単なる政治制度に留まらない。それは試行錯誤することが可能な，生き方としての民主主義であるといえる。

デューイが提唱するもう一つの方法は授業形式の道徳教育であり，彼はそれを「実験学校」を始める前に提案している。デューイによると，倫理学を学ぶことは固定した規則を学ぶことではなく，私たちがお互いにどのように義務づけられているのかを客観的に学ぶことである。それゆえ，単に「どうすべきか」ではなく，とるべき行為を決定する方法について議論すべきであるという。決め方を考えるためには，問題状況に関わる人がもつ欲求や置かれた状況をその原因も含めて調べたり，行動の結果を想像したりする活動が求められる。デューイは，これらの活動を具体的事例に即して行うことで，社会生活について認識を深められるとともに，問題状況に直面した時にその認識を活用しようとする習慣が形成されていくと論じている。

3　二つの道徳教育は矛盾するのか

以上の2つの方法について，デューイが授業による道徳教育を後に軽視，批判したことから，2つの方法の間の矛盾を指摘されることがある。この指摘に対しては，「実験学校」で理想的な実践を行った後のデューイは授業の必要性を感じなくなったと考えられるが，理想的な教育環境を整備できない現実の学校では授業が必要になるという反論もある（柳沼，2012，53ページ）。しかし，人間の意思決定に関する研究動向を念頭に置くなら，間接的な道徳教育はどちらかというと直観に基づく意思決定の経験を蓄積する場として，授業による道徳教育は反省的で意識的な意思決定を訓練する場として，ともに積極的意義を有すると考えられる。この役割分担は，デューイが価値について論じる時の本質的価値と道具的価値の区別にも対応するようにみえる。なお，デューイの提唱した授業による道徳教育は，近年関心の高まる哲学教育や，第Ⅴ部の1で取り上げる価値の明確化（values clarification）に一部継承されている。

最後に，授業の是非を問うことは，学校生活を通じた道徳教育の質を問うことにもつながる。デューイは，学校生活のありようによっては児童生徒の道徳

▷7　デューイにとって本質的価値とは，人がそれ自体を目的としてある活動（例えば音楽鑑賞など）のよさを実感することを意味する。道具的価値とは，ある別の目的のための手段として，複数ある活動を比較し選択することを意味する。

的成長が阻害される可能性があることも的確に指摘している。いわゆる潜在的カリキュラム（hidden curriculum）[8]の研究がデューイの影響を受けたことを，潜在的カリキュラムの一部をなす教師は日々自覚する必要がある。

3　道徳性発達に関する心理学研究とそれに基づく道徳教育論

1　道徳教育に心理学の知見を生かす

デュルケムは道徳性を社会学的に探究し，デューイは社会と密接に関連づけて道徳性を捉えたが，当時はまだ始められたばかりの道徳性発達の心理学研究はその後大きく発展し，今日では道徳教育における不可欠な理論基盤となっている。心理学研究は必ずしも教育への示唆を与えることを目的としないが，本節ではそのなかでも，認知発達的アプローチ[9]（cognitive-developmental approach）と呼ばれる学派による研究に絞り，その主な研究内容と道徳教育との関連について概説する。

2　ピアジェの道徳性発達研究と道徳教育への提案

論理的思考の研究などで知られるピアジェ（J. Piaget, 1896〜1980）は，子どもたちの遊びの規則に着目し，規則認識が他律から自律へと変化する過程を探究した。その内容は，故意と過失の判断の研究などとともに著書（ピアジェ，1954）に収められている。

ピアジェによると，子どもの遊び方と規則認識は，年齢とともに次のように変化していくという。まず，子どもが遊びの規則を認識しないで遊ぶ時点では，まだ規則認識と呼べるものは確認できない。次に，大人や年長者に教わった規則に従って遊ぼうとするが，認識に自己中心性（egocentrism）がある，つまり物事を自分の視点からしか見られず，他者の視点に立つことが困難であるため，規則を正しく守って遊ぶことができない。また，子どもは大人や年長者に対して一方的尊敬（unilateral respect）の念を抱き，教わった規則を破ることは決して許されないと認識する。

しかし，自己中心性は平等な関係にある他の子どもと関わり，相手の視点に立って話し合うなどの協同（cooperation）を経験するなかで解消されていく。これにより，規則に従って遊べるようになり，規則を絶対的とみなす認識も修正されていく。最終的に，子どもはその時々の状況を考慮し，規則を修正しながら遊ぶようになる。これは，協同が進むことで他の子どもとの相互的尊敬（mutual respect）が築かれ，規則は互いに尊重し合う自他間の合意に基づくものと認識されるようになるためである。

▷8　潜在的カリキュラム
公的で明示的なカリキュラムを意味する「顕在的カリキュラム」に対して，学校が子どもの学習とりわけ社会化に果たす潜在的，無意図的な機能を意味する。

▷9　認知発達的アプローチ
精神分析学派や行動主義理論とは区別される心理学上の立場。個人と個人をとりまく環境との相互作用のなかで生じる葛藤を解消し，均衡した相互作用を回復することに向けて，個人の認知構造が変容することを発達と捉える。

ピアジェは，一方的尊敬に基づき変更を認めない絶対的な規則認識を他律，拘束の道徳と呼び，相互的尊敬に基づき修正を認める相対的な規則認識を自律，協同の道徳と呼ぶ。両者の決定的な違いは，規則を構成されたものと捉えるかどうかにあるといえる。ピアジェは協同の道徳こそ複雑化する民主主義社会にふさわしいと考え，そのための道徳教育の方法も提案したが，同じく民主主義社会の道徳教育を追求したデュルケムとデューイに対してピアジェが対照的な評価を与える点は興味深い。自律に向けて教師は児童生徒の協力者であるべきであり，道徳に関して児童生徒間の競争を促すべきでないと考えるピアジェは，規則を構成する視点が弱く，教師の権威を強調するデュルケムを批判する一方，協同に必要な集団作業や自治を重視するデューイに賛同するのである。

3 コールバーグの道徳性発達研究と「ジャスト・コミュニティ」

① 3水準6段階からなる道徳性発達段階理論

コールバーグ（L. Kohlberg, 1927〜1987）は，道徳的な認知に着目したピアジェの研究を継承し，成人期まで続く道徳性の発達が厳密な発達段階として理論化できることを，縦断的かつ横断的な研究を通して主張した。コールバーグは，大学へ進学する前に第二次世界大戦直後のヨーロッパに渡り，ナチズムの不正を目に焼きつけ，ユダヤ人難民の亡命を支援した。この経験からコールバーグが探究したのも公平さとしての正義に関する思考であり，3水準6段階からなる彼の発達段階理論は表2-1のようにまとめられる。

コールバーグは，正しいと考える判断の内容にではなく，なぜそれが正しい

▷10 ピアジェたちにとって，各段階が思考様式の質的な差異を表す，段階の順序が不変であり抜かしや逆行がない，段階は階層をなしていて高次の段階の思考様式は正しく理解できないなどの条件を満たすとき，その発達過程を発達段階とみなすことができる。

表2-1 コールバーグの発達段階理論

水準	段階	正しいこと	正しいことをする理由	社会道徳的パースペクティブ
前慣習的水準	第1段階 他律的道徳性	罰を受ける規則違反や物理的危害の回避，服従	罰回避，権威者の優位	自己中心的パースペクティブ
	第2段階 個人主義，道具的目的，交換	自分と他者のニーズを満たすこと，等価な交換	自他の欲求や利害関心の充足	個人主義的パースペクティブ
慣習的水準	第3段階 対人的期待,関係性,対人的従順	身近な人からの期待に沿うこと，相互関係の維持	自他双方からみて善良であるため，黄金律	他者と関わり合いをもつ個人のパースペクティブ
	第4段階 社会システム，良心	合意している現実の義務を果たすこと，法の履行	社会システムの維持，責務の遂行	対人的合意から分化した社会全体のパースペクティブ
脱慣習的水準	第5段階 社会契約あるいは功利性,諸権利	不偏的な規則を守ること，生命や自由など非相対的な価値や権利を守ること	すべての人の権利保障，社会契約に基づく義務感，功利主義	社会に先行するパースペクティブ
	第6段階 普遍的な倫理的諸原理	自ら選択した倫理的諸原理に従うこと	普遍的道徳原理への個人的傾倒	道徳的観点のパースペクティブ

出所：Colby et al.（1987, pp.18-19）を基に筆者が作成。

のかという理由づけ（表中の「正しいことをする理由」）に発達段階を見出すとともに，理由づけが発達していくには対人関係や社会を見る視点（表中の「社会道徳的パースペクティブ」）の拡大が必要であると指摘する。第1段階はピアジェの自己中心性のように他者の視点に立つことが難しく，罰を受けないことが主たる理由づけになる。第2段階では他者の視点に立ち，自他の違いを理解するが，自分と相手の二者間を考慮するに留まり，二者が満足できることが正しいと考える。第3段階では所属する集団のなかに自分を位置づけ，そのなかで与えられる役割や期待を認識することで，それらに応えて関係を維持することを正しいと考える。第4段階では具体的な対人関係を超える社会一般の視点に立ち，「もし皆がそうしたら」と考えて判断したり，社会全体で合意された法を順守したりする。第5段階では既存の規範や制度を超える原理的な視点に立ち，あるべき社会を構想するのに必要な基本的人権や功利主義，社会契約論などを根拠に判断を下す。第6段階では第5段階の上に個人が築く普遍的な道徳原理に基づき意思決定するに至るが，発達の理論的終着点である第6段階まで到達する人はほとんど存在しない。ただし，コールバーグの示す脱慣習的水準は西洋圏のリベラリズム[◁11]からの影響が大きいとも批判され，脱慣習的水準の道徳的な思考は上述以外にも存在すると考えられている。

　コールバーグは道徳性発達の必要条件に，認知的葛藤（cognitive conflict）と役割取得（role-taking）の大きく2つをあげる。認知的葛藤とは，例えば友だちと遊ぶ約束をして帰宅したら夕飯の調理で手の離せない親に食材の買い足しをお願いされて悩む状況のように，実現すべきだが同時には実現できない道徳的価値が複数あって葛藤することを意味する。この葛藤を構造的に解消するには，役割取得，すなわち他者の立場に立って物事を考えることを通して，個人のもつ考え方を再構成することが求められる。例えば第3段階の場合，所属集団が一つだけなら，その集団での期待に応えればよい。しかし，個人が属する集団は複数あり，上記の例のように複数の期待が対立し合うと深く葛藤する。この時，役割取得の範囲をさらに一般社会全体にまで広げて考えられると，個々の期待などが社会全体でも妥当なのか判断可能になるのである。

② 発達段階の上昇に留まらない道徳教育の理論・実践へ

　以上の発達段階理論はコールバーグ道徳教育論の基盤となる。道徳性発達を促すこと，そしてそのために認知的葛藤と役割取得を可能にする環境を整えることが道徳教育の目的と方法であるとの考えから，コールバーグは初めに討論型の授業実践に着手した。その具体的方法については第V部の1に譲るが，実践はコールバーグにとって必ずしも成功とはいえなかった。実践は児童生徒の発達段階を有意に上昇させたが，行動の変容にまではなかなか結びつかなかったのである。過度の個人主義や社会への無関心の拡大が問題視されていた戦後

▷11　リベラリズム
自由主義。一般的には，あらゆる価値の中で自由を最も重視し，集団よりも個人を優先する思想を意味する。個人の自由は，他者の自由を侵害しない限りで尊重される。なお，その個人主義的性格は，社会関係を重視するコミュニタリアニズム（共同体主義）と対立する。

アメリカ社会において，コールバーグは心理学的な発達を促すだけでは教育実践として不十分であることを反省した。

この反省に基づきコールバーグが新たに提唱したのが，ジャスト・コミュニティ（Just Community：公正な共同体）と呼ばれる参加民主主義的学校運営を核に据えるアプローチである。児童生徒と教師は道徳的観点に立って協力して校内の諸問題について討議し，公正で集団的な意思決定を下す。デューイやピアジェが求める自治を，教師も含めて学校生活全体に根づかせることで，発達段階の上昇とともに，校内の規範への認識を変容させ学校への帰属意識を高めることで，行動変容までを射程に入れることができるのである。

このジャスト・コミュニティの実践は，上述した社会状況のなかで優れた成果を収めたが，学校全体を巻き込むなど実践へのハードルが高く，広く普及することはなかった。しかし，その理論構成は非常に興味深い。コールバーグが道徳的雰囲気（moral atmosphere）と総称した集団内の規範に対する認識と集団への帰属意識は，彼自身が認めるように，道徳性の要素としてデュルケムが究明した規律の精神と社会集団への愛着に重なるのである。ピアジェ理論に基本的に依拠するコールバーグが，そのピアジェの批判したデュルケム理論を再評価した事実は，道徳教育が重層的な営みであることを暗示している。

4 トゥリエルの社会領域理論とそこから得られる示唆

ところで，コールバーグのジャスト・コミュニティに対しては，同じ認知発達的アプローチを採る理論からの批判がある。それは社会領域理論（Social Domain Theory）などと呼ばれる理論で，その代表的研究者がトゥリエル（E. Turiel, 1938〜）である。コールバーグの発達段階理論は，私たちが道徳的な観点や価値を他の観点や価値から分化させて純化していく過程を示したものとして解釈することができる。ジャスト・コミュニティにおいても，道徳的観点に立って討議することが重視されていた。これに対してトゥリエルらは，私たちの社会的知識には質的に異なる複数の独立した領域があると考える。具体的には，正義や幸福に関わる道徳，あいさつや呼称など集団ごとに存在し成員間の関係を調整する社会的慣習，および趣味など前二者に関係せずに自由にできる個人の領域という三領域である。この理論からみると，コールバーグの理論と実践は専ら道徳に焦点化していて，社会的慣習を軽視していることになる。トゥリエルらは，道徳と同様に社会的慣習についての認識も，社会的相互作用を通して段階的に発達していくことを明らかにしている。

例えば，列への割り込みが道徳と社会的慣習の両方の逸脱を意味するように，多くの行為は複数の領域にまたがって存在する。また，社会的慣習自体も文化的な差異が大きい。社会領域理論を踏まえると，子どもが日々関わる規則

や葛藤を多面的に捉えられるようなはたらきかけは，多様な他者との共生を実現するためにも今後ますます重要となるだろう。

4　近年の，そしてこれからの道徳教育の展開

　本章は，西洋の道徳教育の諸理論のうち，19世紀末以降のなかで古典的なものを取り上げ，理論間の親和性や対立点を意識しながら検討してきた。いずれの理論も西洋近現代社会を支える道徳教育を構築しようとしたものであり，共通点は多い。一方で，目指す社会とそこでの人間のあり方，あるいは道徳性の捉え方には違いもみられ，それらが教育方法を含めた各理論の特徴を生み出していることも確かである。

　これらの古典的な諸理論が土台となって，近年では多様な研究・実践が展開されている。例えば，主に認知発達的アプローチに依拠して優れた幼児教育・保育の方法が開発されている（デヴリーズ＆ザン，1992）。子ども発達プロジェクト（Child Development Project）と呼ばれる研究グループは，認知発達的アプローチに加え，今回は検討できなかったケアリング（Caring）の理論[12]なども援用して，道徳性を養う学校環境の創造を追求している。最新の動向は必ずしも日本語で情報収集できるとは限らないので，意欲的な学生は欧文の文献（Nucci et al., 2014）にも挑戦してみてほしい。

　最後に，とりわけ西洋における道徳教育は，子どもたちが民主主義社会の一員となることを目指して探究，実践されている。しかし，道徳教育は元来，民主主義の存立基盤をなす思想・良心の自由と緊張関係にある営みである。道徳教育の理論的背景をよく知ることは，私たちが日々行っている道徳教育の意味や方向性を批判的に吟味し，その結果に応じて新たな道徳教育を創造するための大事なてがかりになる。このことを銘記して次章へと進んでほしい。

▷12　ケアの倫理は正義の倫理に対置される。ケアすることの意味は論者によって多少異なるが，代表的な論者の一人であるノディングズ（Noddings, N., 1929〜2022）は，ケアする人は，ケアされる人に対して没頭し（専心没頭），ケアされる人の幸福を自分自身の幸福であるかのように感じる（動機の転移）と分析している。

Exercise

① 潜在的カリキュラムについて調べ，それが道徳教育とどのように関連するのか考察してみよう。

② コールバーグのいう認知的葛藤の具体例を，読者自身の過去の体験のなかから見つけてみよう。

③ 本章で紹介した諸理論を整理しながら，日本のこれからの民主主義社会を支える道徳教育はどうあるべきかを考えてみよう。

📖次への一冊

荒木寿友『学校における対話とコミュニティの形成——コールバーグのジャスト・コミュニティ実践』三省堂，2013年。
　　コールバーグの道徳教育論とその実践について，とくに対話に着目して考察されている。教育における対話について学ぶうえでも参考になる。

有光興記・藤澤文編著『モラルの心理学——理論・研究・道徳教育の実践』北大路書房，2015年。
　　道徳性心理学の近年の展開の他，保育における道徳教育や発達障がいと道徳性との関連など，道徳教育に関わる心理学の基本的内容が網羅されている。

日本道徳性心理学研究会編『道徳性心理学——道徳教育のための心理学』北大路書房，1992年。
　　本章で取り上げた認知発達的アプローチに限らず，多様な学派における道徳性心理学の基礎的研究が研究者ごとに紹介されている。

柳沼良太『「生きる力を育む」道徳教育——デューイ教育思想の継承と発展』慶應義塾大学出版会，2012年。
　　デューイの道徳教育論が探究されるとともに，それをもとに問題解決型の新たな道徳の授業のあり方が模索されている。

引用・参考文献

Colby, A., Kohlberg, L., Speicher, D., Hewer, A., Candee, D., Gibbs, J. & Power, C., *The Measurement of Moral Judgment Volume II: Standard Issue Scoring Manual*, Cambridge University Press, 1987/2010.

デヴリーズ，R. & ザン，B., 橋本祐子・加藤泰彦・玉置哲淳監訳『子どもたちとつくりだす道徳的なクラス——構成論による保育実践』大学教育出版，1992年。

デューイ，J., 河村望訳『デューイ＝ミード著作集10　倫理学』人間の科学新社，2002年。

Dewey, J., "Teaching Ethics in the High School," Boydston, J. A., *The Early Works of John Dewey 1882-1898*, Vol. 5, Southern Illinois University Press, 1971, pp. 54-61.

デューイ，J., 松野安男訳『民主主義と教育（下）』岩波書店，1975年。

デューイ，J., 「教育における道徳的原理」梅根悟・勝田守一監修，大浦猛編『世界教育学選集87　実験学校の理論』明治図書出版，1977年，27〜65ページ。

デュルケム，E., 梅根悟・勝田守一監修，麻生誠・山村健訳『道徳教育論1・2』明治図書出版，1964年。

日本道徳性心理学研究会編『道徳性心理学——道徳教育のための心理学』北大路書房，1992年。

Nucci, L., Narvaez, D. & Krettenauer, T., *Handbook of Moral and Character Education, Second edition*, Routledge, 2014.

ピアジェ，J., 大伴茂訳『ピアジェ臨床児童心理学Ⅲ　児童道徳判断の発達』同文書院，1954年。

柳沼良太『「生きる力を育む」道徳教育——デューイ教育思想の継承と発展』慶應義塾大学出版会，2012年。

第 II 部

日本における道徳教育の歴史

第3章
修身科時代の道徳教育

〈この章のポイント〉

　国民教育における道徳教育という視点から，本章では，戦前の道徳教育の歴史について解説する。具体的には，次のような内容を学ぶことになる。明治新政府の発足当初は，実学主義・立身出世主義が道徳教育の支柱とされていた。その後，道徳教育の方向性をめぐり論争が展開されるなかで，最終的に政府は国民の思想統制を図るために，儒教主義的な道徳教育を推進する方針をとる。そして，教育勅語の渙発（かんぱつ）にともない，修身科は諸教科において最も重視される教科となる。大正期から昭和初期にかけては，多様な修身教育の実践が見られるものの，次第に国民への思想統制が強まることとなり，総力戦体制下において修身科は国民科に統合される。

1　「学制」と修身科の開始

1　「学制」公布と修身科

　西欧列強による植民地化への危機意識と，それに起因する内政の混乱という「内憂外患」の状況から，明治新政府は，近代的な国家の建設と国民の形成を一刻も早く進める必要があった。そして，新たな国家の正当性原理として天皇がすえられ，国体を皇室において創出された近代国民国家は，それを自発的に支える「道徳」を国民に求めることとなる。本章では，国民教育と道徳教育という，重なり合う両者の関係を探るために，戦前の道徳教育史を辿っていく。

　日本における近代的な学校教育制度は，1872年の「学制」公布から始まった。この制度はフランスの画一的な学制を範とし，教育理念や教育内容などは欧米の個人主義・功利主義によるものであった。この「学制」の教育理念を示した「学制布告書」（太政官布告第214号）では，「学問は身を立るの財本」として，徹底した実学主義，立身出世主義，男女の別なく就学する国民皆学主義が強調されていた。この「学制」において，下等小学（4年制）の教科の6番目に「修身　解意」があげられたことから，一般的には，教科目としての修身科の起源をここに見出すことができる。

　ただし，近世の寺子屋ではすでに「御談義」「講談」という形で伝統的な道徳が教えられ，初期の修身科の授業形態も，教師が談話を口授・説話で伝える

▷1　国のあり方を示す国体は，国民創出・統合の理念的支柱となった。それ自体が極めて曖昧な概念である国体は，近代日本を形成する国家道徳としての役割を担い，時代状況や論者に応じて新たな国体論が創出されていくこととなった。

▷2　修身科
修身という言葉は，「その家をととのへんと欲せば，まづその身を修めよ」という中国古典の『大学』に出典をもつ。また，「学制」公布以前においても，一部の藩校では修身科が設けられていた。

形式を受け継いでいた。このほか，寺子屋で教えられていた習字，読書，算術の3教科のうち，習字および読書に修身の要素が含まれていたと考えられる。さらに，学校教育が急速に広まった背景には，この寺子屋の普及があった。

2 「小学教則」と修身科

「学制」公布の翌月，文部省はその実施要項というべき「小学教則」を定め，修身科は下等小学の第8級から5級まで（現在の小学校の第1学年，第2学年に相当）だけに「修身口授（ぎょうぎのさとし）」として週2時間（5級では1時間）設けられた。しかし，下等小学の4級以上の2年間，および上等小学（4年制）には設置されていなかった。さらに，下等小学の修身科は，総時間数のわずか3％程度にすぎず，諸教科（14教科）のなかで6番目（綴字・習字・単語・会話・読物・修身）に位置づけられていた。そのうえ，下等中学（3年制であり，現在の中学校に相当）では，修身科は諸教科のなかで14番目に位置づけられていた。

また，「学制」公布と同年に設置された師範学校[3]では，自らの試行に基づいた独自の「小学教則」を作成しており，そこでは「修身」という名称の教科は設けず，「読物」や「口授」といった教科が，修身の役割を部分的に負うかたちとなっていた。各府県の「小学教則」は，その多くが師範学校の「小学教則」に準拠して作成されたため，文部省の「小学教則」に示された「修身口授」が，必ずしも全国の小学校で実施されていたわけではなく，教科としての修身は設けられず，他の教科のなかで実施されていたのが実態であった。

これらはすなわち，国民皆学と国力の充実発展のために，知識や技術の教育が優先されていた「学制」期には，修身に関わる教育自体があまり重視されておらず，確固とした方針や教科書の明確な基準も定まっていなかったことを示す。しかしながら，見方を変えれば，この時期の学校教育は，実学主義，立身出世主義を道徳教育の支柱としていたということもできる。

最後に，修身科の揺籃期に使用された教材は，福沢諭吉訳『童蒙教草（どうもうおしえぐさ）』や中村正直訳『西国立志編（さいごくりっしへん）』，箕作麟祥訳『泰西勧善訓蒙（たいせいかんぜんくんもう）』など，欧米の倫理書の翻訳が大半であった。しかしながら，和漢の修身書も少なくなかった。

2 徳育論争と修身科

1 「教学聖旨」と徳育論争

明治新政府の教育改革は，欧米の模倣という「学制」制度自体の輸入的性格，教育内容の実生活からの乖離，教育費における受益者負担の原則などにより，民衆に諸々の不満を生じさせた。そして，1877年の西南戦争を経て，急速

▷3　師範学校
近代学校の教師を養成するために，湯島の旧昌平廣跡に日本初の官立学校として設立された。

に発展する自由民権運動への対策を迫られた政府は，教育を通して国家主義的思想統制を図ろうとした。この結果，儒教道徳に基づく東洋的な伝統思想と，西洋的な近代市民倫理思想とが，道徳教育の根本をめぐって対立する，いわゆる徳育論争が開始された。このうち，進むべき方向性を決定するうえで大きな歴史的役割を担ったのが，1879年に示された「教学聖旨」を巡る論争であった。

「教学聖旨」とは，1876〜78年にかけての地方巡業の見聞に基づいた天皇の教育に関する意見書であり，天皇の侍講元田永孚によって起草された。その内容は，総論である「教学大旨」と小学校教育に関する「小学条目二件」から構成されている。このうち「教学大旨」では，国民道徳の荒廃は「知識才芸」を重んじる文明開化の教育に原因があり，「祖先ノ訓典」に基づく「仁義忠孝」を本とした，儒教主義に基づく教育を行うべきだと論じられた。これに対し，開明派内務卿の伊藤博文は「教育議」を上奏し，現在の道徳の乱れは明治維新という変革によって生じた事態であるとして，「教学聖旨」に示された儒教主義を厳しく批判するとともに，政府が国教を定めてはならないと主張した。

これらはすなわち，伊藤は政教分離の立場をとり，「科学」を中心とした「工芸技術百科ノ学」の普及を，一方元田は政教一致の立場をとり，「儒教」を中心とした「仁義忠孝」を根幹とする修身の実施を重視していたといえる。結果的には，「仁義忠孝」に基づく教育によって天皇親政の国家統治の実現を目指した元田の意向と，自由民権運動を沈静化させ，国を統治しなければならないという状況から，「教学聖旨」に則った方向性が，その後も堅持されることとなった。

［2］ 修身科の重視と教科書改革

このような経緯についてより具体的にいうと，1879年に「学制」は廃止され，同年に「教育令」が制定された。これは「自由教育令」といわれ，教育の権限を大幅に地方に委譲し，地方の自主性を認めるなど，自由で進歩的な性格を有していた。しかしながら，この方針はかえって教育の混乱を生み，廃校や就学率の低下をもたらした。この事態に鑑み，政府は就学率を向上させ，道徳教育を重視する文教政策を実施することになった。そこで，翌年の1880年には「改正教育令」が公布され，再び中央から地方への統制と干渉を強める中央集権的な性格に転換された。この改正において，「教育令」では末尾に位置づけられていた修身科が，「改正教育令」では教科目の筆頭に置かれ，教科課程のなかでも最も重視されることとなった。さらに，1881年に公布された「改正教育令」の実施要項というべき「小学校教則綱領」では，修身科の授業時数は初等科と中等科で週6時間，高等科で週3時間となり，読方に次いで第2位の地位を占めるようになった。その授業の目標は，「徳性ヲ涵養シ」や「作法ヲ授ク」と明確に規定された。さらに，同年に布達された「小学校教員心得」で

▷4　徳育論争
この頃は，道徳教育の方針や方法に関して，思想家や知識人たちによってさまざまな見解が提示された。例えば，徳育について，福沢諭吉は『徳育如何』において「公儀輿論」に基づくことを，加藤弘之は『徳育方法案』において宗教に基づくことを，杉浦重剛は『日本教育原論』において「理学」に基づくことをそれぞれ主張した。

▷5　「小学条目二件」
ここでは，児童が先入観をもつ前に，視覚的な教材を用いることで，忠孝の精神を養うという修身教授法が説かれている。また，学校教育が「農商ノ子弟」にとって「高尚ノ空論」であるとして，学校に農商の学科を設け，身分相応の教育を行うことが提起されている。

第Ⅱ部　日本における道徳教育の歴史

は，知識・技術よりも道徳教育を優先するとともに，教師が児童の模範となることが示された。

　こうした政策と並行して，文部省は抜本的な教科書改革を実施した。「改正教育令」と同年の1880年，文部省は「教育上弊害ノアル書籍」を教科書に採用しないよう注意を促した。その結果，翻訳された修身教科書はほとんど使用されなくなった。これは，当時高揚していた自由民権運動の弊害が教育界へ及ばないようにするための対策であったともいわれている。さらに，1882年には「小学修身書編纂方大意」を各府県に内示し，そこでは儒教主義に基づく修身の方針が示されるとともに，その後の修身教科書にも多大な影響を及ぼすこととなった。翌年の1883年には，1881年から行われていた教科書の開申制度が改められ，認可制度が施行された。そして1886年に教科書の検定制度が敷かれ，やがて修身教科書も次第に統制化されていくこととなった。

3　教育勅語と修身科

［1］　森有礼と道徳教育

　天皇大権を中核とする憲法を構想していた伊藤は，それを積極的に支持する国民の形成，および治安の安定として教育を位置づけていた。当時，保守派の元田らが主張する暗記主義的な儒学教育を批判していた森有礼は，その教育論に同意した伊藤の意向で文部大臣に就任すると，抜本的な教育制度改革を行った。この改革において，1886年には「帝国大学令」「師範学校令」「小学校令」「中学校令」が公布され，帝国大学を頂点とした近代日本の学校制度体系の確立と，「学問」と「教育」の分離によって国民の形成が図られた。その後，中学校―高等学校―帝国大学における選抜を経て，「学問」を修めたエリートを養成する系統を軸として，学校制度体系がますます複線化，多様化を辿っていく。それにともない，国民を国家のもとに統合する「教育」の場である小学校，およびその教師を輩出する師範学校の存在が一層重要味を帯びてくる。森は師範学校をとくに重視し，兵式体操による集団訓練によって，順良・信愛・威重の三気質を体現した「善良ナル人物」としての教師を育てることに腐心していた。

▷6　倫理科
1900年初頭には再び修身科へと名称が改められた。なお，1930年頃には師範学校，中学校，高等学校等において，公民科が新たに設けられた。この教科は，帝国憲法下における公民としての素地を育成することを目的としていた。また，総力戦体制下には修身科が国民科に統合される一方，高等学校の文科と理科では，道義科という教科が新たに設けられていた。これらはすなわち，戦前の道徳教育に関する教科は，修身科以外にも存在していたことを示している。

　森は，儒学主義的な道徳教育を批判し，神や仏などの絶対者との関係で説明される道徳的価値を教え込むのではなく，人と人との関係の仕方を教える合理的な道徳教育を推進していた。具体的には，第1次「小学校令」において，修身科は「内外古今人士ノ善良ノ言行ニ就キ児童ニ適切ニシテ且ツ理会シ易キ簡易ナル事柄ヲ談話シ日常ノ作法ヲ教ヘ教員身自ラ言行ノ模範トナリ」教えることと規定された。また，師範学校，中学校では修身科に代えて倫理科[6]を設置

28

し，「友情」（信愛）という個人の相互援助の関係形成を道徳教育の課題に据えた。しかしながら，その教育論は，人間能力・資質の不平等論を前提としており，教育による多面的な人間性の発達を決して認めなかった。徹底した国家主義者である森は，あくまでも国家目的の下で人間の能力を区分し，それに応じた教育を求めたのである。彼の目指すところは，天皇個人への忠誠心ではなく，天皇を代表とする国家への忠誠心を有した国民の形成にあった。けれども，こうした教育論は，天皇の道徳性を絶対とし，それへの服従心形成を理想とする元田ら保守派の教育論とは異質なものであった。1889年2月11日，「大日本帝国憲法（帝国憲法）」が制定されたこの日に，伊勢神宮での不敬の咎で，森は暗殺され，彼の志した道徳教育，および国民教育は道半ばで途絶えることとなる。

2 教育勅語の渙発と修身科

さて，森文政期にも，引き続き道徳教育に関する教育論争が繰り広げられていたが，結局は国家主義的な道徳教育が強められることとなった。1890年，地方長官会議で道徳教育の不徹底が問題視され，これを契機として，同年10月30日に「教育ニ関スル勅語（教育勅語）」が渙発された。

教育勅語の前年に制定された帝国憲法は，天皇を支える国民として「臣民」の形成をもくろみ，国民の権利を大幅に制限しつつ，天皇に権力を集中させる構造をとっていた。当時の法令に位置する勅令ではなく，勅語という天皇のおことばとして作成された教育勅語は，天皇制国家を支える精神的な拠り所として，この帝国憲法を補完する役割を担った。その内容は大きく3つの部分に分けられる。最初の部分では，日本の「国体」と「臣民」の忠孝が示され，そこに教育の源が置かれるべきである，と記されている。真ん中の部分では，まず儒教的な徳目が示された後で，近代市民社会的な徳目が示され，その徳目の最後のところでは天皇への「義勇奉公」が強調されている。最後の部分では，前段で示されたあり方が皇室の祖先の遺訓であるから，「臣民」は守るべきであり，普遍的に正しい道であるとされている。この教育勅語は外国語に翻訳され，天皇制教育を国際社会に承認させる意図から，積極的に海外へ発信された。

教育勅語渙発の同年に公布された第2次「小学校令」では，その目的は「道徳教育及国民教育ノ基礎並其生活ニ必須ナル普通ノ知識技能ヲ授クル」と規定された。翌1891年の「小学校教則大綱」では，修身科は「教育ニ関スル勅語ノ旨趣ニ基キ児童ノ良心ヲ啓培シテ其徳性ヲ涵養シ人道実践ノ方法ヲ授クル」とされ，教えるべき徳目や指導法について定められた。ここにおいて，教育勅語の内容が，修身だけでなく，すべての教科目を通じて徹底される仕組みが形作られた。同時期に文部省は，教育勅語の謄本を，ほぼ1年かけて全国のすべての学校に下付し，祝祭日の式典で勅語の奉読を義務づけた。さらに同年，「小

▷7　森は，伊勢神宮を参拝した際，神官の制止を遮ってなかを覗いたという虚偽の伝聞から，不敬の事実があったとみなされていた。このことが暗殺の引き金となったわけであるが，当時の世論は暗殺者である西野文太郎に同情的であり，加害者への同情が被害者を上回るほどであった。

▷8　教育勅語
首相山県有朋の指導下，法制局長官の井上毅が中心となり，元田永孚が補助をして，1890年6月から約4カ月間でまとめられた文書。日本の公教育の基本原理を示す文書として，絶大な役割を果たしたとされる。

学校祝日大祭日儀式規程」が制定され，天皇，皇后の御真影への最敬礼や万歳奉祝なども行われた。こうして，学校教育のあらゆる場面で教育勅語の精神の貫徹が図られ，次第にその精神に基づいた徳育が最優先されるようになった。

それと同時に，教育勅語や御真影が次第に神格化されるようになり，例えば1891年に，第一高等中学校で教育勅語への奉礼を拒否した嘱託教員が退職させられるという事件が起きている。これが，いわゆる内村鑑三不敬事件である。キリスト教徒としての良心から勅語奉読式での勅語への礼拝を拒否した内村は，これによって公職を追われた。さらに，1899年の訓令第12号では，主にキリスト教を念頭において，公私立学校で宗教教育および宗教的儀式を行うことが禁止された。しかし，神道はすでに国教化されていたために，ここでいう宗教の対象とはならなかった。また，このほかにも，学校火災の際に御真影と「教育勅語」の謄本を救おうとした校長が殉死するという事件も起きている。その後，1900年に公布された第3次「小学校令」では，修身科の目標が「尊皇愛国」から「忠君愛国」へと変更され，より道徳主義的な方向が強められた。

教育勅語が渙発された同年には「小学校修身教科書検定基準」が示され，それに基づいて修身教科書が刊行された。1892〜94年に至る間に約80種の修身教科書が刊行されたという。そうした折，1902年に教科書疑獄事件が発覚し，それを契機として，1903年に第3次「小学校令」の一部が改正され，政府の念願であった教科書の国定化が実現されることとなった。翌1904年から使用された第1期修身教科書は，徳目主義と人物主義を折衷した方針がとられ，児童の日常生活における個人的な道徳や，人間関係における道徳を中心として構成された。そのため国家や国体についての道徳が少なく，その内容も抑えられていた。しかしながらこの教科書は，「国民道徳ノ経典」でありながら，「国民道徳ノ大本」を十分明らかにしておらず，「忠孝ノ大義」「祖先崇敬」「祭祀敬神」などが欠如していると批判された。そこで，1910年に改定された第2期修身教科書は，日露戦争において，軍人やその家族，国民が団結して報国したという内容を盛り込むなど，家族主義と国家主義を結合させた構成がとられた。また，「南北朝正閏問題」に見られるように，歴史的事実よりは，天皇や国体に対する道徳や忠孝道徳が優先され，「忠君愛国」がさまざまな形で強調された。

4 大正新教育と修身科

1 大正新教育と修身教育改革

日露戦争から第一次世界大戦を経て，本格的な帝国主義国家となった日本は，ロシア革命によって影響力を増した社会主義思想や，国内のデモクラシー

▷9　教科書疑獄事件
教育界未曾有の不祥事といわれた，教科書採択をめぐる贈収賄事件。この疑獄事件の結果，小学校の教科書はほとんど使用できなくなり，事実上検定制度の継続は困難になった。これをきっかけとして，教科書の国定化への世論が急激に高まった。

▷10　南北朝正閏問題
1909年に発行された歴史教科書において，南北朝両立を史実として記載したことが，修身教育における「万世一系」を否定しているとして問題となり，南朝政権のみが存在していたような書き方に改められた。

運動への危機感から，「臣民」形成としての教育の充実を図ろうとした。その象徴的な施策は，1917年から1919年まで開催された「臨時教育会議」であった。そこでは，天皇中心の倫理観が強調され，国民道徳の徹底が強調された。こうした国家主義的な道徳教育が高まる一方で，国際連盟が設立されるなど，国際社会では平和と協調が謳われた。こうした状況下において，1918年に改定された第3期修身教科書は，家族主義的国家観を基調としつつ，国際協調の風潮を反映させた内容となっており，儒教主義的な道徳や個人的な道徳は削減され，国家や社会に関する道徳が多くなっていた。

　ところで，この時期の欧米諸国では，いわゆる新教育運動が展開されていた。そこでは，従来の古典的な教育のあり方を打破するために，教師中心から子ども中心への教育が主張されるとともに，子どもの自主的・自発的な学習が重視されていた。従来の国家による画一的，形式的な教育を批判していた教育者は，こうした欧米の運動に触発され，政府の意図に反して，都市部の私立学校や師範学校の附属学校を中心として，新たな教育実践を行っていた。いわゆる大正新教育とよばれる一連の教育思想・実践は，1921年に東京高等師範学校の講堂で開催された「八大教育主張[11]」の頃に最盛期を迎えることとなる。

　この大正新教育において，修身教育についても改革が試みられた。成城小学校を創立した沢柳政太郎は，徳目注入主義の修身教授への批判から，尋常1年から尋常3年における修身科を廃止し，国語科の一分科として「聴方科」を設けて道徳教育を行っていた。玉川学園の小原國芳は「修身教授改革新論」を主張し，自律的道徳の確立と，教育勅語の徳目についてこの時代にふさわしい解釈をすべきであると説いた。奈良女子高等師範附属小学校の木下竹次は，生活教材を重視し，創作活動を取り入れた「生活修身」を実践していた。明石師範女子附属明石小学校の及川平治は「分団式動的教育法」を主張し，修身教育において絶対主義的な徳目の注入よりも，具体的な生活の問題を実践的に思考し行動する方法を採っていた。中等教育では，西村伊作が女学校である文化学院を設立した。そこでは，教育勅語を奉読せず，修身の時間も設けない，芸術中心の審美主義的な情操教育が実践されていた。

2 大正新教育の限界性と修身教育

　大正新教育における教育改革は，主として富裕層の子どもたちが通う一部の学校で行われ，多くの公立の小学校では修身の授業は教科書に従って，道徳的価値を教え込む形で行われていた。さらにこの教育改革は，一部の例外はあるものの，教授・学習方法やカリキュラムの改革では多くの先進的な達成を遂げながら，教育理念の面では天皇至上主義の理念を克服できなかったという限界性が存在していた。その後，1924年の川井訓導事件[12]に見られるように，独自の

▷11　八大教育主張
稲毛詛風「真実の創造教育」，河野清丸「自動主義の教育」，及川平治「動的教育の要点」，千葉命吉「衝動満足と創造教育」，小原國芳「全人教育論」，手塚岸衛「自由教育の真髄」，片山伸「文芸教育論」，樋口長市「自学主義教育の根底」。

▷12　川井訓導事件
松本女子師範付属小学校の川井訓導（現在の教諭）が，修身の授業で教科書を用いなかったために休職処分を受けたという事件。教育界に大きな衝撃を与えた。

第Ⅱ部　日本における道徳教育の歴史

教育改革に対する政府の弾圧は次第に強まっていくこととなる。1925年には，国民の間に蔓延する民主主義，社会主義の思想に危機感を強めた政府が「国民思想の悪化」を防ぐため，社会教育と学校教育を通して「思想善導」を進める方針が示されたほか，「治安維持法」が制定された。

　しかしながら，大正新教育にて試みられた実践は，国定教科書のみに依拠しない，実生活を意識した修身教育として，大正後期から昭和初期にかけて引き継がれていた。奈良女子高等師範学校附属小学校では，岩瀬六郎を中心に「生活修身」の運動が展開された。田島尋常小学校の山崎博は，低学年の修身科として「物語科」を設け，生活体験を重視した道徳教育を実践していた。さらに1930年には，国際新教育協会の日本支部として「新教育協会」が結成され，国際的な新教育を標榜する。しかし，まもなく，この新教育は当時流行した「日本精神」との合致を主張することとなり，ここにおいて自由主義的な性格をもつ大正新教育は，日本精神主義的なものへと変容し，終焉を迎えたといえよう。

5　総力戦体制下と修身科

⎿1⏌　戦時体制と修身科

　大正後期から昭和初期にかけては，第一次世界大戦後の戦後不況や1923年の関東大震災，1929年の世界恐慌などによって，日本は深刻な経済不況に陥っていた。こうして生活状況が刻々と悪化するなか，東北地方では，綴方で表現させることで子どもの生活指導を促進しようとする生活綴方運動[13]が活発に展開された。また，1930年には日本教育労働者組合が結成され，賃金労働者層の立場から実践が展開された。そこでは，天皇制を保持する修身科は批判され，賃金労働者の子どもの生活に即した修身教授が構想された。しかしながら，こうした実践は，政府批判につながるとして弾圧され，全国的には普及しなかった。

　1931年の満州事変や1932年の五・一五事件，1936年の二・二六事件を契機に日本が本格的な「非常時」に突入すると，国民意識の統合，思想統制，庶民の教育への弾圧は一層強化される道をたどった。例えば，1933年には，治安維持法違反を名目に，長野県下の労働組合や農民組合に対する弾圧が行われた。そのなかでも，教員組合の長野支部に結集していた教師たちに対する弾圧の規模は大きく，その数は，全検挙者608名のうち230名を占めていたという。こうした弾圧は，「教員赤化事件」「教育界未曾有の不祥事」として報道され，全国に衝撃を与えた。こうした状況下で，1934年から使用された第4期修身教科書では，近代市民社会の道徳に代わって，「臣民」の道徳がより強調されるようになり，国内の秩序維持・統一性をはかるべく，天皇を中心とする家族主義的国

▷13　生活綴方運動
子どもの眼を厳しい生活現実に向けさせ，自らの手で生活を作り変えられる力を育てるための実践。例えば戸塚廉は，修身教育はやらないが道徳教育はやる，という信念のもとで，学級や学校，家庭や部落の問題といった地域の生活のなかに教材を見出し，個性的な教育実践を展開していった。戸塚の実践は『生活学校』誌にまとめられ，これに賛同した教師たちとともに民間教育運動が展開された。

家観を説いた資料が多く見られた。つまり，皇室の絶対性や権威性が説かれ，それに対する「臣民」の服従と献身が強く求められた。ところが，教育目標とは異なる，指導の内容や方法には，さまざまな工夫や改善が見られた。例えば，資料の配列は徳目の系列よりも生活に沿うようになっていた。また，児童が親しみやすいよう，たとえ話として童話や寓話が多く採用され，その挿絵にも色彩が施されるとともに，命令調の表現も少なくなった。しかも，資料に応じて，柔軟に問答や作業や劇など適切な方法をとることも奨励されていた。

☐2 皇国民の錬成と国民科

　同時にこの時期は，労働者階級の本格的な形成と，農村からの人口流出による都市新中間層の増大により，日本の大衆社会化が進行し，変動した社会基盤に合致した教育制度が模索されていた。このため，1935年には「教学刷新評議会」が設置され，そこでは，「国体観念」に基づく「日本精神」を学校教育の内外で徹底する必要性が強調された。こうして，森文政から継続していた学問と教育の分離を見直し，新たに国体原理によって両者を融合しようとする「教学刷新」政策が実施された。この具体策として，日中戦争と同年の1937年に『国体の本義』が，太平洋戦争に突入した1941年には『臣民の道』がそれぞれ刊行された。さらに同年，「国民学校令」が公布され，小学校は国民学校と呼ばれるようになった。ここにおいて，社会倫理的・個人道徳的な内容は姿を消し，学校教育全体が総力戦体制下の超国家主義的・軍国主義的な様相を示すようになった。国民学校の目的は「皇国ノ道ニ則リテ初等普通教育ヲ施シ国民ノ基礎的錬成ヲ為」すことと規定され，学校は啓蒙・教授するところから錬成するところへと変更された。修身科は，国語・国史・地理とともに，「特ニ国体ノ精華ヲ明ニシテ国民精神ヲ涵養シ皇国ノ使命ヲ自覚セシムルヲ以テ要旨トス」と規定された国民科に統合され，国民学校の教科において中心的な位置を占めた。

　1941年には，第5期修身教科書が，編纂趣意書も出されることなく，初等科の第1学年，第2学年で使用されることになった（『ヨイコドモ・上』『ヨイコドモ・下』）。翌年の1942年には，初等科の第3学年，第4学年用の修身教科書（『初等科修身・一』『初等科修身・二』）が，さらに1943年には，初等科の第5学年，第6学年用の修身教科書（『初等科修身・三』『初等科修身・四』）が使用された。その目的は，「皇国民ノ錬成」という時局的，国家的課題を背景に，国民道徳の体得や，「大東亜建設」のための「道義的使命」を自覚させることにあった。総力戦体制下にあたるこの時期は，国内の士気を高め，戦意を高揚させる資料ばかりが集められ，超国家主義，軍国主義的な内容が露骨に示された。そのうえ，神話や天皇に関するものが増え，皇国民の自覚がより強く求められた。こうして戦前の「道徳科」は，戦争の記憶と結びつき，人々の脳裏に深く刻まれた。

▷14　文部省の説明によれば，「皇国ノ道」とは教育勅語にある「斯ノ道」，すなわち「皇運扶翼の道」であるという。また「錬成」とは「錬磨育成の意」であり，「児童の全能力を錬磨し，体力，思想，感情，意志等，要するに児童の精神及び身体を全一的に育成することを指す」とされた。

第Ⅱ部　日本における道徳教育の歴史

Exercise

①　徳育論争において儒教主義的な方針が選ばれたことや，森有礼の教育政策が道半ばで途絶えたことなど，道徳教育の転換期やその意味を考えてみよう。

②　大正新教育における修身教育への評価として，教育理念の限界性と教育方法の可能性が指摘されているが，多様な教育実践を調べて理由を考えてみよう。

③　戦前の道徳教育史において，国民教育，道徳教育，修身科はどのような関係にあったのか考えてみよう。

📖次への一冊

松下良平『道徳教育はホントに道徳的か？――「生きづらさ」の背景を探る』（どう考える？　ニッポンの教育問題）日本図書センター，2011年。
　　現代の道徳教育が抱える問題を，教育史や教育思想の観点から明快に解説している。道徳教育とは何か，本質的な問題点はどこにあるのかを根本から考えるための入門書。

江島顕一『日本道徳教育の歴史――近代から現代まで』ミネルヴァ書房，2016年。
　　本書は，これまで一面的，画一的に評価されがちであった道徳教育の歴史を，「制度」「思想」「教材」という３つの視座から通史的に叙述している。実証的な資料を豊富に用いて，広範な範囲における道徳教育史を整理している。

橋本美穂・田中智志編『大正新教育の思想――生命の躍動』東信堂，2015年。
　　大正期における特筆すべき教育実践について，「八大教育主張」に代表される教育実践家の試みを論じている。道徳教育という枠組みを超えた豊かな教育思想は，われわれの硬直化した道徳教育観を解きほぐす可能性を秘めている。

森田尚人・森田伸子『教育思想史で読む現代教育』勁草書房，2013年。
　　本書の第５章では，国家が主導する道徳教育の機能について，教育勅語の分析を交えつつ，ナショナリズムと道徳教育との関係から解説している。

引用・参考文献

江島顕一『日本道徳教育の歴史――近代から現代まで』ミネルヴァ書房，2016年。
藤田昌士「修身科の成立課程」『東京大学教育学部紀要』第８巻，1965年，191〜224ページ。
森川輝記『増補版　教育勅語への道――教育の政治史』三元社，2011年。
佐藤秀夫『学校ことはじめ事典』小学館，1987年。
寺崎昌男・編集委員会共編『近代日本における知の配分と国民統合』第一法規出版，1993年。
梅根悟監修『道徳教育史Ⅱ』講談社，1977年。
吉田武男『「心の教育」からの脱却と道徳教育――「心」から絆へ，そして「魂」へ』学文社，2013年。

第4章
全面主義道徳から特設道徳へ

〈この章のポイント〉

　教育勅語を理念とした日本の教育体制は終戦とともに幕を閉じ，修身科に代わる新しい道徳教育が誕生することになった。終戦直後は，道徳教育を社会科が担うことになっていたが，その後全面主義道徳教育へと変化を遂げる。しかし，1958年には再び道徳教育のための特設された時間が誕生し，近年に至る。本章では，戦後から近年にかけての道徳教育の変遷について学ぶ。

1　全面主義道徳教育の時代

1　社会科による道徳教育

　1948（昭和23）年6月19日，衆議院では「教育勅語等排除に関する決議」が，参議院では「教育勅語等失効確認に関する決議」がそれぞれ可決され，「教育勅語」を理念の支柱とする教育体制が終了するとともに，修身科についても完全に撤廃された。そして，新しい学制のもとでの道徳教育は，新設された社会科を中心に，学校内の全教育活動で実践されることになった。社会科で意図された新しい道徳教育は，自発的問題解決学習を促す指導法により，児童生徒の現実生活の話題を中心に，よき市民，公民として共同生活に必要な資質を理解させ，それらを総合的に習得させようとするものであった。しかし，それは合理的に問題解決をするための社会認識とそれにともなう知性の習得に留まっており，行動規範を生み出すような道徳的感性や意欲を培えないという批判が起きた。したがって，社会科が道徳教育のすべてを包括できるとはいえず，その後，系統学習重視の風潮が強まってくるのに従い，社会科における道徳教育は次第に空洞化していくのであった。

2　全面主義道徳教育の誕生

　1950（昭和25）年8月，第二次アメリカ教育使節団が来日し，第一次アメリカ教育使節団が勧告した教育の成果を視察した。そして，残されたいくつかの問題に関する補足的勧告を，占領軍司令部への報告書として同年9月22日に提出した。これが「第二次アメリカ教育使節団報告書」である。その報告書のな

▷1　学習指導要領［昭和22年改訂］の社会科の目的には，民主的な道徳性に関する内容は明示しているが，それを受けた「指導内容の構成」の段階になると，道徳的なるものへの配慮はない。つまり社会科の「目的」としてあげられている道徳性の啓培という着眼が，そのカリキュラム構成のなかに具体化されておらず，目的設定とカリキュラム構成との間に一貫性が欠けていたということである。

かで，第二次アメリカ教育使節団は，戦後5年間に行われた日本の教育上の改革および日本の民主化を評価している。とくに，公選による教育委員会制が敷かれたことと，PTAの全国的組織ができようとしていることが高く評価された。そして道徳教育に関しては，「道徳教育は，ただ，社会科だけからくるものだと考えるのはまったく無意味である」と述べたあとで，「道徳教育は，全教育課程を通じて，力説されなければならない」とし，全面主義道徳教育を強調した。

　しかし，その一方で，戦後の社会的・経済的な不安や混乱を背景として，青少年の非行が増加してきたことと，戦後の自由主義教育の結果として礼儀作法，社会的秩序をわきまえぬ風潮が目立ってきたことなどを理由に，この頃から徳目主義に基づく道徳教育の再建を訴える国民の声も高まってきた。

　このような時代の流れに沿って，文部省による道徳教育充実策が徐々に進められていった。1950（昭和25）年10月には，文部大臣の天野貞祐が，国民各層の意見を聞くに従い，国としての道徳的基準を制定するとともに，修身科に代わるべき教科を設けることの必要性を強調するようになった。そして，各学校や家庭で祝日に国旗掲揚と国歌斉唱を推進することを発表し，同年11月の全国都道府県教育長会議で，新しい道徳教育の基準としての「国民実践要領」の制定を表明した。しかしその反面，軍国主義復活反対や修身科復活反対の運動も盛んになっていき，天野の構想は世論の反発を引き起こすことになった。

　1951（昭和26）年1月4日に出された教育課程審議会の「道徳教育に関する答申」では，「道徳教育は，学校教育全体の責任である」と明言し，加えて「道徳教育振興の方法として，道徳教育を主体とする教科あるいは科目を設けることは望ましくない」「道徳教育を主とする教科あるいは科目は，やもすれば過去の修身科に類似したものになりがちであるのみならず，過去の教育の弊に陥る糸口ともなる恐れがある」などの見解が示され，最終的に全面主義道徳教育の立場が示された。

　天野および政府首脳の見解に反するこの答申を受けて，文部省は1951（昭和26）年2月8日に「道徳教育振興方策案」を発表し，この方策の一環として「道徳教育のための手引書要領・小学校編」を同年4月に発表した。そこでは，まず「総説」において，戦前の修身科教育の批判から始まり，戦後の道徳教育の基本方針に関する再確認を通して，いわゆる全面主義道徳教育体制に立って道徳教育を統一的，組織的に進める必要性について述べている。加えて，新しい道徳教育ではどのような指導が求められているかを「新しい教育理念は新しい指導方法を要求する。児童・生徒の生活経験を尊重し，かれらの直面する現実的な問題の解決を通して，道徳的な理解や態度を養おうとする指導方法」と言及している。以降，第2部は「小学校の道徳教育」，第3部は「中

学校高等学校の道徳教育」となっており，各段階における道徳教育に関して記載がなされている。

　しかし，学校教育の全面において道徳性を啓培するという「新しい道徳教育」の構想は，実際の学校教育現場では積極的に行われていないことが多く，全面主義の道徳教育は幾分軌道に乗らないといった状況であった。

2　特設道徳の誕生と展開

1　特設道徳の誕生

　1957（昭和32）年8月，文部大臣に就任した松永東は，新しい国際情勢のなかで「科学技術の振興，基礎学力の向上，道徳教育の強化をめざした独立教科の特設等を中心とした，小・中学校教育課程全面改訂」について諮問し，道徳教育を独立教科にしなければならないという意向を明らかにした。

　さらに，教育課程審議会は翌年である1958（昭和33）年の3月15日に，道徳教育を含む教育課程の全面的な改善方法について答申し，この答申を受けた文部省通達「小学校・中学校『道徳』実施要綱」を含む「小学校・中学校における『道徳』の実施要領について」が1958（昭和33）年3月18日に出された。この通達では，道徳教育は従来の学校教育活動全体を通じて行うという方針は維持しながら，その徹底を図るという目的のため，小学校では「教科以外の活動」，中学校では「特別教育活動」の時間の週1単位時間を用いて，道徳の時間を特設することが明示された。しかし，この通達は法的拘束力をもっていなかったので，同年8月28日に「文部省令第25号」によって，学校教育法施行規則の一部が改正され，これをもって道徳の時間の特設が確定することとなった。その後，同年10月の学習指導要領改訂によって，教育課程上に「道徳」という領域が新設された。

　また，ここでいわれる「道徳」の時間は，児童生徒が道徳教育の目標である道徳性を自覚できるように，計画性のある指導の機会を与えようとするものを指す。したがって，道徳の時間においては，各教科，特別教育活動および学校行事等における道徳教育と密接な関連を保ちながら，これを補充，深化，統合し，さらにこれとの交流を図ることで，生徒の望ましい道徳的習慣，心情，判断力を養い，社会における個人のあり方についての自覚を主体的に深め，道徳的実践力の向上を図るように指導するものとされている。

　特設道徳の指導方法については「戦前の修身教育がともすれば陥りがちであったように，固定的な計画を押しつけたり，徳目の一方的な注入をねらったりするもの」であってはならないとして，徳目主義を批判するとともに，「単

▷2　そこでの内容は，児童生徒が道徳教育の目標である道徳性を自覚するように，計画性のある指導の機会を与えようとすること，道徳の時間は毎学年，毎週1時間とし，小学校においては「教科以外の活動」であり，中学校においては「特別教育活動」の時間のうちに，これを学級担任教師が特設して指導することである。その実践においては「なるべく児童生徒の具体的な生活に即しながら，種々の方法を用いて指導すべきであって，教師の一方的な教授や単なる徳目の開設に終わることのないように注意しなければならない」ことなどであり，「修身科」とは一線を画した形で実施されるべきであることが強調されている。

▷3　学習指導要領［昭和33年改訂］における道徳教育の目標には，「生命に対する畏敬の念」「主体性のある」という言葉が加筆され，「豊かな体験を通して内面に根ざした道徳性の育成」が強調された。内容項目に関しては，羅列的であるという批判を考慮し，4つの視点である「主として自分自身に関すること」「主として他の人とのかかわりに関すること」「主として自然や崇高なものとのかかわりに関すること」「主として集団や社会とのかかわりに関すること」から再構成され，この4つの区分はその後の改訂の際にそのまま引き継がれている。

に児童生徒の身辺に生ずる日常的，断片的な事象や問題の解決に主力を注ぐというだけのものでもない」として，問題解決主義的な立場に対しても批判的な目を向けている。以上の内容から，特設道徳の時間では，「児童生徒が発達段階相応に道徳性を自己の自覚として主体的にとらえる」ことや，「道徳性の内面化を図る」ことがとりわけ強調された。

2 特設道徳と資料重視の時代

　体系的な道徳教育の必要性を主張する側と，特設を批判し従来からの学校教育活動全体を通じた道徳教育の継続を主張する側による長い論争期を経て，道徳の時間は特設されることが決定した。

　しかし，生活指導のみで十分であると考える教師や，道徳の時間を設けていない学校など，当時の道徳教育は学校・地域間により格差が生じている状況であった。そこで，1963年に教育課程審議会は，今後の学校における道徳教育の充実に向けた提言をした。提言のなかでは，児童生徒が「道徳的な判断や力や心情を養い，実践的な意欲を培うこと」を目的として，適切な道徳の読み物資料を積極的に利用することや，教師が道徳の指導を適切に進めることができるように，教師用の指導資料をできるだけ豊富に提供する必要があることがいわれている。したがって，文部省から教師用図書である『道徳の指導資料』が刊行され，道徳の時間の指導が，当初の生活重視の傾向から次第に資料重視の方向へと変わっていった。そのなかには，その後道徳の代表的な資料として長く使用される読み物資料等が数多く取り上げられていた。

　当時の文部省・初等中等教育局の教科調査官であった青木孝頼と井上治郎は，資料中心主義ともいうべき，資料を前提とした指導過程を提示した。しかし，青木は資料を離れて，ねらいとする価値に迫ることを目指していたのに対し，井上は資料から離れずにねらいとする価値に迫ることに重きを置いていた。こうした立場の違いは，「資料を」教えるのか，「資料で」教えるのかという議論を喚起した。

　しかし同時に，道徳の時間がより教科的となり，戦前の修身教育のような，特定の道徳的価値を注入する徳目主義教育に陥るのではないかという懸念の声も高まってきた。そこで，前述の状況を避けるためにも，児童生徒の「実際の生活」を重視するという基本をしっかり踏まえつつ，それを補うものという形で「資料」を活用することで，道徳性の内面化を図ろうとする考え方が，当時の一般的な傾向として定着したのであった。

　以上の内容から，当時はまだ学校や地域によっては徹底されているとは言い難かった「道徳の時間」を適切に機能させるために，「読み物資料」を積極的に活用させようとする動きがあったことが理解できよう。

しかし，その後加速していく受験戦争のなかで，試験の点数には結びつかない道徳の時間は，各教科の補習など別の用途に使われてしまうことも少なくなかった。このような，学歴社会における偏差値中心，知育偏重型教育による問題は，1970年代には，校内暴力，いじめ，自殺，不登校などの教育荒廃という形で現れることになる。

3　心の教育の提唱と道徳の時間

1　学習指導要領改訂と「ゆとり教育」のはじまり

　学習指導要領［昭和52年改訂］では，それまでの詰め込み教育の反省から，「ゆとり」と「充実」という言葉が使用され，教育内容の精選が行われはじめた。つまり，平成の時代に入ってもさらなる進展を見せていく「ゆとり教育」という流れは，この改訂版から始まることになったのである。

　1980年代に入ると，これまでの教育のあり方に対する反省と，急速に変化していく社会に柔軟に対応していくための教育が臨時教育審議会において検討された。そこでは，「個性重視」「生涯学習体系への移行」「国際化・情報化など変化への対応」という3つの原則をはじめ，「道徳教育の強化」や「教員の資質向上」などが示された。

　そしてそれを受け，学習指導要領［平成元年改訂］において，道徳教育に関しては，「豊かな体験を通して児童の内面に根ざした道徳性の育成が図られるよう配慮」することが追記された。これは，内閣に直属設置された臨時教育審議会の答申（1987年8月）をはじめ，とくに道徳教育に関して，「豊かな心をもち，たくましく生きる人間の育成を図ること」を示していた教育課程審議会の答申（1987年12月）の内容により強く影響を受けたものであった。

　したがって，この時期に道徳教育を進めるにあたって言われていたことは，教師と児童および児童相互の人間関係を深めるとともに，豊かな体験を通して児童の内面に根ざした道徳性の育成が図られるよう配慮しなければならないこと，また，家庭や地域社会との連携を図り，日常生活における基本的な生活習慣や望ましい人間関係の育成などに関わる道徳的実践が促されるよう配慮しなければならないということである。

　そして，1996（平成8）年7月に中央教育審議会「21世紀を展望した我が国の教育の在り方について（第二次答申）」では，「ゆとり」のなかで子どもたちに「生きる力」を育むことを基本とした教育のあり方が提言され，「生きる力」を育むには個性尊重の教育の推進が課題とされたのであった。

　1998（平成10）年7月，教育課程審議会からの「幼稚園，小学校，中学校，

第Ⅱ部　日本における道徳教育の歴史

高等学校，盲学校，聾学校及び養護学校の教育課程の基準の改善について（答申）」では，ここでも中央教育審議会の答申を踏まえながら，教科内容および授業時数の大幅な削減がなされた「ゆとり」ある学校教育のなかで，自ら学び，自ら考える力や豊かな人間性，社会性の育成，基礎，基本の確実な定着，個性を生かした教育，特色ある学校づくりなどが示された。[14]

▷4　小学校および中学校では，教育内容の3割の削減が図られた。これは，高校生で7割，中学生で5割，小学生で3割の児童生徒が，授業がわからないといういわゆる「七五三問題」への対処でもあった。

そして，2002年度から実施予定の完全学校週五日制を踏まえて，「ゆとり」のなかで「生きる力」の育成をねらった改訂が行われた。この改訂でも，道徳教育の充実が求められたが，その際に「生きる力」を育む「心の教育」の基盤となるものとして，とくにその重要性が強調されることになった。

[2]　心のノート

2002（平成14）年4月，小学校及び中学校の学習指導要領の施行に合わせて，文部科学省は，「心の教育」という風潮を背景に，『心のノート』を全国の小学校および中学校に無料で配布した。また，教科書ではないという理由から，検定作業を経ることもなく，子どもたちへの配布が早急に進められた。[15]

▷5　『心のノート』では，「価値の明確化」理論で用いられる価値シートの手法をはじめ，アメリカの心理学的手法や考え方が多く採用されている。

2003（平成15）年1月，文部科学省から出された「『心のノート』の活用について」によれば，その作成・配布の趣旨は，「子どもたちが身につける道徳の内容を，学校段階や学年に応じて，子どもたちにとってわかりやすく表し，道徳的価値について自ら考えさせるきっかけとなり，理解を深めていくことのできるものであり，学校の教育活動の全体や家庭において活用されることをとおして，道徳教育の一層の充実を図り，子どもたちの『豊かな心』をはぐくもうとするもの」と記されている。また，その特徴としてあげられる3点は，「子ども一人ひとりが自ら学習するための冊子である」こと，「子どもの心の記録となる冊子である」こと，「学校と家庭との『心の架け橋』となる冊子である」ことである。文部科学省は，『心のノート』を，教科書にも副読本にも代わるものでもない「道徳教育の充実に資する補助教材」として示し，教員がそれと響き合う教材を開発したり，選択したりすることが大切であることを示した。

Exercise

① 全面主義道徳教育とは何か解説してみよう。

② あなたは道徳の特設に賛成ですか，それとも反対しますか。その理由についても答えてみよう。

③ ゆとり教育のなかで，なぜ道徳教育の充実が求められたのか考えてみよう。

📖次への一冊

押谷由夫『「道徳の時間」成立過程に関する研究──道徳教育の新たな展開』東洋館出版社，2001年。

　　道徳の時間が特設された経緯や，審議の経緯が社会的背景とともにまとめられている。そして理論的背景や特設道徳に関わった研究者の理論的な主張もわかりやすく紹介されている。

柳沼良太『「生きる力」を育む道徳教育──デューイ教育思想の継承と発展』慶應義塾大学出版会，2012年。

　　道徳の定義から，道徳教育の理論に加えて道徳授業論までを，具体的な事例も合わせて，わかりやすく紹介している。したがって，デューイの道徳教育論やリコーナの人格教育論をはじめとする理論に加え，実際に教育現場で扱うための事例も詳細のため，教師を目指す人には必読である。

上杉賢士『「ルールの教育」を問い直す──子どもの規範意識をどう育てるか』金子書房，2011年。

　　内容は，本書のテーマにある「子どもの規範意識をどう育てるか」に当ててあるが，とくに特設以降の道徳教育の中心にあった「心の教育」においての問題点が述べられている。したがって，「心のノート」が始まってどのような問題点が実際に生じ，そしてどのようなプロジェクトが進められてきたのかをわかりやすく紹介している。

岩本俊郎・志村欣一・田沼朗・浪本勝年『史料　道徳教育の研究〔新版〕』北樹出版，1994年。

　　こちらは史料集であり，日本の明治以降から1990年初頭に至るまでの道徳教育の理念や実践，問題点などが歴史的に把握されることを目的に編纂されている。各時代の道徳教育の実践について，写真や図版が多く使用されているためわかりやすい。また，道徳教育に関する資料集であるが，戦後日本の民主的改革の前提をなす欧米諸国の人権思想や，今日の日本の子どもの生活や意識の実態についてもリアルに把握できるように配慮されている。

引用・参考文献

梅根悟監修『道徳教育史Ⅰ・Ⅱ』講談社，1977年。

江見宏『道徳教育の研究』杉山書店，1986年。

江島顕一『日本道徳教育の歴史──近代から現代まで』ミネルヴァ書房，2016年。

押谷由夫『「道徳の時間」成立過程に関する研究──道徳教育の新たな展開』東洋館出版社，2001年。

行安茂・廣川正昭編『戦後道徳教育を築いた人々と21世紀の課題』教育出版，2012年。

田中マリア『道徳教育の理論と指導法』学文社，2013年。

船山謙次『戦後道徳教育論史　下』青木書店，1981年。

吉田武男・田中マリア・細戸一佳『道徳教育の変遷と課題──「心」から「つながり」へ』学文社，2011年。

吉田武男『「心の教育」からの脱却と道徳教育──「心」から絆へ，そして「魂」へ』学文社，2013年。

第5章
「道徳の時間」から「特別の教科　道徳」へ

〈この章のポイント〉

1958（昭和33）年に特設された「道徳の時間」は，2013（平成25）年の教育再生実行会議第一次提言から，道徳教育の充実に関する懇談会報告，中央教育審議会答申を経て，2015（平成27）年の学習指導要領の一部改訂において「特別の教科　道徳」として教科化された。本章では，道徳が教科化されるまでの経緯について，関連文書をたどりながら，教科化が求められた理由やその背景について学ぶ。併せて，道徳の教科化成立以降の動向についても解説する。

1　教育再生実行会議第一次提言と道徳教育の充実に関する懇談会報告

1　教育再生実行会議第一次提言

2014（平成26）年10月21日の第94回中央教育審議会総会において取りまとめられた「道徳に係る教育課程の改善等について（答申）」（以下「道徳答申」）の「はじめに」では，この答申に至るまでの経緯が述べられている。そこでは，2013（平成25）年2月26日に提出された教育再生実行会議の第一次提言「いじめの問題等への対応について」（以下「第一次提言」）を踏まえて設置された文部科学省「道徳教育の充実に関する懇談会」の報告（同年12月26日：以下「懇談会報告」）において，道徳教育の改善・充実のための方策の一つとして，道徳の時間を，教育課程上「特別の教科　道徳」（仮称）として位置づけ，道徳教育の改善・充実を図ることが提言されたことが述べられている。このことから，今回の道徳の教科化の直接的な契機は「第一次提言」にあるとみることができる。

「第一次提言」の題名が「いじめの問題等への対応について」とされているのは，この報告が出された背景に，2011（平成23）年10月に滋賀県大津市で起こったいじめ自殺事件があるからである。「第一次提言」の「はじめに」では，「いじめに起因して，子どもの心身の発達に重大な支障が生じる事案，さらには，尊い命が絶たれるといった痛ましい事案まで生じており，いじめを早い段階で発見し，その芽を摘み取り，一人でも多くの子どもを救うことが，教

▷1　教育再生実行会議
2013（平成25）年1月に発足した，第2次安倍内閣における，教育に関する提言を行う私的諮問機関。

▷2　滋賀県大津市いじめ自殺事件
2011（平成23）年10月11日に滋賀県大津市内の中学校の当時2年生の男子生徒がいじめを苦に自殺するに至った事件。この事件を契機として，2013（平成25）年6月にいじめ防止対策推進法が国会で可決され，同年9月から施行された。

育再生に向けて避けて通れない緊急課題となっている」と述べられているが，ここでいう「事案」の一つが滋賀県大津市のいじめ自殺事件なのである。

　こうした痛ましい事案を断じて繰り返すことなく，いじめは卑怯な行為であり絶対に許されないという意識を日本全体で共有し，子どもを加害者にも被害者にも傍観者にもしない教育を実現するよう，「第一次提言」では大きく5つの項目を提言している。その5つの提言のうち最初にあげられているものが「1．心と体の調和の取れた人間の育成に社会全体で取り組む。道徳を新たな枠組みによって教科化し，人間性に深く迫る教育を行う」である。ここから，いじめ問題の解決において，道徳教育が重要視されていたことがうかがえる。

　「第一次提言」は，いじめ問題の本質的な解決が図られねばならないとしたうえで，それにもかかわらず現在行われている道徳教育は，指導内容や指導方法に関し，学校や教員によって充実度に差があり，所期の目的が十分に果たされていない状況にあるとその問題点を指摘し，道徳教育の重要性を改めて認識し，その抜本的な充実を図るとともに，新たな枠組みによって教科化し，人間の強さ・弱さを見つめながら，理性によって自らをコントロールし，よりよく生きるための基盤となる力を育てることを求めた。

２ 道徳教育の充実に関する懇談会報告

　道徳教育の抜本的な充実を図るとともに新たな枠組みによって教科化することを提言した「第一次提言」も踏まえ，道徳教育の充実について検討するため，道徳教育の充実に関する懇談会が2013（平成25）年3月に文部科学省に設置された。「懇談会報告」の「はじめに」では，「我が国の道徳教育の現状，家庭や社会の状況等を踏まえれば，道徳教育の充実は，いじめ問題の解決だけでなく，我が国の教育全体にとっての重要な課題であるとの認識の下，これまでの成果や課題を検証しつつ，「心のノート」の全面改訂や教員の指導力向上方策，道徳の特性を踏まえた新たな枠組みによる教科化の具体的な在り方などについて，幅広く検討を行った」ことが述べられた。また，道徳教育については，「国や民族，時代を越えて，人が生きる上で必要なルールやマナー，社会規範などを身に付け，人としてより良く生きることを根本で支えるとともに，国家・社会の安定的で持続可能な発展の基礎となるもの」との認識が示された。「懇談会報告」ではさらに，どのような形で教科化を含め道徳教育を改善・充実していくのかが，道徳教育の目標，内容，指導方法，評価の他，教育課程上の位置づけ，教材・教科書，教員の指導力向上方策等についてかなり具体的なレベルで提言された。

2　中央教育審議会答申から学習指導要領改訂へ

1　中央教育審議会答申

　これらを踏まえ，下村博文文部科学大臣（当時）は中央教育審議会に対し，「道徳に係る教育課程の改善等について」諮問を行った。その際，とくに審議を求める内容として，道徳の時間の新たな枠組みによる教科化にあたっての学習指導要領の改訂に関わる事項，より具体的には教育課程における道徳教育の位置づけおよび道徳教育の目標，内容，指導方法，評価をあげている。

　諮問理由の冒頭で下村文部科学大臣は，道徳教育について「人が互いに尊重し合い，協働して社会を形作っていく上で共通に求められるルールやマナー，規範意識などを身に付けるとともに，人間としてより良く生きる上で大切なものは何か，自分はどのように生きるべきかなどについて，時には悩み，葛藤しつつ，考えを深めていくことをねらい」としているとし，このことを通じ，「自立した一人の人間として，人生を他者とともにより良く生きる人格を形成することを目指すもの」だとしている。また，こうした道徳教育の意義は，「国や民族，時代を越えて普遍的なものであり，道徳教育は，万人に必須のものとして全ての教育活動の根本に据えられるべき重要性を有して」いると述べている。そのうえで，これまで関係者の努力により，創意工夫ある優れた指導の実践も行われてきた反面，「我が国の道徳教育を全体として捉えると，歴史的な経緯に影響され，いまだに道徳教育そのものを忌避しがちな風潮があることや，教育関係者にその理念が十分に理解されておらず，効果的な指導方法も共有されていないことなど，多くの課題が指摘されており，期待される姿には遠い状況」であると，道徳教育の課題を指摘している。

　中央教育審議会は有識者からのヒアリングや国民からの意見募集なども行いながら，10回にわたる議論を経て「道徳答申」を取りまとめた。

2　学習指導要領一部改訂

　文部科学省は，「道徳答申」を踏まえて学習指導要領等の改訂案を作成し，2015（平成27）年2月4日から3月5日にかけてパブリックコメントを実施した後，3月27日に学習指導要領の一部改訂および学校教育法施行規則を改訂した。こうして教科化された道徳が教育課程上に「特別の教科　道徳」として登場することとなったのである。

　道徳が教科化したとはいえ，「特別の」とあるように，他教科とならぶ一教科のそれとして誕生したわけではない。その理由は，道徳教育の特性から，道

徳の時間については，学習指導要領に示された内容について体系的な指導により学ぶという各教科と共通する側面がある一方で，道徳教育の要となって人格全体に関わる道徳性の育成を目指すものであることから，学級担任が担当することが望ましいと考えられること，数値などによる評価はなじまないと考えられることなど，各教科にはない側面があることからである。

　「道徳の時間」から「特別の教科　道徳」への改訂にあたっては，目標を明確でわかりやすいものに改善したこと，道徳の内容を発達の段階を踏まえた体系的なものに改善したこと，多様で効果的な指導方法の積極的な導入など指導方法の工夫を行うことを明記したこと，検定教科書を導入すること，評価の趣旨を明記したことなどが主な変更点としてあげられる。

　この他，「道徳答申」における「特定の価値観を押し付けたり，主体性をもたず言われるままに行動するよう指導したりすることは，道徳教育が目指す方向の対極にあるものと言わなければならない」「多様な価値観の，時に対立がある場合を含めて，誠実にそれらの価値に向き合い，道徳としての問題を考え続ける姿勢こそ道徳教育で養うべき基本的資質である」との指摘を踏まえ，発達の段階に応じ，答えが一つではない道徳的な課題を一人ひとりの児童が自分自身の問題と捉え，向き合う「考える道徳」「議論する道徳」へと転換が図られている。

3　道徳の教科化の必要性と教科化した道徳教育への期待

1　道徳の教科化の必要性

　このように，直接的には滋賀県大津市のいじめ自殺事件をきっかけとして道徳の教科化が進められてきたわけであるが，その過程で，道徳の教科化を必要とする理由としてどのようなことがあげられてきたのか，また教科化した道徳に何が期待されているのかを改めて確認しておこう。

　「道徳答申」では，道徳教育は本来学校教育の中核として位置づけられるべきものであるとしたうえで，その実態については優れた取り組みが見られる一方，「例えば，道徳教育の要である道徳の時間において，その特質を生かした授業が行われていない場合があることや，発達の段階が上がるにつれ，授業に対する児童生徒の受け止めがよくない状況にあること，学校や教員によって指導の格差が大きいことなど多くの課題が指摘されており，全体としては，いまだ不十分な状況にある」との認識を示し，それゆえに早急な改善に取り組むことが必要であるとしている。また，「道徳答申」では，道徳の時間が「各教科等に比べて軽視されがちで，道徳教育の要として有効に機能していないこと」

などにもふれられている。

「懇談会報告」では，懇談会中に指摘された課題として，歴史的経緯に影響され，いまだに道徳教育そのものを忌避しがちな風潮があること，道徳教育の目指す理念が関係者に共有されていないこと，教員の指導力が十分でなく，道徳の時間に何を学んだかが印象に残るものになっていないこと，他教科に比べて軽んじられ，道徳の時間が，実際には他の教科に振り替えられていることが懸念されることなどがあげられている。

また指導方法についてのより具体的な課題としては，地域間，学校間，教師間の差が大きく，道徳教育に関する理解や道徳の時間の指導法にばらつきが大きいこと，道徳の時間と特別活動をはじめとする各教科等との役割分担や関連を意識した指導が十分でないこと，道徳の時間の指導方法に不安を抱える教師が多く，授業方法が，単に読み物の登場人物の心情を理解させるだけなどの型にはまったものになりがちなこと，現代の児童生徒にとって現実味のある授業となっておらず，学年が上がるにつれて，道徳の時間に関する児童生徒の受け止めがよくない状況があること，児童生徒の発達の段階に即した道徳の時間の指導方法の開発・普及が十分でないこと，道徳の時間の授業で何を学ばせようとしているのかを児童生徒にも理解させたうえで，具体的に実践させたり，振り返らせたりする指導が十分でないこと，道徳の時間の指導が道徳的価値の理解に偏りがちで，例えば，自分の思いを伝え，相手の思いを酌むためには具体的にどう行動すればよいかという側面に関する教育が十分でないことなどがあげられている。

以上の課題の克服のためには，従来の特設「道徳の時間」では不十分であり，教科化が必要だとされたわけである。

2 教科化した道徳教育への期待

以上を踏まえ，次に教科化した道徳教育に期待されていることを確認しておこう。

例えば，道徳教育の充実に関する懇談会の委員を務めた貝塚茂樹は，教科化には一般に教科書，評価，免許の３つの条件が必要だとされていることをあげたうえで，まず教科書については，「教師の裁量で選べた副読本と違い，検定を経て採択された教科書を使うわけですから，教師の側もより勉強せざるをえなくなります」と述べ，現場の教師の意識改革が促されるようになるとしている。また評価について，「これまでは教科ではないために評価もありませんでした。しかし，評価しなければならないとなれば，教師の意識も子供達への視線もはっきりと違ってくるはずです」と述べ，ここでも教師の意識が変わることが教科化の重要な意味であるとしている。さらに免許については，大学の教

▷3 これまでも道徳教育における評価はなかったわけではなく，例えば中学校の学習指導要領［2008（平成20）年改訂］では，道徳教育における評価について「第3章 道徳」の「第3 指導計画の作成と内容の取扱い」の5において，「生徒の道徳性については，常にその実態を把握して指導に生かすよう努める必要がある。ただし，道徳の時間に関して数値などによる評価は行わないものとする」と示されていた。

職科目の道徳の単位が２単位程度しかない現状についてふれ，現状では道徳教育について体系的な知識を身につけ，授業を行うだけの力量を養成することが困難であったが，教科化されれば，これが４単位ないし８単位と増えることが期待されるとしている。

　また，道徳教育の充実に関する懇談会の副座長を務め，中央教育審議会教育課程部会道徳教育専門部会主査も務めた押谷由夫は，従来の道徳教育は学校間格差・教師間格差が非常に大きかったとの認識に基づき，道徳教育，とりわけその要としての「道徳の時間」が，どの学校でもしっかりと取り組まれるように，と今回の教科化は実現したと述べている。この他の課題として，道徳が教育課程上領域として位置づけられていたものの実際には教科書もない，予算もないか乏しいという実態があり，学校現場や行政における条件面での充実が求められていたこと，道徳の教員養成，研究者養成についても，従来非常に弱いものがあったことなどをあげ，これらが教科化により充実していくことを期待している。

4　道徳の教科化成立以降の動向

１　学習指導要領の全面改訂

　2016（平成28）年12月21日中央教育審議会の「幼稚園，小学校，中学校，高等学校及び特別支援学校の学習指導要領等の改善及び必要な方策等について（答申）」を経て，2017（平成29）年３月31日に学習指導要領が全面改訂された。道徳に関する一部改訂はこの全面改訂に先立って行われた形になる。そのため，全面改訂版における「特別の教科　道徳」の記載は，全面改訂版の書式に合わせた細かい表記上の修正を除いて，内容は一部改定版のままとなっている。

　新学習指導要領は，小学校では2020（平成32）年度から，中学校では2021（平成33）年度から，それぞれ全面実施となっているが，「特別の教科　道徳」については2015（平成27）年３月27日の一部改訂を受け，スケジュールを先取りして，小学校では2018（平成30）年度から，中学校では2019（平成31）年度からの全面実施となっている。

２　道徳の教科書の検定と採択への動き

　道徳の教科化にともない，これからは教科書を使用することになる。道徳の教科書についても他の教科と同様に教科書検定・採択が行われることになるが，このスケジュールについても他教科に先立って実施される。小学校では2016（平成28）年度に教科書検定が，2017（平成29）年度に採択が行われ，中学

校では2017（平成29）年度に教科書検定が，2018（平成30）年度に採択が行われる。

　教科書検定を合格した全8社の小学校の道徳教科書は，読み物資料や「私たちの道徳」に準じた教材等これまでの道徳教材を踏襲したもののほか，「考える道徳」「議論する道徳」への質的転換を考慮した教材や教科書の分冊化などの工夫も見られる。

③ 教員養成におけるコアカリキュラム策定への動き

　教員養成の面に関して，課題とされている道徳の授業に関する教師の指導力向上のためにも，「考える道徳」「議論する道徳」へと質的転換を図る意味からも，その改善・充実が求められることとなる。他方，わが国の教員養成をめぐる議論や批判，すなわち学芸と実践性の2つの側面を融合することで高い水準の教員を養成しようとする「大学における教員養成」をめぐる議論や批判が行われてきたが，近時においては，教職課程のあり方，内容，方法について，大学側において反省的検討が進められる動向があり，さまざまな提言や実践的成果の報告が行われるようになってきている。

　こうした状況を受け，2015（平成27）年12月21日の中央教育審議会答申「これからの学校教育を担う教員の資質能力の向上について　～学び合い，高め合う教員育成コミュニティの構築に向けて～」において，大学が教職課程を編成するに当たり参考とする指針（教職課程コアカリキュラム）を関係者が共同で作成することで，教員の養成，研修を通じた教員育成における全国的な水準の確保を行っていくことが必要であるとの提言を受け，「教職課程コアカリキュラムの在り方に関する検討会」[4]（以下「検討会」）が開催され検討を行うこととなった。

　2017（平成29）年11月に「検討会」が取りまとめたコアカリキュラムでは，道徳教育関連の事項は「道徳の理論及び指導法」として「道徳，総合的な学習の時間等の指導法及び生徒指導，教育相談等に関する科目」に位置づけられており，その全体目標は以下の通りである。

> 　道徳教育は，教育基本法及び学校教育法に定められた教育の根本精神を踏まえ，自己の生き方や人間としての生き方を考え，主体的な判断の下に行動し，自立した人間として他者と共によりよく生きるための基盤となる道徳性を育成する教育活動である。
> 　道徳の意義や原理等を踏まえ，学校の教育活動全体を通じて行う道徳教育及びその要となる道徳科の目標や内容，指導計画等を理解するとともに，教材研究や学習指導案の作成，模擬授業等を通して，実践的な指導力を身に付ける。

　これを踏まえ，「(1)道徳の理論」および「(2)道徳の指導法」それぞれの一般目標および到達目標は以下のようになっている。

▷4　平成28年8月に，「教職課程で共通的に身につけるべき最低限の学修内容について検討することを目的」として設置された。設置当初は検討の実施期間が，平成28年8月19日から平成30年3月31日までとされていたが，平成29年11月に「教職課程コアカリキュラム」が取りまとめられた。

（1）道徳の理論

一般目標：道徳の意義や原理等を踏まえ，学校における道徳教育の目標や内容を理解する。

到達目標：1）道徳の本質（道徳とは何か）を説明できる。

2）道徳教育の歴史や現代社会における道徳教育の課題（いじめ・情報モラル等）を理解している。

3）子供の心の成長と道徳性の発達について理解している。

4）学習指導要領に示された道徳教育及び道徳科の目標及び主な内容を理解している。

（2）道徳の指導法

一般目標：学校の教育活動全体を通じて行う道徳教育及びその要となる道徳科における指導計画や指導方法を理解する。

到達目標：1）学校における道徳教育の指導計画や教育活動全体を通じた指導の必要性を理解している。

2）道徳科の特質を生かした多様な指導方法の特徴を理解している。

3）道徳科における教材の特徴を踏まえて，授業設計に活用することができる。

4）授業のねらいや指導過程を明確にして，道徳科の学習指導案を作成することができる。

5）道徳科の特性を踏まえた学習評価の在り方を理解している。

6）模擬授業の実施とその振り返りを通して，授業改善の視点を身に付けている。

　現代社会の道徳教育の課題の例としていじめと情報モラルがあげられている点，道徳科の特質を生かした多様な指導方法の特徴の理解が求められる点，道徳科の特性を踏まえた学習評価の考え方の理解が求められる点，模擬授業の実施を前提としてその振り返りを通して授業改善の視点を身につけることが求められている点などに，いじめ問題の本質的解決のために道徳教育の充実が求められていることや，教師の指導力の充実が求められていることがうかがえる。

　新学習指導要領では「主体的・対話的で深い学び」の実現に向けた授業改善（アクティブ・ラーニングの視点に立った授業改善）を推進することが求められている。また道徳教育においても，「道徳の時間」から「特別の教科　道徳」への移行にあたって「考える道徳」「議論する道徳」への質的転換が図られ，道徳的価値を自分事として理解し，多面的・多角的に深く考えたり，議論したりする道徳教育の充実が求められている。こうした教科化以降の道徳教育においては，教師自身が道徳的問題について考え議論する人間であることが一層求められることになるだろう。

第**5**章 「道徳の時間」から「特別の教科 道徳」へ

Exercise

① 道徳の教科化の歴史について，さらに1950年代の特設「道徳」論争にさかのぼり，「道徳の時間」の特設をめぐってどのようなことが議論されてきたか確かめてみよう。

② 本章で取り上げた教育再生実行会議第一次提言や道徳教育の充実に関する懇談会報告，中央教育審議会答申の全文を通して読んでみよう。

③ 自分たちが受けてきた道徳の授業を思い出してみよう。またそれと「特別の教科 道徳」の目指す授業との相違点と共通点について考えてみよう。

📖次への一冊

文部科学省教育課程課／幼児教育課『「特別の教科 道徳」の実施に向けて』（別冊『初等教育資料』9月号臨時増刊）東洋館出版社，2015年。

　基本的に小学校に関する事項のみの掲載だが，学習指導要領の変遷や各年度版の学習指導要領が掲載されているほか，「特別の教科 道徳」設置に関する諸資料も掲載されており，資料的価値の高い一冊。

久木幸男・鈴木英一・今野喜清編『日本教育論争史録』（第4巻 現代編（下））第一法規，1980年。

　日本の戦前・戦後の教育論争の一つとして特設「道徳」論争も取り上げられている。そこには今回の道徳の教科化をめぐる議論と共通するものもあり，学ぶべき点が多い。

日本教育方法学会編『教育のグローバル化と道徳の「特別の教科」化』図書文化，2015年。

　公権力と道徳の関係を踏まえたうえで，戦後道徳教育をめぐる論点が整理されているほか，道徳の教科化が批判的に検討されているなど，多面的・多角的に道徳教育のあり方を考えるうえで示唆的な一冊。

引用・参考文献

貝塚茂樹『道徳の教科化──「戦後七〇年」の対立を越えて』文化書房博文社，2015年。

押谷由夫「インタビュー なぜ，「道徳」は教科になるのか，そのイメージは」『教職研修』2015年2月号（通巻510号）教育開発研究所，2015年。

押谷由夫・柳沼良太編，新井浅浩・貝塚茂樹・関根明伸・西野真由美・松本美奈著『道徳の時代をつくる！──道徳教科化への始動』教育出版，2014年。

押谷由夫・柳沼良太編，貝塚茂樹・西野真由美・関根明伸・松本美奈著『道徳の時代がきた！──道徳教科化への提言』教育出版，2013年。

51

第 **III** 部

教科化時代の道徳教育

第6章
指導体制と担当者

〈この章のポイント〉

　各小・中学校は，校長の方針のもとに，すべての教師が一体となって道徳教育を実践するために，道徳教育推進教師を中心とした指導体制の充実を図ることが求められている。これを実現するために，各小・中学校は，道徳教育推進教師を中心として，道徳教育の全体計画と「特別の教科　道徳」の年間指導計画を作成している。「特別の教科　道徳」の授業担当者は，学級担任であり，学校の全体計画に基づき，学級の実態や児童生徒の特性を考慮したうえで授業を実施する。このように，学校における道徳教育は，全教師の参画，分担，協力のもとで実践されている。本章では，学校における道徳教育の指導体制と授業担当者の役割について学ぶ。

1　学校における道徳教育の指導計画

1　道徳教育の全体計画

　小・中学校における道徳教育は，「特別の教科　道徳」の授業のみで行うものではなく，学校の教育活動全体を通じて行うものである。学校の教育活動全体を通した道徳教育を効果的に実践するためには，その計画の作成と指導体制の確立が重要である。小・中学校の新学習指導要領では，道徳教育に関わる2つの計画を各学校において作成することが示されている。それが，道徳教育の全体計画と「特別の教科　道徳」の年間指導計画である。

　道徳教育の全体計画とは，学校における道徳教育の基本的な方針を示すとともに，学校の教育活動全体を通して，道徳教育の目標を達成するための方策を総合的に示した教育計画である。全体計画に関連して，「小学校学習指導要領解説総則編」（平成29年6月）では，次のようにその基本方針が示されており，これは中学校にもほぼ同様の記載がみられる。

> 「第3章　教育課程の編成及び実施」の「第6節　道徳教育推進上の配慮事項」
> 　1　……（略）……なお，道徳教育の全体計画の作成に当たっては，児童，学校及び地域の実態を考慮して，学校の道徳教育の重点目標を設定するとともに，道徳科の指導方針，第3章特別の教科道徳の第2に示す内容との関連を踏まえた各教科，外国語活動，総合的な学習の時間及び特別活動における指導の内容及び時期並びに家庭や地

第Ⅲ部　教科化時代の道徳教育

域社会との連携の方法を示すこと。

この記述からも明らかなように，道徳教育の全体計画では，「特別の教科　道徳」と，各教科，外国語活動，総合的な学習の時間，特別活動とを，それぞれどのように関連づけて指導を行うか，さらには家庭・地域社会といかなる連携を図るか，これらの点が盛り込まれる。つまり，この全体計画は，「特別の教科　道徳」の指導を「要」として，それぞれの教育活動との関連のなかで，どのように道徳教育の実践を展開していくかを示す構成となっているといえる。

また，道徳教育の全体計画では，その計画に盛り込むべき項目として，次の項目があげられている。これらは，「小学校学習指導要領解説総則編」（平成29年6月）のなかで示されている。以下に示す。

▷1　外国語活動
平成23年度より，小学校の第5学年および第6学年で必修となった。また，小学校の新学習指導要領において，外国語活動の対象学年が第3学年及び第4学年となった。

(ア)基本的把握事項
　　計画作成に当たって把握すべき事項として，次の内容が挙げられる。
・教育関係法規の規定，時代や社会の要請や課題，教育行政の重点施策
・学校や地域社会の実態と課題，教職員や保護者の願い
・児童の実態と課題
(イ)具体的計画事項
　　基本的把握事項を踏まえ，各学校が全体計画に示すことが望まれる事項として，次の諸点を挙げることができる。
・学校の教育目標，道徳教育の重点目標，各学年の重点目標
・道徳科の指導の方針
・年間指導計画を作成する際の観点や重点目標に関わる内容の指導の工夫，校長や教頭等の参加，他の教師との協力的な指導
・各教科，外国語活動，総合的な学習の時間及び特別活動などにおける道徳教育の指導の方針，内容及び時期
(中略)
・特色ある教育活動や豊かな体験活動における指導の方針，内容及び時期
(中略)
・学級，学校の人間関係，環境の整備や生活全般における指導の方針
(中略)
・家庭，地域社会，他の学校や関係機関との連携の方法
(中略)
・道徳教育の推進体制
(中略)
・その他
　　例えば，次年度の計画に生かすための評価の記入欄，研修計画や重点的指導に関する添付資料等を記述する。

ここでは，小学校の内容を取り上げているが，中学校においてもほぼ同様の項目があげられている。これらの作成にあたっては，学校や地域の実態を踏ま

第6章 指導体制と担当者

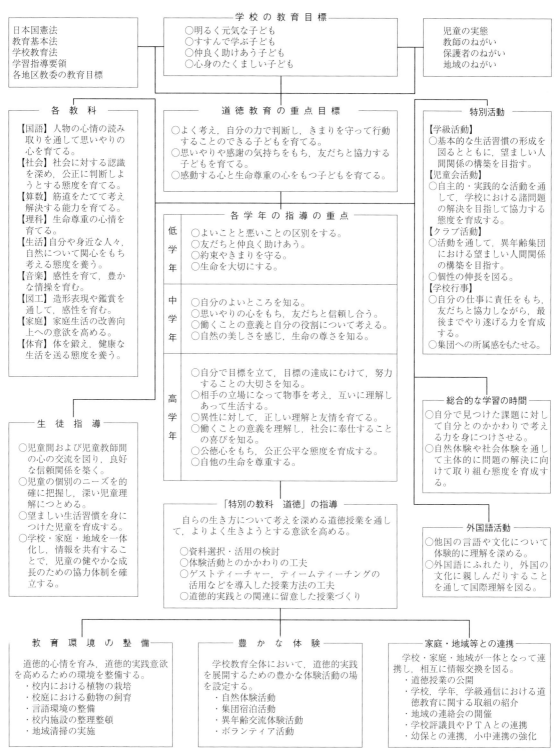

図6-1 小学校における「道徳教育の全体計画」の一例
出所:「小学校学習指導要領解説総則編」(平成29年6月)を参考に筆者作成。

第Ⅲ部　教科化時代の道徳教育

え，道徳教育の重点目標や各学年の指導の重点を明確にすることが重要である。小学校における道徳教育の全体計画の一例を示したものが，図6-1である。

　道徳教育の全体計画を作成するにあたっては，これが計画・理念だけに終わることなく，具体的な教育実践として確実に実行していけるものでなければならない。そのためには，全教師で道徳教育の重要性や特質について理解を深めることが大切である。また，この計画に示された事項について，さらに詳細に示す必要がある場合においては，別葉[2]として加えるなどして，全体計画を活用しやすいものにすることが必要である。作成した全体計画は，校内資料にとどめるのではなく，家庭や地域の人々の積極的な理解と協力を得るためにも，その趣旨や概要等を積極的に公開していくことが求められよう。

▷2　別　葉
必要な各事項について文章化したり具体化したりした一覧表のこと。例えば，各教科等における道徳教育に関わる指導の内容および時期を整理したもの，道徳教育に関わる体験活動や実践活動の時期等が一覧できるもの，道徳教育の推進体制や家庭や地域社会等との連携のための活動等がわかるもの，などがあげられる。

▷3　主　題
ねらいとそれを達成するために活用される教材によって構成される指導のまとまりのこと。

2　「特別の教科　道徳」の年間指導計画

　「特別の教科　道徳」の年間指導計画とは，この授業における学習内容が，道徳教育の全体計画に基づき，児童生徒の発達の段階に即して計画的・発展的に行われるようにするために作成される全学年にわたる年間の指導計画である。この計画では，各学年に応じた主題[3]が構成・配列され，これに基づいて，それぞれの学級における道徳授業の学習指導案が作成される。年間指導計画の作成とその内容に関して，中学校の新学習指導要領では，次のように示されている。

「第3章　特別の教科　道徳」の「第3　指導計画の作成と内容の取扱い」
1　各学校においては，道徳教育の全体計画に基づき，各教科，総合的な学習の時間及び特別活動との関連を考慮しながら，道徳科の年間指導計画を作成するものとする。なお，作成に当たっては，第2に示す内容項目について，各学年において全て取り上げることとする。その際，生徒や学校の実態に応じ，3学年間を見通した重点的な指導や内容項目間の関連を密にした指導，一つの内容項目を複数の時間で扱う指導を取り入れるなどの工夫を行うものとする。

　このように，年間指導計画の作成においては，「特別の教科　道徳」と他の教育活動との関連に留意することが求められている。また，作成の際には，各学年相当の内容項目すべてを取り上げなければならないこととされ，これらの取り上げ方の工夫も明記されている。

　各学年の年間指導計画を立案することによって，全学年の「特別の教科　道徳」の整合性を図ることが可能となる。これによって，小学校においては6学年を，中学校においては3学年を見通した計画的・発展的な指導へとつなげていくことができる。また，毎年度の年間指導計画を保存・管理することにより，その学年の児童生徒がこれまでに「特別の教科　道徳」の授業においてどのような学びをしてきたかを知ることができる点も作成の利点であるといえよう。

次に，年間指導計画の内容について確認しておこう。年間指導計画は，児童
生徒の発達の段階や学校・学級の実態を考慮したうえで，各学校が創意工夫を
して作成するものとされている。しかし，年間指導計画の内容すべてを学校独
自に作り上げてよいわけではない。小・中学校の「学習指導要領解説特別の教
科　道徳編」では，「具備することが求められる事項」として，次のような項
目が明記されている。すなわち，指導の時期，主題名，ねらい，教材，主題構
成の理由，学習指導過程と指導方法，他の教育活動等における道徳教育との関
連などの項目である。また，ここでは，これらの項目に加えて，校長や教頭な
どの参加，保護者や地域の人々の参加・協力がある場合においては，この点に
ついても追記しておくことが示されている。

中学校第3学年の年間指導計画の一例を示したものが次の表6-1である。

表6-1　中学校第3学年における「特別の教科　道徳」の年間指導計画の一例

月	主題名・教材名	内容項目・ねらい	主な発問 （◎は中心発問）	他の教育活動との関連	「私たちの道徳」との関連
4	［よりよく生きる］ 1.　足袋の季節	D（22）よりよく生きる喜び 人間には弱さを克服しようとする強さや気高さがあることを知るとともに，人間としての誇りをもって生きようとする前向きな態度を育てる。	○逃げるようにその場を去ったとき，「私」はどのような気持ちだったでしょう。 ○おばあさんの死を知ったとき，「私」は，どのような気持ちだったでしょう。 ◎「おばあさんが，私にくれた心」とは，何でしょう。 ○自分の間違いに気付いたとき，どのように行動したいと思うか，考えてみましょう。	【特別活動】 （学級活動） （3）ウ 【総合的な学習の時間】 （キャリア教育分野）	人間として誇りある生き方とはどのような生き方かを考えさせ，121〜123ページの書き込み欄に記入させる。
	［家族への敬愛］ 2.　一冊のノート	C（14）家族愛 父母，祖父母に敬愛の念を深め，家族の一員としての役割を果たし，充実した家庭生活を築こうとする態度を育てる。	○薬局の前で祖母とすれ違った「僕」が，知らん顔をして通り過ぎたのはどんな気持ちからでしょう。 ○父の話を聞いたとき，何も言えなくなったのはなぜでしょう。 ◎祖母と並んで草取りをしている「僕」は，心の中で祖母にどのように語りかけていたのでしょう。 ○家族のためにできることとして，どんなことがあるか，考えてみましょう。	【技術・家庭】 （家庭分野） A　家族・家庭生活	導入・終末で181〜185ページを適宜活用する。
5	［きまりを守る］ 3.　二通の手紙	C（10）遵法精神 法やきまりの大切さを理解して，秩序と規律のある社会を実現しようとする態度を育てる。	○姉弟を入園させた元さんは，どんな考えだったでしょう。 ○事務所のなかで姉弟を待つ元さんはどんなことを考えていたでしょう。 ◎二通の手紙を前に元さんはどんなことを考えたでしょう。 ○元さんがはればれとした表情を浮かべたのはどうしてでしょう。	【社会】 （公民的分野） A　私たちと現代社会 【特別活動】 （学級活動） （1）ア	導入・終末で135〜139ページを適宜活用する。

出所：「中学校学習指導要領解説特別の教科　道徳編」（平成29年7月）を参考に筆者作成。

第Ⅲ部　教科化時代の道徳教育

　表6-1に示されているように，年間指導計画では，学習内容に応じて主題が構成され，4月から3月までの時間配当がなされる。その際には，主題の性格，他の教育活動との関連，季節的変化を考慮することが大切である。また，年間指導計画を立案するにあたっては，内容の重点化が求められる。小・中学校の新学習指導要領で示されている内容項目の数は，小学校第1学年〜第2学年19項目，第3学年〜第4学年20項目，第5学年〜第6学年22項目，そして中学校22項目となっており，どの内容項目を複数時間扱いにし，重点的に指導するかは各学校に委ねられているのである。そのため，児童生徒の発達の段階，学校および学級の実態が考慮され，重点的に指導する内容項目が選定されなければならない。その際には，学校の教育目標を加味した重点化，各学年における重点化，学期ごとの重点化など，さまざまなレベルでの計画が考えられる。

　また，関連の深い道徳的価値を組み合わせて指導計画を作成することも大切である。なぜならば，生活上の具体的場面は，道徳的価値の一つひとつが独立しているわけではなく，関連価値が複合的に組み合わされていると考えるべきであるからだ。主題配置の際には，このような道徳的価値の分析が重要である。

2　道徳教育推進教師の役割

1　道徳教育推進教師とは

　学校の道徳教育は，全教師で実践されるものであるが，この計画的な推進を図るうえで中心的な役割を担う教師が存在する。それが，道徳教育推進教師である。道徳教育推進教師は，小・中学校の学習指導要領［平成20年改訂］において，学校の教育活動のなかにはじめて位置づけられることとなった。2017（平成29）年3月告示の小・中学校の新学習指導要領［平成29年改訂］では，その位置づけが次のように示されている。

「第1章　総則」の「第6　道徳教育に関する配慮事項」
1　各学校においては，第1の2の(2)に示す道徳教育の目標を踏まえ，道徳教育の全体計画を作成し，校長の方針の下に，道徳教育の推進を主に担当する教師（以下「道徳教育推進教師」という。）を中心に，全教師が協力して道徳教育を展開すること。……（略）……

　この記述から，道徳教育推進教師は，学校の教育活動全体を通じて行う道徳教育を推進するための中心的な役割を担っていることがわかる。

2　道徳教育推進教師の仕事内容

　それでは，道徳教育推進教師は，具体的にどのような仕事を担当しているの

だろうか。小・中学校の「学習指導要領解説総則編」には，その仕事内容として，次のような項目があげられている。

「第3章　教育課程の編成及び実施」の「第6節　道徳教育推進上の配慮事項」
・道徳教育の指導計画の作成に関すること
・全教育活動における道徳教育の推進，充実に関すること
・道徳科の充実と指導体制に関すること
・道徳用教材の整備・充実・活用に関すること
・道徳教育の情報提供や情報交換に関すること
・道徳科の授業公開など家庭や地域社会との連携に関すること
・道徳教育の研修の充実に関すること
・道徳教育における評価に関すること　　　　など

　この記述から多種多様な仕事を担っていることがわかる。永田繁雄は，著書のなかで道徳教育推進教師の役割を次の3つに大別し，説明している（永田・島，2010，6～7ページ）。1つ目は，「プロモーター（推進者）」としての役割である。校長の方針に基づいて具体的に活動を計画したり，提案したりして，学校全体の道徳教育の実践を促進する役割を担う。2つ目は，「コーディネーター（調整役）」としての役割である。各担当の活動を統合・調整することを通して，学校全体の方針を軌道修正する役割を担う。3つ目は，「アドバイザー（助言者）」としての役割である。実践を展開する際に，何らかの問題が発生したり，課題に直面したりしたときに，助言・サポートをする役割である。このように道徳教育推進教師は，学校における道徳教育に関する多種多様な役割を担うのである。

３　道徳教育推進教師を中心とした体制づくり

　道徳教育の推進には，各小・中学校において，指導体制の充実を図る必要がある。道徳教育推進教師を中心とし，道徳教育の充実のために全教師で組織的に実践を展開することが大切である。実践を展開するにあたっての仕事内容を分担し，それぞれの業務に対して組織的に取り組めるような工夫が求められる。また，これからの道徳教育では，学校・家庭・地域の連携が一層求められることから，これらも道徳教育推進組織のなかに位置づけることも考えられる。

3　授業担当者としての学級担任

１　学級担任の役割

　「特別の教科　道徳」の授業は，原則として，学級担任が担当する。この点

において，他の教科との決定的な違いが認められる。道徳の専任教師が存在しないことは，一長一短といえよう。もし仮に，「特別の教科　道徳」の指導を専任教師に任せてしまうと，全教師で道徳教育推進に取り組もうとする姿勢に欠ける恐れがある。この点，学級担任が「特別の教科　道徳」の授業を実施するならば，全教師が道徳教育に対して強い関心をもつことが期待できる。しかし，現状として，「特別の教科　道徳」の授業実施に対して，不安を抱える教師は少なくない。学級担任であれば，誰もが授業を実施しなければならないという点は，少なからず教師の負担になっているという点も否定できない。

　ここまで「特別の教科　道徳」の授業者としての学級担任について述べてきたが，学校教育全体で道徳教育を実施することを考えたとき，普段の学校生活における子どもたちとの関わりについても考慮する必要がある。つまり，普段の学級担任の子どもたちに対する接し方や日々の言動による道徳教育上の影響についても考えなければならないのである。とくに，小学校においては，子どもたちは，学校生活のほとんどを学級担任とともに過ごすものであり，学級担任は子どもたちにとって特別な存在なのである。子どもの道徳性を育むにあたり，多くの教師との日々の関わりのなかで子どもたちは大きな影響を受ける。ゆえに，教師自身の人格，日々の言動も道徳教育推進のためには重要な要因となっていることを忘れてはならない。

　さらに，学校における道徳教育を充実させるうえで，人間関係や生活環境といった子どもたちの学校生活そのものに目を向ける必要がある。なぜならば，これらによってもたらされる影響は，潜在的カリキュラムの問題の一つとして検討に値すると考えられるからである。とくに，道徳教育においては，学級内の児童生徒と教師の関係，児童生徒間の関係が重要である。児童生徒と教師との関係では，良好な信頼関係の形成が望まれ，これが良好なものであるならば，子どもたちの道徳性を育むうえで望ましい影響を与える。また，学級内の児童生徒間の人間関係も同様に道徳性の形成に大きな影響を与えうる。道徳教育の全体計画や「特別の教科　道徳」の年間指導計画などの充実を図るだけでなく，このような子どもたちの人間関係を含めた学校生活そのものへの配慮も必要不可欠であることから，学級担任による普段の学級経営のあり方が問われているといえるのである。

２　なぜ学級担任が授業を担当するのか

　前述した通り，「特別の教科　道徳」の授業は，原則として，学級担任が担当する。これは，1958（昭和33）年に「道徳の時間」が創設されて以降，一貫している点である。それでは，なぜ学級担任が授業を担当するのであろうか。この問いに対する一つの回答を1958（昭和33）年に発表された「小学校道徳実

施要綱」のなかにみてとることができる。ここには、「道徳の時間」における指導は、学級を担任する教師が行うものとすることが示されており、その理由として、次の3つが示されている。すなわち、児童生徒の実態を最もよく理解しているということ、道徳教育を全教師の関心のもとにおくということ、道徳教育には常に教師と児童生徒がともに人格の完成を目指して進むという態度が極めて大切であるということ、の3つである。ここに提示されている3つの理由は、現在においてもなお広く認識されているところといってよいだろう。学級担任は、指導する児童生徒や学級の実態を最も理解していることから、「特別の教科 道徳」の指導内容と学校生活とを関連づけて指導することが可能である。

一方で、原則として、授業者は学級担任であるとはいえ、年間の授業を検討したとき、授業者は多様であってよい。小・中学校の「学習指導要領解説特別の教科 道徳編」では、「特別の教科 道徳」は学級担任の指導を原則としつつ、校長や教頭等の参加や担任以外の教師の協力を得てティーム・ティーチングで実施することが推奨されている。このことから、学級担任以外の教師による授業の実施は、今後ますます増えてくることが予想される。

学級担任以外の教師による道徳授業の取り組みとして特筆したい実践が、「ローテーション授業」である。「ローテーション授業」とは、同一学年の教師がチームになって複数学級で交互に同一の道徳授業を実施するという取り組みであり、多くの場合は、中学校で実践されている。道徳授業の主題は、自分の学級で一度実施すると、次はその学年の担任になるまで授業を行う機会がない。そのため、授業の反省を即座に次に生かしたり、新しい学習活動を試したりする機会が得にくい現状にある。このような現状を踏まえて考えたとき、「ローテーション授業」の実施には、次のような利点がある。

（1） 教師は一主題で複数の学級で授業をすることができるため、授業記録をもとに発問や児童生徒の反応を分析し、次の授業に生かすことができる。

（2） 同時期に複数回の授業を行うので教師の授業力が向上する。

（3） 複数の教師によって、児童生徒の学びを評価することができる。

（4） 児童生徒は、学級担任以外の複数の教師から、それぞれに工夫された授業を受けることができる。

また、「ローテーション授業」の実施を通して、授業外での教師間の学びが促進されることも期待できる。道徳授業の実施に不安を抱える教師が多い現状を考慮したとき、「ローテーション授業」の導入は、授業力向上につながる重要な方策となり得る。とはいえ、このような形式で年間すべての授業を実施するわけではなく、やはり学級担任による授業が基本形となることに変わりはな

▷4　小学校道徳実施要綱
1958（昭和33）年3月に発表された。ここでは、「道徳の時間」の趣旨、目標、指導内容、指導方法、指導計画作成上の留意事項などが示されている。

い。そのため，教師の日々の道徳教育研修が必要不可欠といえよう。

Exercise

① 教育雑誌やホームページに掲載されている小・中学校の道徳教育の全体計画を比較し，それぞれの学校の特徴を見つけてみよう。

② 学年を一つ設定して，他の教育活動との関連に留意しながら，「特別の教科　道徳」の年間指導計画を作成してみよう。

③ 学級担任による道徳授業と，学級担任以外の教師による道徳授業とを比較し，それぞれの利点と問題点を考えてみよう。

📖次への一冊

永田繁雄・島恒生『道徳教育推進教師の役割と実際』教育出版，2010年。
　　学習指導要領［平成20年改訂］で新たに位置づけられた「道徳教育推進教師」の役割を解説するとともに，小・中学校の取り組み事例を紹介した一冊。
七條正典・植田和也『道徳教育に求められるリーダーシップ』美巧社，2016年。
　　道徳教育の推進を図るため，校長や道徳教育推進教師のリーダーシップの重要性が指摘されている。指導体制や校内研修に関する実践を豊富に掲載。
貝塚茂樹・関根明伸『道徳教育を学ぶための重要項目100』教育出版，2016年。
　　学習指導要領［平成27年改訂］に対応しており，100項目の見開き解説で構成されている。道徳教育の計画・指導体制がわかりやすく解説されている。

引用・参考文献

文部科学省『別冊　初等教育資料』9月号臨時増刊，東洋館出版社，2015年。
永田繁雄『小学校新学習指導要領の展開　特別の教科　道徳編』明治図書出版，2016年。
永田繁雄・島恒生『道徳教育推進教師の役割と実際』教育出版，2010年。
柴原弘志『中学校新学習指導要領の展開　特別の教科　道徳編』明治図書出版，2016年。

第7章
道徳教育用教材

〈この章のポイント〉

これまで道徳の授業では，副読本，「心のノート」，「私たちの道徳」などが用いられてきた。「特別の教科 道徳」の開始にともない新たに教科書が導入されるが，導入以後も，授業者自らが教材を開発する姿勢をもつことが大切である。日頃から情報を収集し，積極的に教材を開発していきたい。また，教材を開発・活用する際には，児童生徒にその教材で「何をどのように知らせるのか」という視点をもたなければならない。そのうえで，誤った事実認識をもたせないように意識することも必要である。本章では道徳教育用教材に関する以上の点について学ぶ。

1 道徳授業の読み物教材の性質

「二通の手紙」という有名な読み物教材がある。動物園に勤める元さんがきまりを破る話である。この話を素直に読むと不思議な点がいくつもある。ここでは2点だけあげる。第一に，「捜索」についてである。職員総出で姉弟を「捜索」したのに，なぜ1時間も姉弟を見つけられなかったのだろうか。そんなに広い動物園なのか。2人もその間，探されていることに気づかなかったのだろうか。第二に，元さんへの処分についてである。「停職」処分は厳しすぎるのではないか。「停職」は通常，職場内で暴行を働いたり無断欠勤を繰り返したりした際に出される処分である。それほどのことを元さんがしたようには思えない。私たちの日常生活に照らしてみても，ちょっと起こりそうにない話である。

これまでの道徳の読み物教材には，このように不自然に感じられる話が多い。日本文化史研究者のパオロ・マッツァリーノ（P. Mazzarino）は，多数の読み物教材の不自然な点を指摘している（マッツァリーノ，2016，38〜71ページ）。

なぜ道徳の読み物教材には不自然な話が多いのだろうか。その理由は，道徳の授業の性質にある。「二通の手紙」を例にとると，この教材は通常，「法やきまりの意義を理解し，秩序と規律のある社会を実現しようとする態度を育てる」ことをねらいとして用いられる（『「私たちの道徳」活用のための指導資料（中学校）』76ページ）。一般的に，道徳の教材は指導要領で「内容項目」としてあげられている道徳的諸価値について考えさせたり，理解させたり，それについ

▷1 「二通の手紙」
物語のあらすじは以下のとおりである。
動物園に勤める元さんは，小学生以下の子どもは保護者同伴が必要という園の規則を知っていながら，幼い姉弟の思いに同情し，入園終了時間過ぎに2人の入園を許してしまう。その結果，姉弟が退園時間になっても出て来ず，職員総出で探すことになる。「1時間もたっただろうか」という頃，「園内の雑木林の中の小さな池で，遊んでいた2人」が無事発見される。この元さんの行為は，姉弟の母親からは感謝されることになり，お礼の手紙が届く。一方で，規則を破って入場させたことが「上の方で」問題となり，「懲戒処分」（停職処分）の通告（「手紙」）も受け取ることとなった。この処分を受けた元さんは，晴れ晴れとした顔で身の回りを片付け，その日をもって自ら退職した。

第Ⅲ部　教科化時代の道徳教育

▷2　「副読本」や「私た
ちの道徳」以外にも，道徳
の授業ではさまざまなもの
が教材となりうる。「小学
校学習指導要領解説特別の
教科　道徳編」（平成29年
6月）では，教材の例とし
て以下のものがあげられて
いる。伝記，実話，意見
文，物語，詩，劇，地域教
材，古典，随想，民話，詩
歌などの読み物，映像ソフ
ト，映像メディアなどの情
報通信ネットワークを利用
した教材，写真，漫画，紙
芝居などである。なお，
「中学校学習指導要領解説
特別の教科　道徳編」（平
成29年7月）では，伝記，
実話，論説文，物語，詩，
劇があげられており，意見
文が論説文となっている。

▷3　これまで文部省・文
科省が出版した副読本とし
ては，1964〜66年にかけて
出された「小学校・中学校
指導資料」シリーズ，1976
〜83年にかけて出された
「小学校・中学校道徳の指
導資料とその利用」シリー
ズ，1991〜99年にかけて出
された「道徳教育推進指導
資料シリーズ」などがあ
る。近年では2011年に出さ
れた「小学校道徳読み物資
料集」，翌年に出された
「中学校読み物資料集」が
ある。

▷4　「各自治体において
作成した道徳に関する教
材・指導資料等の例（平成
25年9月現在)」には，各
自治体の作成した教材・資
料がリスト化されている。
また，2017年5月に文部科
学省が設置した「道徳教育
アーカイブ」にも，都道府
県教育委員会が開発した郷
土教材が掲載されている。

て何らかの態度を形成させたりするために使用される。だから，教材の話が不
自然であろうと問題はないことになる。この点は，例えば社会的事象を理解さ
せるための社会科の教材とは異なる。道徳では教材をきっかけにして児童生徒
が価値について考えたり態度を形成したりすればよいとされる。

2　これまでの道徳教育用教材

1　副読本

　道徳の授業でこれまで使用されてきた代表的な教材は，各種の副読本，「心
のノート」「私たちの道徳」である[2]。道徳教育用の図書を授業で使った経験が
ある人は多いだろう。それを指して「道徳の教科書」と言う人がいるが，厳密
には誤りである。教科書とは「教科の主たる教材」として使われる図書であ
る。「道徳の時間」は国語や社会のような「教科」ではなかったのだから，「教
科書」もなかったのである。

　これまで道徳の授業で主に用いられていたのは教科書ではなく，読み物教材
を収めた道徳の副読本であった。これには，文部省・文部科学省が出版したも
のと[3]，民間出版社が出版したものとがある。文部省・文部科学省が出版した副
読本のなかには，民間出版社の副読本に採用され掲載されてきたものも多かっ
た。例えば1976年の文部省『道徳の指導資料とその利用1』に収められていた
小学校第5学年〜第6学年対象の「手品師」（江橋照雄作）は，その後多くの副
読本に掲載されてきた。2018年度からの新しい道徳の教科書でも採用されるよ
うである。

　各都道府県の教育委員会が出している副読本も多い[4]。その地域独自の内容が
盛り込まれていることがあり，児童生徒にとって身近な題材を取り上げる際に
便利である。ホームページ上で閲覧でき，ダウンロードすれば誰でも使えるよ
うになっていることが多い。あわせて，発問や板書例を含めた活用事例が公開
されている場合もある。高校生を対象にした副読本もある。

2　「心のノート」

　道徳の副読本とは別に，2002年度からは「心のノート[5]」という補助教材が文
部科学省によって全国の小・中学生全員に配布された。この「心のノート」に
は読み物教材は載っていない。写真や絵が豊富で非常にカラフルな作りになっ
ており，児童生徒が親しみやすいものになっていた。また，道徳の授業で扱う
べきとされている「内容項目」に対応した4章を中心に構成されており，「内
容項目」をわかりやすい形で示したという点で特徴的であった。児童生徒が自

分の考えを書き込めるスペースが随所に設けられていたのも，従来の副読本にはなかった点である。

一方で，「心のノート」には配布当初から多くの批判があがっていた。例えば小沢牧子は，道徳的な問題は本来，実際の人間関係や社会と人，自然と人との関係において生じるものであるにもかかわらず，「心のノート」はそれらを「何ごとも自分の心がけ次第」というような「個人の心の問題」に還元してしまうと述べている。「心のノート」では，「平和・人権・平等・対等・反差別・対話―討論・環境問題・社会変革などの，社会に目を開くテーマ」が「欠落または軽視」されており，「子どもたちの目は，『心』と名づけられる内側に向けられて」しまうという（小沢・長谷川，2003，5，40ページ）。

また，「心のノート」に使用されているとされた「心理学的手法」や「心理主義」に対しても批判が多かった。一例をあげると，三宅晶子が指摘したように，「心のノート」には，それを読む「わたし」の「心」の声がしばしば「誰かによってすでに書かれている」という（三宅，2003，16ページ）。例えば「3・4年生用」の裏表紙には次のような記述がある。「わたしにはある／いまよりもっとよくなりたいという心が／みんなのことを思いやるあたたかい心が／どんなことにもくじけずに／がんばりたいという心が」。読む側＝児童が「いまよりもっとよくなりたい」と思っているかどうか，そう感じているか否かにかかわらず，「わたし」にはそういう「心」が「ある」ことにされてしまう。このように，子どもの心が「心のノート」の「わたし」にいわば「乗っ取られて」しまう作りになっていると批判されたのである（同，16〜17ページ）。

3 「私たちの道徳」

「心のノート」は2014年度に全面改訂され，それに代わって新たに「私たちの道徳」が配布されるようになった。「心のノート」と同じく学年に応じて4種類があり，それぞれ「内容項目」に対応した構成になっている，書き込むスペースがあるなど，「心のノート」の基本方針を継承しているが，次に見るように異なる点も多い。

まず先人等の名言，偉人や著名人の生き方や偉業に関する内容が多く取りあげられている点である。例えば，中学校版の「column 人物探訪」では上杉鷹山，湯川秀樹，マハトマ・ガンディーなど12資料が，「column 読んでみよう」には「はやぶさプロジェクト」など3資料が収められている。「message メッセージ」には，松井秀喜や緒方貞子からのメッセージなど13資料が収められている。学年が上がるにつれて国内外の偉人や著名人に関する資料が多くなり，児童生徒が多様な偉人・著名人を知れるようになっている。

また，読み物教材も随所に収められており，例えば中学校版では最初にあげ

▷5 「心のノート」
「心の教育」の重要性が叫ばれるようになったことを背景として文部科学省が作成，配布したものであり，小学校1・2年生用，3・4年生用，5・6年生用，中学生用の4種類がある。2009年に改訂されたが，2011年度には冊子での配布が取りやめられ，データのみの公開となった。2013年度には再度配布された。なお，小学校1・2年生版のみ「こころのノート」と表記されているが，ここでは「心のノート」という表記で統一する。

▷6 「私たちの道徳」
文部科学省によれば，「児童生徒が道徳的価値について自ら考え，実際に行動できるようになることをねらいとして作成した道徳教育用教材」とされる。なお，小学校1・2年生版と3・4年生版は「わたしたちの道徳」と表記されているが，ここでは「私たちの道徳」という表記で統一する。

た「二通の手紙」（140〜145ページ）など9編が収められている。

　さらに，小学校3・4年生版以上には，巻末に情報モラルなど現代的な課題に関する内容が収められている。小学校5・6年生版以上には「全国学力・学習状況調査」の調査結果などの資料も盛り込まれている。全体として，高学年に上がるに従い「心のノート」と比べて資料的な性格が強くなっている。

　偉人や著名人が多く取りあげられていることに対しては批判もある。第一に，社会的に注目される人物が数多くあがっていることで，「成果を上げて社会に注目されることを目指そうという業績主義が見え隠れする」という批判である（伊藤ほか編，2014，43ページ）。たしかに，児童生徒がそのような行動のみをよいと考えるようになるのであれば問題であり，注目されない場面での道徳的行動の意義も学ばせるべきである。第二に，偉人等を「その人間がよりどころとした・選択した価値によって成功が得られたかのように説明」しているという批判である（子どもと教科書全国ネット21，2014，13〜14ページ）。人間の行動をある特定の価値の観点からのみ見るのは一面的である。その人のいかなる考えや習慣，周囲からの影響などが成功につながったのかなども児童生徒が多面的に考えられるようにするべきであろう。

［4］「検定教科書」の導入

　2018年度からの道徳の教科化にあたって，新たに教科書が導入されることになった。道徳教育の充実に関する懇談会による「今後の道徳教育の改善・充実方策について（報告）」（2013年12月26日）では，「どの学校においても，また，どの教員によっても，一定水準を担保した道徳の授業が実施されるようにするための質の高い教材が必要である」と述べられている。これまで「道徳の時間」をどう活用するかは各学校と教師に任されていたが，教科書の導入によって全国で一定の水準を満たした授業が行われることが期待されたのである。

　教科書の導入にともなって，それを中心とした授業は実践しやすくなるだろう。その反面，児童生徒の実情に合わない硬直化した授業が行われるようになる恐れもある。中学生対象のオリジナル教材を多数開発してきた桃﨑剛寿は，教材開発の必要性を次のように訴えている。「心から感動することに出会ったら，『子どもたちにもこの感動を与えられないか』と教材化を考えます」。逆に，既成のものに自分が感動しなければ「その教材で授業することは『教師のプライド』にかけて，絶対にしません」（桃﨑，2016，24ページ）。

　教科書が導入されることによって，これからはその使用が義務づけられる。「特別の教科　道徳」では，基本的には3分の2以上は，教科書を中心に授業を行うべきだといわれる。だからといって，与えられたものとして教科書や副読本をただ使用すればよいというわけではない。上述の「報告」の趣旨を引き

継いだ中央教育審議会の「道徳に係る教育課程の改善等について（答申）」（2014年10月21日）でも，教材開発について次のように述べられている。教科書の内容を「一方的に教え込むような指導」は不適切である，「各地域に根ざした郷土資料など，多様な教材を併せて活用することが重要と考えられる」，「国や地方公共団体には，道徳教育の教材の開発・活用のため，引き続き支援の充実に努めることが求められる[47]」。児童生徒の実情や教師の思いにあわせて，教科書以外の新しい教材を開発・活用したり既存のものに自作の教材を付け加えたりするような工夫が必要となる。

3 教材開発の方法

1 教材開発のための情報収集

　教材を開発するためには，日ごろから多様な情報を収集しておく必要がある。小学校で実践を行ってきた鈴木健二は，情報源として新聞，書籍，広告，テレビ番組，ポスターやパンフレット，インターネット，そして身の回りの情景をあげている（鈴木，2008，39～53ページ）。

　例えば新聞は一番の情報源になるという。一般に，新聞に掲載されている情報の信頼度は高く，教材として利用しやすい。ただし同じ内容でも社会的な記事に対しては各社で論調が異なる場合がある。その場合，数社を比較する必要も出てくる。なお，新聞記事は保管が難しいが，保管する場合はコピーしてファイルに入れたうえで，できればスキャナーで読み込んでおくと便利である。

　書籍も重要な情報源である。一つのテーマについて深く掘り下げられている，情報が信頼できる，入手しやすいなどの点でとくに優れている。新聞より保管もしやすい。ただし，書籍であってもその内容の信ぴょう性が疑わしい場合もある。小・中学校の新学習指導要領にもあるように，「特定の見方や考え方に偏った取扱い」をしないようにしなければならない[48]。内容によっては，同一のテーマを取り上げた書籍を複数冊入手したり，そのほかの情報源と併用したりする必要がある。また，一般の書籍のみならず，雑誌の記事は，比較的情報量があり，構成が工夫されていて，写真もあるため教材化しやすいとされる。ただし，これについても情報が偏っていないかを調べる必要がある。

　広告類やポスター，パンフレットも貴重な教材になるという。広告には道徳的なテーマにかかわるものがあるし，学校には数多くのポスターが送付されてくる。それらは，使われている言葉（キャッチコピー）やイラスト，写真などが洗練されている。そのため，上手く使えば道徳授業に活用できる。

　「感動的な話」を扱ったテレビ番組や良質なドキュメンタリーは取り上げや

▷7　小学校の新学習指導要領の第3章第3「指導計画の作成と内容の取扱い」では，教材の開発・活用について次のように述べられている。「3(1)児童の発達の段階や特性，地域の実情等を考慮し，多様な教材の活用に努めること。特に，生命の尊厳，自然，伝統と文化，先人の伝記，スポーツ，情報化への対応等の現代的な課題などを題材とし，児童が問題意識をもって多面的・多角的に考えたり，感動を覚えたりするような充実した教材の開発や活用を行うこと」（中学校では「生命の尊厳」の後に「社会参画」が入っている）。平成21年版と比べて，小学校では「生命の尊厳」と「情報化への対応等の現代的な課題」が，中学校ではこれらに加えて「社会参画」が新たに加わった。

▷8　小学校の新学習指導要領では教材に関する注意事項として以下の3点が追加されている（第3章第3「指導計画の作成と内容の取扱い」）。
「3(2)教材については，教育基本法や学校教育法その他の法令に従い，次の観点に照らし適切と判断されるものであること。
ア　児童の発達の段階に即し，ねらいを達成するのにふさわしいものであること。
イ　人間尊重の精神にかなうものであって，悩みや葛藤等の心の揺れ，人間関係の理解等の課題も含め，児童が深く考えることができ，人間としてよりよく生きる喜びや勇気を与えられるものであること。
ウ　多様な見方や考え方のできる事柄を取り扱う場合には，特定の見方や考え方

に偏った取扱いがなされて
いないものであること。」
（中学校の新学習指導要領
でも同様である）。

すいという。ただし，テレビ番組を道徳の授業に使用するには次のような難点
がある。第一に放送時間が長い。第二に映像自体に情報量が多いので，児童生
徒の頭にはっきりした内容が残りにくい。第三に手元に資料が残らない。した
がって映像をできるだけ絞り込み，最長でも児童生徒が集中できる15分程度の
視聴にする，あわせて読み物教材を準備する，などの必要が生じる。またある
特定の事実のみが強調されていないか，BGMは必要かなどの点も検討しなく
てはならない。例えば特定の感情を喚起するためだけにBGMが使用されてい
る場合は，音を消すなどの配慮が必要である（桃崎，2008，51〜53ページ）。

　インターネットでも多くの情報が入手できる。ただし，あまりにも膨大な情
報があるため，気をつけないと時間ばかりをとられる。誤った情報も氾濫して
いるので注意したい。ネットを効率的に利用するためには，他の情報源に付随
した使い方をするとよいとされる。例えば補足として写真を検索，入手する場
合である。もちろん写真等の利用の際には著作権に注意が必要である。

　身の回りの情景を教材化することもできる。その際に役立つのが写真撮影で
ある。授業で使う写真を授業者が撮っておくと，既存の写真を使う場合よりも
著作権などの問題が生じにくく便利である。写真の編集などもしやすい（佐
藤，2008，97ページ）。旅先などでも，有名な建造物や風景，その地に縁のある
人物の銅像など，教材化できそうなものを見つけたら撮影しておくとよい。教
師自身の体験談を上手に織り交ぜて取り上げることができれば，児童生徒もそ
の題材について身近なものとして考えることができるだろう。

［2］　教材化の方法

　授業で使用できそうな資料を収集したら，それらを「教材化」する必要があ
る。鈴木によれば，教材化には三段階ある（同前，68〜99ページ）。

　第一に，メイン資料を決め，関連資料を集める段階である。1時間の授業と
して組み立てたいメインの資料が決まったら，それをクリアファイルに入れ，
「メイン資料をテーマとするフォルダ」を作るのだという。このようにフォル
ダを作っておくことで，関連資料をそこに集めやすくなる。

　第二に，資料を精選する段階である。せっかく集めた資料は全部使いたくな
る。しかし情報量が多すぎると，児童生徒の集中が拡散してしまう。そのた
め，使う資料を写真，図，データ，イラスト，言葉などの視点で抽出し精選す
る。精選するためには授業プランがある程度は浮かんでいなければならない。
どんな児童生徒に，何を，どう学ばせるための資料なのか考えながら選ぶので
ある。

　第三に，集まった資料を教材化する段階である。例えば写真を教材化する場
合，全体を見せるのか，一部を隠す（後出しにする，推測させる）のか，一部だ

け見せるのか，比較して提示するのか，ズームアップしていくのかなどを検討し，授業で提示できる形にしなければならない。当然，どのような効果をねらってその教材を使うかによって提示の仕方は異なる。これは言葉を教材化する場合も同様である。言葉をそのまま示す，ある言葉の一部を隠して示す，2つの言葉を比較する，といった手法がよく使われる。とくに小学生には，言葉の一部を隠し，部分的に，あるいは段階を踏んで情報を提示していくことで伝えたい内容に集中させることができる[9]。いずれにせよ，何を教えようとするのかによってどう教材化するのかは変わってくる。

4　教材活用の視点

1　その教材で，何をどのように知らせるのか

　児童生徒に何を知らせるのかは，教材を開発するうえで重要な視点である。また，児童生徒がある題材について自分と関連させて考えるためには，そのための「具体物」が必要である。桃﨑は次のように述べる。「たとえば『平和ということを考えよ』といってもなかなか考えられない。抽象的なことには抽象的なことでしか答えられない。しかし，『残された地雷が今どれだけ人を苦しめているか』という事実や，その地雷撤去のために人間がどう挑んでいるかを具体的に学ぶことで，平和について考えられる」（桃﨑，2008，56ページ）。この場合は，地雷や地雷撤去についての事実を知らせる教材が必要となる。

　そのうえでさらに，その教材をもとに，児童生徒がどのように考え，その結果何を知るのか意識する必要がある。宇佐美寛は，授業をするうえで授業者が考えるべきは，「学習者は何を認識することになるのか」であると述べる（宇佐美，2005b，197ページ）。資料や教材を基にして何らかの問題について考えさせる場合も，児童生徒が「考えた結果何を知ることになるのか？」を意識する必要がある。「授業とは，学習者に何かを認識させるものである。ある『心情』が起こり，ある『態度』が形成されるのも，必ず何かを認識したがゆえである」（宇佐美，2005a，154ページ）。最初に取り上げた「二通の手紙」で見たように，道徳の授業ではしばしば児童生徒に何らかの態度を身につけさせることが目指される。しかしその場合も，新たな態度が形成されるためには，「児童生徒は何をどのように知る必要があるのか」を考えておかなければならない。そこからさかのぼって，どのような教材をどのように提示することが望ましいか考えなくてはならない。

　教材を提示した結果「児童生徒は何を知ることになるのか」という視点は，教材開発の際だけでなく既存の教材を活用する場合でも同様に不可欠である。

▷9　鈴木と同じく小学校で多くの教材を開発してきた佐藤幸司は，新聞記事の見出しを活用する方法を示している。新聞記事の内容は大人向けであるため，小学校第1学年～第2学年の児童には難しすぎる。しかし見出しの部分は簡単な説明を加えれば児童にも理解できる内容になっている。これを順次提示していくことで，授業の導入に使用するのである。例えば2006年8月1日の『朝日新聞』の「有料レジ袋」に関する記事には，大，中，小の3つの見出しがあった。大「有料レジ袋イオン試行へ」，中「1枚5～10円，近隣店と連携」，小「まず京都，他地域も検討」である。これを「小」の方から提示することで，児童は「京都から，いったい何が始まるのだろうか」という疑問をもつ。「中」，「大」と見出しの謎解きをさせながら提示し，さらなる疑問をもたせる。そこから環境に関する題材につなげていくのである。「見出しで，必要最低限の情報を得る。十分な情報量がないからこそ，そこに疑問（問い）が生まれる。その問いが，授業を進める上での骨格となっていくのである」（佐藤，2008，79～81ページ）。

▷10 青木は，道徳の教材をその活用の仕方に応じて，「共感的活用」「批判的活用」「範例的活用」「感動的活用」の4種類に分類している。

「共感的活用」は，教材に登場する主人公などの考えていること，感じていることを推測させ，共感させることによって道徳的価値の自覚を促す活用方法である。「主人公はここで何を考えているだろう」「主人公はこのときどんな気持ちだろうか」などの発問と組み合わせて活用される。従来の道徳授業の実践はこの形に近い。

「批判的活用」は，教材中の主人公の行為や考え方を学級の子どもたちに批判させ，互いの意見を交わし合わせることを通して，道徳的な考え方，感じ方を深めさせようとする意図で資料を活用しようとする類型である。「主人公の態度をどう思うか。それはなぜか」といった形で主人公の態度を批判させたり，逆に「主人公の態度に対し『やむをえない』という意見もあるのではないか」など，主人公の態度を弁護させたりして，学級の話し合いをうながす活動と組み合わせられる。

「範例的活用」は，主人公の行った行為を模範例として受け止めさせる活用方法である。ただし，よくない行為として取り上げる場合もある。「主人公はどうしてそのような行為をしたのか」，「主人公の優れているのはどんな点か」，また「主人公はどんなことに気をつければよかったのか」などの発問と組み合わせて用いられる。

「感動的活用」は，教材が子どもに深い感動を与えると考えられる場合に，子ど

坂本哲彦は既存の教材を用いる場合，「学習内容の焦点化」が必要であると述べる。例えば「思いやり」に関しても「相手のことを思いやる」だけでなく，「相手がたとえ嫌な気持ちになることが予想されたとしても，相手のためになるのであれば，一時的には相手の気分を害すかもしれないことを教えること，注意することも相手を思いやることの一つである」（坂本，2014，31ページ）というように，その教材だからこそ教えられる内容を考える必要がある。

教材の活用に関しては，青木孝頼による4類型が有名である（青木，1990，98〜117ページ）。児童生徒に知らせたい，考えさせたい内容が異なれば，当然，活用の仕方も教材ごとに異なる。「二通の手紙」でも通常想定されている以外のねらいを見据えた活用の仕方が可能である。例えば「元さんはほかにどんな行動ができただろうか」を考えさせるという方法である。2人を中に入れる前に上司に相談したり，自分が2人に同伴したりすれば，事態は異なっていたであろう。そのようなアイディアを出させることで，似たような状況への対処法や他の人の発想に学ぶことの重要性を学ばせるという活用の仕方もある。

ただし，「二通の手紙」における元さんへの処罰は厳しすぎる可能性が高い。「元さんのような行為をしただけでも停職になる」という，処罰についての誤った知識を与えてしまいかねない。児童生徒が誤った知識をもつようになる授業は避けるべきである。最後にこの点について考えておきたい。

2 誤った事実を教えていないか

「私たちの道徳」（小学校5・6年生版）には，「江戸しぐさ」についての記載がある（58〜59ページ）。「三百年もの長い間，平和が続いた江戸時代に色々な生活習慣が生み出され，これを『江戸しぐさ』と呼び，今に生きる知恵として役立てる動きがあります」。例えば「かさかしげ」は，傘を差した人同士がすれ違う時に相手をぬらさないよう互いの傘を傾けるようなしぐさとされる。他にも，人とすれ違うときのしぐさである「かた引き」，複数の人が一緒に座る時に1人でも多くの人が座れるようにする「こぶしうかせ」などがあげられている。「江戸しぐさ」というものが存在したとしか思えない記述である。

しかし，現実には「江戸しぐさ」は完全な作り話であったことが，歴史研究者原田実によって指摘されている（原田，2014）。これに対し文部科学省の担当者は「道徳の教材は江戸しぐさの真偽を教えるものではない。正しいか間違っているかではなく，礼儀について考えてもらうのが趣旨だ」（石戸，2016）としている。礼儀について考えるための教材であるから事実でなくても問題はないという考えである。しかし，いくら礼儀というそれ自体好ましい事柄や価値について考えさせる場合でも，児童生徒が誤った内容を事実として認識してしまうような教材は，やはりおかしい。授業で取り上げる教材が児童生徒に何を知

らせることになるのかについては，常に注意すべきである。

もの感動を重視しながらねらいとする価値の理解を目指す方法である。「最も心を動かされたのはどこか」，「なぜそこに自分は心を動かされたのだろう」といった発問や，主人公の気持ちを問う発問と組み合わせて用いられる。

Exercise

① 今まで自分が受けてきた道徳授業で，印象に残っている教材にはどのようなものがあるだろうか。書き出して，他の人と比べてみよう。またどこが印象に残ったか話し合ってみよう。

② 自分の住んでいる地域の教育委員会が出している道徳の教材にはどのようなものがあるだろうか。インターネットで検索して読んでみよう。

③ 教材にできそうな資料を集める方法について考えて，書き出してみよう。また，授業で取り上げたい内容の資料を実際に集めてみよう。

📖次への一冊

深澤久『道徳授業原論』日本標準，2004年。
　　フィクションの読み物教材を使ったオーソドックスな道徳授業への批判や，「教材」の要件，「教材」開発法などが論じられている。

坂本哲彦『道徳授業のユニバーサルデザイン――全員が楽しく「考える・わかる」道徳授業づくり』東洋館出版社，2014年。
　　学習内容の「焦点化」，資料提示の「視覚化」，意見の「共有化」，授業の「身体表現化」など，道徳授業での工夫の仕方が具体的に示されている。

佐藤幸司『とっておきの道徳授業　オリジナル実践35選』日本標準，2001年。
　　新聞記事，絵本，写真などを活用する身近な話題を取り上げた実践を掲載した『とっておきの道徳授業』シリーズの第1巻。2018年2月現在，小学校は15巻まで，中学校は12巻まで出版されている。教材，発問，児童生徒の反応などが盛り込まれており，授業にそのまま使える仕様となっている。

鈴木健二『道徳授業づくり　上達10の技法』日本標準，2008年。
　　情報収集，教材化，授業構成などをどのようにやるとよいか，著者の小学校での実践を踏まえて具体的な説明がされている。

宇佐美寛『「価値葛藤」は迷信である――「道徳」授業改革論』明治図書出版，2005年。
　　道徳の授業ではしばしば読み物教材が使われるが，なぜ文章である教材を用いるのか，その教材を通して何を教えるべきなのかが論じられる。

引用・参考文献

青木孝頼『道徳でこころを育てる先生　改訂版』日本図書文化協会，1990年。
羽田積男・関川悦雄編『Next 教科書シリーズ　道徳教育の理論と方法』弘文堂，2016年。

原田実『江戸しぐさの正体――教育をむしばむ偽りの伝統』星海社，2014年。

深澤久『道徳授業原論』日本標準，2004年。

井ノ口淳三編『[教師教育テキストシリーズ] 道徳教育　改訂版』学文社，2016年。

伊藤良高・冨江英俊・大津尚志・永野典詞・冨田春生編著『道徳教育のフロンティア』晃洋書房，2014年。

子どもと教科書全国ネット21『徹底批判‼「私たちの道徳」――道徳の教科化でゆがめられる子どもたち』合同出版，2014年。

マッツァリーノ，パオロ『みんなの道徳解体新書』筑摩書房，2016年。

三宅晶子『「心のノート」を考える』岩波書店，2003年。

水登伸子『中学校「特別の教科　道徳」の授業づくり　集中講義』明治図書出版，2015年。

桃﨑剛寿『「中学生を変えた」奇跡の道徳授業づくり』日本標準，2008年。

桃﨑剛寿『スペシャリスト直伝！――中学校道徳授業成功の極意』明治図書出版，2016年。

小沢牧子・長谷川孝編著『『心のノート』を読み解く』かもがわ出版，2003年。

坂本哲彦『道徳授業のユニバーサルデザイン――全員が楽しく「考える・わかる」道徳授業づくり』東洋館出版社，2014年。

佐藤幸司『道徳授業は自分でつくる――35の道しるべ』日本標準，2008年。

鈴木健二『道徳授業づくり　上達10の技法』日本標準，2008年。

宇佐美寛『「価値葛藤」は迷信である――「道徳」授業改革論』明治図書出版，2005年a。

宇佐美寛『「道徳」授業をどう変えるか』明治図書出版，2005年b。

（ホームページ）

石戸諭「それは偽りの伝統 教材に残り続ける『江戸しぐさ』　文科省が教材に残す理由」BuzzFeed Japan（2016/4/5（火）11：59配信）
https://www.buzzfeed.com/satoruishido/mext-edoshigusa?utm_term=.goPA86KzX#.kf6Y7GRlQ　（2017年8月21日閲覧）

文部科学省「道徳教育アーカイブ」
https://doutoku.mext.go.jp/　（2017年8月19日閲覧）

文部科学省「各自治体において作成した道徳に関する教材・指導資料等の例（平成25年9月現在）」
http://www.mext.go.jp/a_menu/shotou/doutoku/__icsFiles/afieldfile/2016/08/09/1222218_1.pdf　（2017年8月19日閲覧）

第8章
道徳教育における評価

〈この章のポイント〉

　本章では，「特別の教科　道徳」における評価を中心に，評価をどのように捉えて活用すれば道徳教育の実践に貢献できるかという視点から，道徳教育における評価について考察する。まず，学校教育における評価の意義を確認したうえで，道徳教育の評価の困難性と必要性について理解する。次に，「特別の教科　道徳」における評価の諸相を取りあげる。具体的には，評価のあり方，評価の基本的な考え方，評価の方法とともに，指導要録における「特別の教科　道徳」の評価の記述について学ぶ。最後に，道徳教育における評価の課題と展望について考える。

1　道徳教育における評価の困難性と必要性

1　学校教育における評価の意義

　「評価」と聞くと，「成績」をイメージする人も少なくないであろう。大学入学までの体験を振り返ってみると，常に学校生活において通知表や調査書の成績評価が学習活動に付きまとっていたために，評価と成績とを同一視してしまうという誤解も生じるのであろう。しかし，学校教育における「評価」は，そのようなイメージとは本質的に違うものである。

　日本の1930年代に，教育目標がどのくらい結果的に達成されたかを決定するために，データを収集・分析するような評価が，教育測定運動の影響を受けて盛んに行われるようになった。さらに，1960年代になると，評価は，指導過程の意思決定を行うためのデータを収集・分析するものに大きく変化し，次々と新しい教育評価の理論が提唱されるようになった。そのために，現在では，誰がいつ何の目的で何を評価するのかによって，多種多様な評価が学校現場において実践されるようになった。例えば，評価の尺度によって大別すると，相対評価と絶対評価と個人内評価である。また，評価の機能によって大別すると，診断的評価と形成的評価と総括的評価である。さらに評価者によって大別すると，自己評価と他者評価である。

　とくに最近，学校教育において指導の効果を上げるために，教育のPDCAサイクルに基づいた授業改善の推進が注目されるようになり，子どもの学習状

▷1　教育測定運動
20世紀初頭のアメリカを中心に，教育に客観的な測定を導入しようとした教育運動。ソーンダイク（E. L. Thorndike, 1874〜1949）は，その運動の中心人物。

▷2　教育のPDCAサイクルとは，P（Plan：計画）→ D（Do：実施）→ C（Check：点検）→ A（Action：改善された教育をし直して目標を実現）である。以前には，教育のサイクルは，P（Plan：計画）→ D（Do：実施）→ S（See：評価）であった。

75

況，および授業や指導計画などという過程を評価すること，すなわち評価の機能でいえば，形成的評価が重要視されるようになった。その意味では，「指導と評価の一体化」という言葉は，まさにその象徴的な表現である。

[2] 道徳教育における評価の困難性

ところが，学校の教育現場では，道徳授業に限らず，一般的に従来から授業における評価研究は，教材研究や発問研究などといった他の教育研究に比べてあまり熱心に行われてこなかった。とりわけ，道徳授業においては，その傾向は極めて強かった。実際に，道徳教育の実践に関する研究といえば，授業において使用される資料，とりわけ読み物資料の開発とその「中心発問」の研究が熱心に行われたのに対し，評価研究は極めて疎かにされてきた。

なぜ道徳教育では，とりわけ評価研究が低調だったのか。その理由を考えてみると，まず，評価と成績の同一視，すなわち評価を成績と捉えてしまう評価観が日本の教育界全体に漂っているところに，人格形成の基本にかかわる道徳教育において評価が叫ばれると，個々の子どもの人格や内面（心）が評価されてしまうという危惧から，評価に関する拒絶感がとくに生じやすかった。また，その拒絶感は，かつての修身科への逆行という危惧の想起にもつながったために，さらに道徳教育においては増幅されることになった。そこにもう一つ付け加えるならば，評価を成績と捉えてしまう評価観のところに，道徳教育の評価と道徳授業の評価とが混同されてしまった。例えば，道徳授業で高い評価を受けた子どもであっても，その子どもが授業以外の学校生活場面において悪い行為をする可能性もあるために，評価の意義を見出すことができないという批判的発言は，その典型的な一例である。

このような理由から，道徳教育や道徳授業に関しては，評価は確かに低調ではあったが，まったく注目されてこなかったわけではなかった。事実，「道徳の時間」の特設から「特別の教科　道徳」の新設に至るあいだ，表現の違いはあっても，評価に関する記述は，常に学習指導要領に記されてきた。しかし，学習指導要領において評価は求められてきたものの，とくに前述したような理由もあって，評価の意識は極めて弱かった。

[3] 道徳教育における評価の必要性

道徳の特別教科化は，評価への関心や意識を大きく転換する契機となった。なぜなら，道徳が教科となった限りは，国語科や社会科というような各教科と同様に，何らかの評価が「特別の教科　道徳」にとって必要となったからである。しかも，その時点では，1960年代以降，とりわけ1990年以降の評価研究の実績が一気に積み重ねられるようになり，次第に学校の教育現場における評価

▷3　例えば，「道徳の時間」特設の小学校学習指導要領［昭和33年版］では，「児童の道徳性について評価することは，指導上たいせつなことである。しかし道徳の時間だけについての児童の態度や理解などを，教材における評定と同様に評定することは適当ではない」と記されていた。

第**8**章　道徳教育における評価

観も大きく変わった。[4]とくに，評価は，子どもの達成度をただ見るためのものではなく，授業や指導計画などの過程を見るためのものであるという意識が定着するにつれて，さらにいえば実際に新学習指導要領の「総則」において「教育課程の実施状況を評価してその改善を図っていくこと」と明記されるようになって，現在では評価に基づく「特別の教科　道徳」の授業改善の必要性が，否応なく自覚されるようになった。

　ただし，道徳教育に関して注目されているのは，学校の教育活動全体を通じて行われる道徳教育の評価ではなく，あくまでも道徳教育のなかの「要」といわれる「特別の教科　道徳」の評価である。それに対して，もう一つの学校の教育活動全体を通して行われる道徳教育の評価については，小中学校の新学習指導要領「総則」の「児童（生徒）のよい点や進歩の状況などを積極的に評価し，学習したことの意義や価値を実感できるようにすること」（括弧内は中学校）という規定に則って，道徳性の成長に関する評価は行われることになっており，指導要録上には「行動の記録」の一つとして記されることになる。

2　「特別の教科　道徳」における評価の諸相

1　「特別の教科　道徳」における評価のあり方

　各教科における評価と同様に，「特別の教科　道徳」における評価の必要性は理解できるが，実際に行うとなると，道徳教育固有の難題が浮上してくる。
　評価を実施するには，一般的に基準となる目標が具体的で明確でなければならない。ところが，道徳教育や「特別の教科　道徳」の目標は，どうしても他教科に比べて宿命的に明確性に欠けてしまう。例えば，いま一度，新学習指導要領に記された道徳教育の目標を確認してみよう。まず，総則には，次のような道徳教育の目標が掲げられている。

> 　道徳教育は，教育基本法及び学校教育法に定められた教育の根本精神に基づき，自己の生き方を考え，主体的な判断の下に行動し，自立した人間として他者と共により よく生きるための基盤となる道徳性を養うことを目標とすること。

　この記述の内容自体は，もちろん決して悪いものではない。しかし，評価の尺度にするには，どうしても抽象的すぎてうまく適合できないところが見られる。とくに，日本では，道徳性という言葉が，新学習指導要領においても「内面的資質」[5]と捉えられているために，「見える化」したい評価の際に，子どもの内面を推し量るということが問題視されてしまうのである。
　また，「特別の教科　道徳」の目標については，新学習指導要領の「第3章

▷4　「教育目標・評価学会」という学術組織は，1990年に設立されている。

▷5　「小学校学習指導要領解説特別の教科 道徳編」（平成29年6月）の「第5章　道徳科の評価」には，「道徳性とは，人間としてよりよく生きようとする人格的特性であり道徳的判断力，道徳的心情，道徳的実践意欲及び態度を諸様相とする内面的資質である」と記されている。ただし，世界的な視野から見れば，道徳性に関しては，内面的自覚と捉えるか，あるいは道徳意識と道徳的行動を統合したものと捉えるか，によって大きく2つの立場があり，日本の学習指導要領の立場は明らかに前者である。

77

特別の教科　道徳」にその記述が見られる。以前の小学校の学習指導要領［平成20年改訂］には，「道徳の時間」として次のように記されていた。

> 道徳の時間においては，……，各教科，外国語活動，総合的な学習の時間及び特別活動における道徳教育と密接な関連を図りながら，計画的，発展的な指導によってこれを補充，深化，統合し，道徳的価値の自覚及び自己の生き方についての考えを深め，道徳的実践力を育成するものとする。

ところが，「特別の教科　道徳」に変更された小学校の新学習指導要領では，同じ第3章の部分は，次のように変更された。

> ……，よりよく生きるための基盤となる道徳性を養うため，道徳的諸価値についての理解を基に，自己を見つめ，物事を多面的・多角的に考え，自己の生き方についての考えを深める学習を通して，道徳的判断力，心情，実践意欲と態度を育てる。

　どちらの目標の記述についても，評価の尺度にするには，具体的に表現しにくい記述が少なくない。しかし，新学習指導要領においては，以前のものに比べて，評価の尺度になりにくいような，人によって解釈幅の大きい抽象的な道徳教育特有の用語はそれなりに削除され，全体としてわかりやすい表現に改められたことは，評価に向けた改善にとって好ましい傾向である。例えば，目標の重要語句として長年にわたって金科玉条のように使用されてきた「補充」「深化」「統合」という用語，さらには実際の行動をともなわない「道徳的実践力」という用語が，授業の目標の記述から削除された。これらの用語は，何を根拠に，あるいはどの程度の変化でもって推し量れるかを考えたときに，具体的に「見える化」しにくい道徳教育特有の主観的・抽象的なものであった。その意味では，新学習指導要領の記述に改善は見られるが，それでも例えば「自己を見つめ」という，道徳教育にとって宿命的といわざるをえないような内面的資質（内心）の評価につながるおそれのある用語は，相変わらず残っている。

　しかも，新学習指導要領の第3章では，道徳科の目標に関する記述の次に，4つの視点から区分された内容項目（道徳的諸価値）が示されており，評価に活用できるようにも一見思われがちである。しかし，目標と直接的な強い関連を有しない4区分に整理されたような各内容は，評価にとって最適なものとはいえないであろう。なぜなら，「特別の教科　道徳」の最重要な目標は，道徳性を養えたかどうかであって，内容項目を理解したかどうかではないからである。内容項目は，あくまでも道徳性を養うための重要な手がかりであって，道徳性全体を学習するための個々の視点である。その意味では，内容項目は，その時々の学習の内容であって，評価と関連する目標を具体的に示していない点で，そのままでは評価にとって最適とはいえないために，目標とともに指導方

法とも関連づけたような評価の方法上の工夫が教育現場においてよりいっそう
教師に求められる。

　とくに，道徳固有の事情による制約や障害があっても，「特別の教科　道
徳」の評価は，教科である以上，何としても適切に実施されなければならな
い。しかも，そのような評価は，最近では成績に固執したものではなく，教育
のPDCAサイクルに基づいた授業の改善に貢献するものとして認知されてい
るために，道徳授業の質的転換に大いに寄与できるものになりえるであろう。

［2］「特別の教科　道徳」における評価の基本的な考え方

　「特別の教科　道徳」の評価については，新学習指導要領の第3章の最後
に，次のように記されている。

> 　児童（生徒）の学習状況や道徳性に係る成長の様子を継続的に把握し，指導に生か
> すよう努める必要がある。ただし，数値などによる評価は行わないものとする。(括
> 弧内は中学校)

　法的拘束力を有する学習指導要領には，「特別の教科　道徳」の評価に限定
された記述はこれだけである。したがって，教師はこの点を基本方針として，
「特別の教科　道徳」に合致した評価の方策と工夫を考えなければならない。

　その際に，教育のPDCAサイクルに基づいた指導の改善とともに，子ども
の人格形成によい影響を与えるように，評価の基本的方向性の明確化が必要と
なる。それに関しては，2015年6月に文部科学省に設置された「道徳教育に係
る評価等の在り方に関する専門家会議」(以下，「専門家会議」と略記)において
検討され，「『特別の教科　道徳』の指導方法・評価について（報告)」(2016年
7月22日：以下，「専門家会議報告」と略記)の記述内容が参考になる。

　そこでは，「単なる話し合いや読み物の登場人物の心情の読み取りに偏るこ
となく道徳科の質的転換を図るために，学校や児童生徒の実態に応じて，問題
解決的な学習など質の高い多様な指導方法を展開することが必要」であるとい
う基本方針の下，「特別の教科　道徳」における評価のあり方について，「道徳
における評価の基本的な考え方」が示されている。まず，「特別の教科　道徳」
に限らず，一般的な評価に対する基本的考え方として，評価は「児童生徒の
側からみれば，自らの成長を実感し，意欲の向上につなげていくものであり，
教師の側からみれば，教師が目標や計画，指導方法の改善・充実に取り組むた
めの資料」であると確認したうえで，次の5つの諸点が求められている。⑴記
述式であること，⑵大くくりなまとまりを踏まえた評価であること，⑶励ます
個人内評価として行うこと，⑷多面的・多角的な見方へと発展しているか，道
徳的価値の理解を自分自身との関わりの中で深めているかといった点を重視す

ること，(5)学習における子どもの具体的な取組み状況を一定のまとまりのなか
で見取ること，である。

　このような「専門家会議報告」の内容を踏まえ，「小学校学習指導要領解説
特別の教科 道徳編」（平成29年6月）では，基本的に加筆修正するかたちで，道
徳科における評価の基本的な考え方がよりいっそう整理されることになった。

　まず，記述式についていうと，2つの大きな方針が明快に示された。一つ
は，道徳性は人間としての個人の問題であるから，道徳的価値を理解したかな
どの評価基準の設定はふさわしくないということである。もう一つは，道徳性
は極めて多様な子どもの人格全体にかかわるものであるから，道徳性の諸様相
である道徳的な判断力，心情，実践意欲と態度のそれぞれについて分節し，学
習状況を分析的に捉える観点別評価も妥当しないということである。

　次に，大くくりについていうと，個々の内容項目ごとではなく，大くくりな
まとまりを踏まえた評価が行われることである。

　また，個人内評価についていうと，他の子どもとの比較による評価ではな
く，子どもがいかに成長したかを積極的に受け止めて認め，励ます個人内評価
が記述式で行われることである。

　さらに，多面的・多角的な見方へと発展しているか，道徳的価値の理解を自
分自身との関わりのなかで深めているかについていうと，このような点は，道
徳科の目標に明記された学習活動に着目して評価を行うことである。

　最後に，学習における子どもの取組み状況を見取ることについていうと，道
徳科の目標に明記された学習活動に注目し，年間や学期といった一定の時間的
なまとまりのなかで，子どもの学習状況や道徳性にかかわる成長の様子の把握
が求められることである。

　なお，発達障害等のある子どもに対しては，学習上の困難さの状況を踏まえ
た指導および評価上の配慮が必要である，ということはいうまでもない。「専
門家会議報告」でも，発達障害にはさまざまな障害があるが，事例として学習
障害，注意欠陥性多動性障害，自閉症の「指導上の必要な配慮」が示されてい
る。その一部を紹介すると，以下のようになる。

学習障害（LD）等
・言葉の意味や正しい名称を知らないことが多いので，言葉の意味を丁寧に伝える。
・提示する教材などには，音声による情報を付け加える。
・言語コミュニケーションの方法を文字言語のみに限定しない。
注意欠陥性多動性障害（ADHD）等
・適度な時間で活動が切り替わり，注意が持続できるようにする。
・成長が認められる行動や発言があった場合は，行動や発言のあった都度，評価する。
・対話の工夫や幅広い場面での触れ合いをもち，信頼関係を築く。

第**8**章　道徳教育における評価

自閉症等

・他者の心情を理解するために，役割を交代して動作化や劇化を行う。

・主語を明確にして説明する。

・ルールを明文化する。同時に，本人が理解してもこだわり等により変えられない場合もあると理解しておく。

③ 「特別の教科　道徳」における評価の方法

　一般的に，教育の方法については，「万能な方法は存在しない」といわれる。その言葉は，「特別の教科　道徳」における評価の方法に対しても例外ではない。それぞれの方法には，必ず一長一短がある。したがって，現状では，教師は子どもの状況に対して適切な方法を組み合わせながら，子どもの全体を見取るように評価すべきであって，自分の好みで一つの方法に固執してはならない。この点を押えたうえで，以下の方法を事例として理解してもらいたい。

　前述した「専門家会議報告」でも，またそれを受けたかたちの「小学校学習指導要領解説特別の教科 道徳編」（平成29年6月）でも，具体的な評価の方法についての記述は，詳細に示されていない。しかし，実際には会議録に公表されているように，その会議の過程のなかでは，近年の評価研究において提唱されるようになった評価の方法が具体的にあげられていた。例えば，ポートフォリオ評価，エピソード評価，パフォーマンス評価などである。

　ポートフォリオ評価は，子どもの学習の過程や成果などの記録を計画的にファイル等に集積して成長のプロセスを評価する方法である。また，エピソード評価は，子どもが道徳性を発達させていく過程で，発言や記述したものをエピソード（挿話）のかたちで蓄積して評価する方法である。そして，パフォーマンス評価は，論説文やレポート，展示物といった完成作品（プロダクト）や，スピーチやプレゼンテーション，協同での問題解決，実験の実施といった実演の過程を通じて学習状況や成長の様子を評価する方法である。

　それ以外にも，従来から行われてきた評価の方法として，観察法，質問紙法，そして面接法があげられる。観察法は，観点を決めて，子どもの言動や表情等を観察して記録する方法である。また，質問紙法は，名称が示しているように，たずねたい事項を質問紙に事前に記しておき，その回答から分析する方法である。そして，面接法は，子どもと面接を行うことで子どもの考えていることや感じていることを聞き取る方法である。その際に，最近では教師が子どもから一方的に聞き取るのではなく，子どもや保護者が評価に参加することによって，評価を双方向的な交流として取り組む対話的評価も奨励されている。

　さらにいえば，従来から行われてきた，道徳ノートやワークノートにおける記述から評価する方法，そして「専門家会議報告」において記されているよう

▷6　文部科学省ホームページを参照。
http://www.mext.go.jp/
b-menu/shingi/chousa/
shotou/111/giji_list/index.
htm

第Ⅲ部　教科化時代の道徳教育

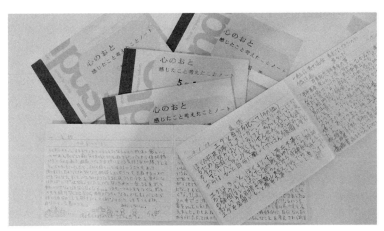

図8-1　道徳ノートの実践例
出所：齋藤眞弓（茨城県石岡市の小学校教諭）の実践から。

に，教員同士で互いに授業を見合うなど，チームとして取り組む評価も考慮されるべきであろう。

4　指導要録における「特別の教科　道徳」の評価

　道徳の特別教科化によって新たに位置づけられたのが，指導要録における評価である。これまでは，指導要録において，学校教育全体を通じて行う道徳教育を意識して「行動の記録」欄が設けられていたが，「道徳の時間」という道徳授業に特化した記入欄は設けられてこなかった。しかし今回は，道徳の特別教科化を機に，「専門家会議報告」を受けて，文部科学省は指導要録の参考様式を公開した。それによって示された「特別の教科　道徳」の記入欄には，「学習状況及び道徳性に係る成長の様子」が記されることになる。その際に，前述した「専門家会議報告」の「道徳における評価の基本的な考え方」におい

▷7　文部科学省ホームページを参照。
http://www.mext.go.jp/b_menu/hakusho/nc/__icsFiles/afieldfile/2016/08/23/1376204_1.pdf

小学校児童指導要録（参考様式）

第**8**章　道徳教育における評価

て示されたような5つの諸点を教師は考慮することになる。

　なお，関係づける法的な根拠はないが，1年ごとに評価される指導要録と実質的に関係の深いものに，学期ごとに評価される通知表がある。通知表の評価も，指導要録と同様に，個人内評価というかたちで成長の様子を文章で書かれることになっている。

3　道徳教育における評価の課題と展望

［1］「特別の教科　道徳」における評価の研究と実践

　実際には，「特別の教科　道徳」や道徳教育に限らず，すべての教科などの教育活動において，まったく欠点のない理想的な評価はそもそも存在しない。それだけに，よりよい評価を開発するために，評価研究は今後も盛んに研究されるであろう。とくに，指導と一体化した評価についての意識が極めて薄い「特別の教科　道徳」がそうならなければ，本当の意味での道徳授業および道徳教育の質的転換は，とても起こり得ないであろう。その評価研究の過程において，評価自体の問題点だけでなく，道徳教育や「特別の教科　道徳」がもつ固有の問題点をはじめ，長年にわたって解決できない学習指導要領における目標や内容に関しての記述内容の問題点，さらにはそこでの道徳性の定義の問題点などが表出されてくるかもしれないが，そのようなことも道徳教育や「特別の教科　道徳」，さらには「特別の教科　道徳」の評価法それ自体を発展させるための通過点であろう。

　今後，教育現場の教師たちは，万能な評価法は存在しないことを自覚したうえで，子どもに対して理想的・最終的に目指す生涯的な方向としては，とくに子どもによる自己評価を強く意識しつつ，日常の学校教育段階においては目の前の子どもがいかに成長したかを積極的に受け止めて励ますような評価の開発に，日々尽力すべきであろう。

［2］道徳教育の評価からの発信

　道徳教育，とくに「特別の教科　道徳」の評価研究は，人格形成や内心にかかわる道徳固有の問題性や日本の道徳教育の歴史的経緯などのために，他の分野に比べて遅れている。これからも，そのような問題のために，評価研究は自ずと慎重にならざるをえない。その結果，研究の進歩は遅くなるかもしれない。しかし，視点をかえれば，「特別の教科　道徳」の評価研究は，十分に熟考することなく，客観性や成果にこだわるあまり安易な量的処理に陥りがちな他の教科教育分野に対して，有益な警鐘を与えるであろう。なぜなら，「一定

の時間的なまとまりのなかで，子どもの成長を積極的に受け止めて励ますような大くくりの個人内評価」という基本姿勢は，時代遅れのように見えて，実は評価のみならず，教育の本質と真髄を見事に捉えているからである。

Exercise

① 「指導と評価の一体化」とは，具体的にどのようなことかについて道徳授業を事例として説明し，その教育的な意義を考えてみよう。
② どのような状況の時に，どの評価方法を活用することが「特別の教科　道徳」にとって適切かについて考えてみよう。また逆に，どのような状況の時に，どの評価方法を行ってはいけないかについて考えてみよう。

📖次への一冊

西野真由美・鈴木明雄・貝塚茂樹編『「考え，議論する道徳」の指導法と評価』教育出版，2017年。
　　「考え，議論する道徳」への質的転換を実現するために，指導方法と評価のあり方を具体的に解説したものである。本の後半部分では，評価の事例も紹介されている。
松本美奈・貝塚茂樹・西野真由美・合田哲雄編『特別の教科　道徳Q＆A』ミネルヴァ書房，2016年。
　　質的転換を図ろうとしている道徳教育や「特別の教科　道徳」に関して，Q＆A形式で疑問や不安を取りあげ，それらがこれから変わっていくのかについて，平易に説明したものである。
永田繁雄編『「道徳科」評価の考え方・進め方』教育開発研究所，2017年。
　　道徳教育の評価，とくにその要としての「特別の教科　道徳」の評価の意義や基本的なあり方や多様な方法などについて，わかりやすく整理した解説書である。

引用・参考文献

井ノ口淳三編『道徳教育』学文社，2007年。
石田恒好『教育評価の原理――評定に基づく真の評価を目指して』図書文化，2012年。
松本美奈・貝塚茂樹・西野真由美・合田哲雄編『特別の教科　道徳Q&A』ミネルヴァ書房，2016年。
西野真由美・鈴木明雄・貝塚茂樹編『「考え，議論する道徳」の指導法と評価』教育出版，2017年。
田中耕治『教育評価研究の回顧と展望』日本標準，2017年。
『季刊教育法』（第185号）エイデル研究所，2015年。

第IV部

新たな時代の道徳教育

第9章
道徳教育における環境教育

〈この章のポイント〉

「持続可能な社会をつくる力」は，「現代的な諸課題に対応して求められる資質・能力」の一つとして重視され，教科等横断的に行われる環境学習を，環境にかかわる道徳教育で統合し，現在および未来の自然環境の課題に取り組むために必要な心を育てることが求められている。本章では，環境教育の動向を確認し，小・中学校・高等学校の学習指導要領における環境教育の扱いを把握し，道徳教育における環境教育の実践および環境教育教材について学ぶ。

1 環境教育の動向

1 環境教育の重要性と日本の子どもの現状

　現在，地球温暖化，オゾン層の破壊，生態系の破壊などの地球規模の環境問題が深刻化し，環境問題への対応が世界各国共通の緊急かつ重要な課題となっている。その根本的な解決のためには，今日の社会・経済のシステムを整え，持続可能な社会を構築することが必要とされている。そして，一人ひとりが環境問題についての理解を深め，有限な地球環境のなかで，環境負荷を最小限にとどめることを真摯に考えること，さらに，環境保全に主体的・積極的に取り組むようになることが求められ，環境教育の重要性がますます高まっている（国立教育政策研究所教育課程研究センター，2014，3ページ；文部科学省，2012b）。

　2006年に実施された OECD の PISA 調査によると，生徒が資源と環境に感じている責任の高さに関する全調査項目の平均値は，いずれも国際平均とほぼ同等程度であった。当時の日本の生徒の科学的リテラシー全体が57の国・地域のうち6番目であったことと比較すると，日本の生徒が資源と環境に感じている責任の低さが顕著である（国立教育政策研究所，2007，145～151ページ）。また，2015年実施の PISA 調査結果によると，「科学に関連する活動」に関して，「環境団体のサイトを見る」ことに積極的な生徒が日本では3％（OECD 平均：11％），「ブログを通じて，科学，環境保護，環境団体のニュースをフォローしている」では日本が3％（OECD 平均：15％）と，参加18カ国中で最低レベルであった（国立教育政策研究所，2016，132～133，140～142ページ）。これらの結果よ

▷1　環境負荷
「人の活動により環境に与えられる影響であって，環境の保全上の支障の原因となる恐れのあるもの」（環境基本法，1993年）。例えば，公害，廃棄物，土地開発，人口増加，戦争など。

▷2　生徒の感じている資源と環境に対する責任を明らかにする測定尺度として，「環境問題に関する認識」「環境問題の深刻さに関する懸念」「環境問題の改善に関する楽観視」「持続可能な開発に対する責任感」の4つを用いて調査した。

第Ⅳ部　新たな時代の道徳教育

▷3　子ども・若者育成支援推進法に基づく年次報告書として，2010年から作成され，毎年，国会に報告されているもの。各種統計資料などにより，子どもや若者の置かれた現状を紹介している。

▷4　人間環境宣言
共通の認識となる前文7項目と，原則26項目からなる。前文にて「人間環境の保全と向上に関し，世界の人々を励まし，導くための共通の見解と原則」と表明。

▷5　ベオグラード憲章
「環境教育のための全世界的な枠組み」を示す憲章。環境教育の目標を達成するため，認識（Awareness），知識（Knowledge），態度（Attitude），技能（Skills），評価能力（Evaluation ability），参加（Participation）という6つの目的があげられた。

▷6　持続可能な開発
「環境と開発に関する世界委員会」（ブルントラント委員会）が1987年に公表した報告書「Our Common Future」の中心的な考え方として取り上げた概念。1997年の国際会議「テサロニキ会議」では，「持続可能性は環境のみならず，貧困，人口，健康，食料の確保，民主主義，人権，平和などをも包含する」概念であるとしている。

り，日本の子どもの，資源や自然環境への責任を高めること，それをもとに具体的な行動を促すことが課題となっていることが示された。

　ところで，環境教育は体験・体感重視の参加型アプローチが学習の主軸となるため，体験活動の導入とその充実が求められている。しかし，内閣府から公表されている『平成25年版子ども・若者白書』によると，学校以外の公的機関や民間団体が行う自然体験活動への小学生の参加率は下降の一途を辿っており，学校における体験活動実施時間数も，中学校・高等学校では増加傾向にある一方で，小学校では減少傾向を示している（内閣府，2013）。同白書によると，小・中学生では，体験活動が豊富なほど意欲や関心，規範意識が高く，とくに，自然体験が豊富なほど学力が高い傾向が示された。よって，学校教育における環境教育にて，減少傾向にある体験活動の補完を図ることも期待されている。

2　持続可能な開発のための教育（ESD）と環境教育の目標・内容

　前述のように，持続可能な社会の構築が求められている現在にあっては，持続可能な社会の担い手を育む教育，という視点，すなわち「持続可能な開発のための教育（ESD：Education for Sustainable Development）」の視点を取り入れた新たな環境教育の構想が必要とされている。

　環境教育（Environmental Education）の概念は，歴史上初の国際会議となった，1972年の国連人間環境会議（ストックホルム会議）の人間環境宣言を契機とし，国際的に広まるようになった。そして，1975年のユネスコ環境教育専門家ワークショップ（ベオグラード憲章）では，環境教育の意義・目的・具体的な目標が明示され，これが現在まで続く全世界的な環境教育の基本的な考えとなっている。以下にベオグラード憲章の環境教育の目標を示した。

> 　環境とそれに関連する諸問題に気づき，関心をもつとともに，現在の問題解決と新しい問題の未然防止に向けて，個人及び集団で活動するための知識，技能，態度，意欲，実行力を身に付けた人々を世界中で育成すること。

　このように，国際的な共通認識のもとにスタートした環境教育であったが，環境問題は，自然環境の問題のみならず，人口問題，資源問題等の全地球規模の問題が複雑に絡み合った複合的な問題群となっているため，よりグローバルで，なおかつ将来世代にまで配慮した視点が求められるようになった。こうした国際的な意識が高まるなか，1992年の環境と開発に関する国連会議（地球サミット）において，環境教育に，持続可能な開発に向けた教育の新たな方向づけがなされ，ESDへと発展した。「持続可能な開発」とは，「将来の世代のニーズを満たす能力を損なうことなく，現在の世代のニーズを満たす開発」もしく

は「人間を支える生態系が有する能力の範囲内で営みながら，人間の生活の質を向上させること」と定義されている（国立教育政策研究所教育課程研究センター，2014，3〜7ページ；阿部，2012，1〜10ページ）。日本ユネスコ国内委員会のWebサイトには，ESDの目標が以下のように示されている。

・全ての人が質の高い教育の恩恵を享受すること。
・持続可能な開発のために求められる原則，価値観及び行動が，あらゆる教育や学びの場に取り込まれること。
・環境，経済，社会の面において持続可能な将来が実現できるような価値観と行動の変革をもたらすこと。

---

３ わが国の環境教育推進に向けての取り組み

わが国の環境教育は，基本的には国際的な環境教育の取り組み，方針に添って進められており，これまでさまざまな施策や取り組みがなされ，展開してきた。

1988年には，環境庁から，環境教育に関する文書『「みんなで築くよりよい環境」を求めて──環境教育懇談会報告』が発行され，日本における環境教育の基本的な考え方が示された。

続いて1991年には，文部省（現文部科学省）から，学校教育における環境教育の指針となる『環境教育指導資料（中学校・高等学校編）』が発行され，1992年に小学校編，1995年に事例編が発行され，これを機に環境教育に関する数多くの事業が展開され始めた。

1996年の中央教育審議会答申では，「生きる力」の育成のための「総合的な学習の時間」の設置が唱えられ，学習指導要領［平成10年改訂］からは，各教科，道徳，特別活動に並び「総合的な学習の時間」における環境教育の実践が重視されることとなった。

2006年には，教育基本法改正，それを受けて2007年には学校教育法改正が行われ，条文に「環境の保全に寄与する態度を養うこと」が盛り込まれたことで，学校教育における環境教育の推進の強化が図られた。

2008年には，中央教育審議会答申に，「社会の変化への対応の観点から教科等を横断して改善すべき事項」として「環境教育」が盛り込まれ，これを受けて小・中学校および高等学校の学習指導要領［平成20年および平成21年改訂］等には持続可能な社会の構築に関わる内容が新設された。とくに，学校の教育活動全体を通じて行う道徳教育の目標に「環境の保全に貢献する日本人の育成」が明記されたことで，環境教育の一層の充実が目指された。これは小・中学校の新学習指導要領においても同様である。

2014年，2017年と続いて改訂・発行された『環境教育指導資料』の幼稚園・

▷7 環境教育を積極的に推進していくための基本的な考え方や指導方法を解説している教師用の指導資料。1990年代には文部省が作成し，2000年代以降は国立教育政策研究所がそれを引き継ぎ，作成している。

▷8 例えば，全国環境学習フェア（環境教育に関する取り組みの紹介の場，各種活動の成果発表等の開催），環境教育担当教員講習会（環境教育の指導者養成），エコスクールパイロットモデル事業（学校設置者である市町村等がエコスクールとして整備する学校）など。

第Ⅳ部　新たな時代の道徳教育

小学校編，中学校編では，各教科，道徳の時間，総合的な学習の時間および特別活動のそれぞれの特質に応じつつ，各教科等を通じて横断的・総合的に取り組む環境教育の重要性が強調されている。

環境教育の指導法や教材に関しては，『環境教育指導資料』以外にも，文部科学省，環境省，日本環境教育学会，新・エネルギー環境教育情報センター，国立環境研究所等で各種の資料が発行，もしくは Web サイトにて紹介されている。

▷9　例えば，文部科学省では，「環境を考慮した学校施設（エコスクール）の整備増進」。http://www.mext.go.jp/a_menu/shisetu/ecoschool
環境省では，「ECO 学習ライブラリー」。https://www.eeel.go.jp

2　各教科と環境教育との関連

1　小学校の学習指導要領における環境教育の扱い

小学校の新学習指導要領の前文にて，「これからの学校には，こうした教育の目的及び目標の達成を目指しつつ，一人一人の児童が，自分のよさや可能性を認識するとともに，あらゆる他者を価値のある存在として尊重し，多様な人々と協働しながら様々な社会的変化を乗り越え，豊かな人生を切り拓き，持続可能な社会の創り手となることができるようにすることが求められる」と示されたうえで，第 1 章総則第 1 の 2⑵にて，道徳教育を進めるにあたっての留意点の一つとして，「国際社会の平和と発展や環境の保全に貢献し未来を拓く主体性のある日本人の育成」をあげている。それを受けて，「小学校学習指導要領解説総則編」（2017年 6 月）では，育成を目指す資質・能力の一つ，「学びに向かう力，人間性を涵養すること」には「持続可能な社会づくりに向けた態度」も含まれるとしている。また，「自然環境や資源の有限性等の中で持続可能な社会をつくる力」は，教科等横断的な視点で育む「現代的な諸課題に対応して求められる資質・能力」としても求めると説明している。

各教科においては，例えば，社会科では「資源の有効利用及び国土の自然環境とその保全」，理科では人間も含めての「生物と環境との関わり」，家庭科では「身近な消費生活と環境への配慮」の学習内容として取り扱うこととされている。このように各教科等それぞれの特質等に応じ，環境に関する学習が充実するよう配慮されている。

「特別の教科 道徳」においては，学習指導要領［平成20年改訂］と同様に「主として生命や自然，崇高なものとの関わりに関すること」（第 3 章第 2 の D）にて「自然愛護」の内容として取り扱われ，「小学校学習指導要領解説特別の教科 道徳編」には，「自然や動植物を愛し，自然環境を大切にしようとする態度は，地球全体の環境の悪化が懸念され，持続可能な社会の実現が求められている中で，特に身に付けなければならないものである」と解説されている（2017

年6月）。さらに「自然愛護」は第1学年〜第6学年すべてで扱われているが，「持続可能な社会の実現」は，第5学年〜第6学年の指導の要点となっている。

2 中学校の学習指導要領における環境教育の扱い

中学校の新学習指導要領では，小学校同様，前文にて「持続可能な社会の創り手となること」の必要性について，総則にて道徳教育における「環境の保全に貢献し未来を拓く主体性のある日本人の育成」の必要性が明記されている。育成を目指す資質・能力では，「現代的な諸課題に対応して求められる資質・能力」として求められていることも小学校同様である。

各教科においては，例えば，社会科では公民的分野の「私たちと経済」「国際社会の諸課題」および地理的分野の「地域の持続可能な社会づくり」，理科では「自然環境の保全と科学技術の利用」，家庭科では「消費生活・環境」，保健体育では保健分野の「健康と環境」の学習内容として取り扱うこととされている。中学校では，環境を捉える視点として，国際社会，科学技術，健康の視点まで発展させ，各教科にて幅広い内容の取り扱いがなされている。

「特別の教科 道徳」においては，学習指導要領［平成20年改訂］と同様に「主として生命や自然，崇高なものとの関わりに関すること」（第3章第2のD）にて「自然愛護」の内容として取り扱われ，「中学校学習指導要領解説特別の教科 道徳編」では，自然環境の保全意識が高まることにより，「自ら様々な環境を保全する活動に参加したり，参加ができない場合にも，その考え方に共感し，自分のできる範囲で貢献しようとしたりする態度が育まれる」と解説されている（2017年7月）。さらに中学校段階では，「現在及び未来の自然環境の課題に取り組むために必要な心」の育成が指導の要点となっている。

3 高等学校における環境教育

高等学校においても，「環境の保全に貢献し未来を拓く主体性のある日本人を育成」は，高等学校の学習指導要領［平成21年改訂］にて，道徳教育の目標として明記されている。そしてこれは，2016年に出された中央教育審議会答申「幼稚園，小学校，中学校，高等学校及び特別支援学校の学習指導要領等の改善及び必要な方策等について」においても，各学校種・段階を通して，「持続可能な社会の構築」の実現のために育成すべき力として強調されているため，高等学校の新学習指導要領においても現行の学習指導要領［平成21年改訂］と同じ方向性であると思われる。

各教科においては，例えば社会科では，中学校の地理・公民的分野での取り扱いが発展し，地理歴史科の「世界史」における「持続可能な社会への展望について歴史的観点からの探究◁10」が，公民科では政治・経済のみならず，「倫

▷10 「生徒が現代世界の特質や課題に関する適切な主題を設定し探究する活動を通して，持続可能な社会の実現について展望させること」（「高等学校学習指導要領解説地理歴史編」2014年一部改訂）。

▷11 「科学技術が人間生活を便利にした面，そこから生じた諸問題など具体的な諸側面については，生命，環境，情報社会などを取り上げて探究を深めることになっている」（「高等学校学習指導要領解説公民編」2014年一部改訂）。

▷12 公 共
選挙権年齢引き下げにともない，主権者教育の要として設置した公民科の新科目。現代社会の課題を捉え，考察するための基準となる概念や理論の習得，現代の社会的事象や現実社会の諸課題について，協働的に考察し，実現可能性などを指標にして議論する力の育成，「平和で民主的な国家及び社会の形成者」としての必要な資質・能力の育成が図られる（高等学校公民科における科目構成及び新必履修科目「公共（仮称）」の方向性として考えられる構成（素案）2016年より）。

理」における「環境などにおける倫理的課題の探究」[11]が加わっている。理科ではほとんどの科目で取り扱われており，とくに生物，地学の科目では重点的に取り扱われている。保健体育，家庭科，総合的な学習の時間，特別活動での取り扱いは，小・中学校と同様である。ESD の広い視点から見ると，国語，外国語，芸術も含まれる。

2016年の中央教育審議会答申のなかの「各学校段階，各教科等における改訂の具体的な方向性」では，高等学校ではとくに地理歴史科「地理総合」および公民科「公共」[12]科目において，「持続可能な社会づくり」を取り扱うことが明記されている。また，同答申では，高等学校の道徳教育の充実について，その必要性を述べている。とくに，「課題を踏まえた道徳教育の目標の在り方」のなかで，公民科に新たに設けられる「公共」や「倫理」および特別活動を，人間としてのあり方，生き方に関する中核的な指導場面として，道徳教育と関連づけする方向で改善を図ることが述べられている。

3　道徳教育における環境教育の実践

1　環境に関わる道徳教育の統合を目指す「特別の教科 道徳」

前節にて述べたように，環境に関わる学習は多様な教科で広く行われている。したがって，これらの多様な教科で扱われている，環境に関わる道徳教育を，小・中学校の「特別の教科 道徳」および高等学校の道徳の時間で統合することが重要である。その際には，幼稚園，小学校，中学校，高等学校といったそれぞれの段階におけるねらいを踏まえ，子どもの発達に応じて推進し，校種間の一貫性を配慮し，連携を図ることが大切である。以下，「小・中学校学習指導要領解説特別の教科　道徳」（2017年6月）および『環境教育指導資料』（2014）に明記されている，環境に関わる道徳教育の要点をあげる。

小学校の段階では，体験を基盤とした環境教育の学習がベースとなっている。「特別の教科 道徳」の「自然愛護」の指導においては，学年段階に応じて，以下の要点を踏まえて指導に当たることが重視されている。第1学年〜第2学年では，児童の活動や体験を通して自然に親しみ動植物に優しく接しようとする心情を育てること，第3学年〜第4学年では，自然に親しみながら自然のもつ美しさや素晴らしさを感得し，動植物と自然環境との関わりを考え実行しようとする意欲を高めること，第5学年〜第6学年では，これまで人間が十分な思慮や節度を欠いて自然と接してきたことに気づかせ，自分にできる範囲で自然環境を大切にし，持続可能な社会の実現に努めようとする態度を育むことである。

第**9**章　道徳教育における環境教育

中学校の段階では，体験を通じた豊かな感受性の育成に加え，人間の力を超えた自然の崇高さを感性と理性の両面で捉える力の育成も重視されている。また，思考・表現をともなった活動が，「特別の教科 道徳」と多様な教科との統合を通して深まり，広がりながら実践化されていく。したがって，「特別の教科 道徳」では，高等学校段階への発展も踏まえて，理科などの学習や防災に[13]関する学習を通して，自然に対する人間の有限性を考えさせ，自然のなかで生かされていることを謙虚に受け止める感性を高め，一人ひとりが自然との心のつながりを見出し，現在および未来の自然環境の課題に取り組むために必要な心を育てることが指導の要点とされている。

▷13　教科等横断的な視点に立ち，現代的な諸課題に対応して求められる資質・能力の一つとして，災害等を乗り越えて時代の社会を形成することも含まれる。新学習指導要領では，理科教育における自然災害の内容の新規取り扱いが盛り込まれた。

２ 「特別の教科　道徳」における環境教育の実践

環境に関わる道徳教育の統合の事例としては，『環境教育指導資料』(2014)に，実践事例があげられている。小学校では，第2学年の道徳の時間における環境教育の実践事例「生命のすばらしさ，その重さを感じて」を紹介している。この事例では，道徳の時間のねらいとして，「アゲハチョウの生命を大事に思う心について十分話し合い，それらの命のすばらしさと重さについて，子供が深く考えられるようにする」こととしている。内容項目を「自然愛・動植物愛護」，身につけさせたい能力や態度を「自ら進んで環境の保護・保全に寄与しようとする態度」，環境を捉える視点を「自然や生命の尊重」とし，1986年文部省資料である「アゲハチョウがとんだ」を読んで，動植物の生命や自然を慈しむ心について考える活動を行う。その際，国語科で行った「じゅんじょに気をつけて読もう」，生活科で行った「春のたんけんをしよう」，特別活動で行った「生きもののお世話をしよう」を道徳の時間で統合し，子どもの意識をつなげていくことが重視されている。また，各教科における道徳教育に関わる指導の内容および時期については，『私たちの道徳（小学校・中学校）活用のための指導資料』(2014)に具体例があげられている。

４　道徳教育における環境教育のための教材

１ 「私たちの道徳」における環境教育教材

『わたしたちの道徳』(2014)では，小学校1・2年では「いのちにふれて」，小学校3・4年では「命を感じて」，小学校5・6年では「命をいとおしんで」，中学校では「生命を輝かせて」の単元が「主として自然や崇高なものとの関わりに関すること」とされている。
① 「いのちにふれて」（小学校1・2年）

93

第Ⅳ部　新たな時代の道徳教育

「生き物にやさしく」では，児童が生き物を育てた経験や，そのときの気持ちを振り返る。そして，読み物資料「虫が大好き―アンリ・ファーブル―」および読み物コラム「シロクマピース」にて，生き物に愛着をもって接し，動植物を大切にすることを考える。小学校の学習指導要領の国語科の「読むこと」，生活科の「動植物の飼育・栽培」との関連づけが可能である。

② 「命を感じて」（小学校3・4年）

「自然や動植物を大切に」では，動物や植物の生命の力を感じたことを振り返る。そして，人物のコラム「植物と共に生きた人　牧野富太郎」にて，人物の生き方から，自然や動植物を大切にしようとする意欲を高める。総合的な学習の時間と関連づけ，身近な自然や動植物を対象とした学習を行うことも可能である。また，「わたしたちがつくる，地球にやさしい生活」では，3Rの視点から学校生活を見つめ直す活動も盛り込まれている。

▷14　3R
Reduce（リデュース），Reuse（リユース），Recycle（リサイクル）の3つの英語の頭文字を表したもの。リデュースは，使用済みになったものを製造・加工・販売すること。リユースは，使用済みでもう一度使えるものは再使用すること。リサイクルは廃棄されたものでも，再生資源として再生利用すること。

③ 「命をいとおしんで」（小学校5・6年）

「自然の偉大さを知って」では，人間と自然との共存について考え，壊されていく自然について話し合う。そして，自然を愛した作家，宮沢賢治の自然への思いにふれる。小学校の学習指導要領の国語科の「読むこと」との関連づけが可能である。また，「大いなるものを感じて」では，宇宙飛行士の毛利衛の読み物資料「美しい地球　生命宿る地球」，日本画家の奥村土牛の作品「平成の富士」にて，美しいものに対する考えを深める。

④ 「生命を輝かせて」「社会に生きる一員として」（中学校）

「生命を輝かせて」の「生命を考える」では，生命を「偶然性」「有限性」「連続性」の観点から捉え，「かけがえのない自他の生命を尊重して」では，読み物資料「キミばあちゃんの椿」にて生命の尊さを理解し，「美しいものへの感動と畏敬の念を」では，読み物資料「コウノトリ野性復帰プロジェクト」やメッセージ「私たちのために地球という星があるわけではありません」にて自然との調和・共存を考える。中学校の学習指導要領理科の第二分野，総合的な学習の時間との関連づけが可能である。

「社会に生きる一員として」の「私たちの未来を創るために私たちが考えていかなければならない課題」および「持続可能な社会を目指して」では，持続可能性の視点から，自分たちに何ができるかを考えることができる。

2　『読み物資料集』における環境教育教材

『小学校道徳読み物資料』（2011）および『中学校道徳読み物資料』（2012）に掲載された複数の読み物資料が，環境教育に対応した内容となっている。以下にその代表事例をあげる。

① 「まりちゃんとあさがお」（小学校1・2年）

この資料は，あさがおの成長を楽しみに大切に育てている主人公が祖母の話を聞いて，命の儚さや命のつながりに気づき，改めて命を見つめるという内容である。生活科で多くの学校が扱う「あさがお」を取り上げ，主人公と自らの体験を重ね合わせながら考えられるように構成されている。

② 「キミばあちゃんの椿」（中学校第3学年）

この資料は，『私たちの道徳』（中学校）にも掲載されているものである。病弱な広瀬淡窓が，医師倉重の助言によって生き方を変えたのを知って，裕介がこれまでの生き方を変えるという構図である。「生き切る椿」が象徴的意味をもっており，人間の生命のみならず，身近な動植物をはじめ生きとし生けるものの生命の尊厳にも気づかせる題材となっている。

Exercise

本章第4節「道徳教育における環境教育のための教材」にあげた『わたしたちの道徳』および『読み物資料集』の読み物資料，人物のコラム，メッセージ，作品等の教材のなかから一つを取り上げ，以下の3点に取り組んでみよう。なお，これらの教材はすべて，文部科学省のWebサイトに掲載されている。

① 教材活用のねらいを，子どもの発達段階に留意しながら考えてみよう。

② 教材活用する際，関連づけられる教科等とその学習内容をあげてみよう。

③ 上記①②を元に，その教材を活用する際の授業展開を考案してみよう。その際，各教科等の学習を道徳教育でどのように統合するか，また，ESDの視点をどのように取り入れるか，考慮して指導案を作成してみよう。

📖次への一冊

国立環境政策研究所教育課程研究センター『環境教育指導資料（幼稚園・小学校編）』2014年。『環境教育指導資料（中学校編）』2017年。
　　学校教育における環境教育をより一層推進していくための基本的な考え方や指導方法を解説。学校種間の連携にも配慮し，今求められる環境教育を明確化。環境教育推進にあたっての留意点を解説し，実践事例とともに紹介。

日本環境教育学会編『環境教育』教育出版，2012年。
　　環境教育の内容論と学習論の2部構成となっている。1〜6章の内容論では，世界が抱える環境問題について，7〜14章の学習論では，とくに，環境教育の目的と方法について解説。

市川智史『日本環境教育小史』ミネルヴァ書房，2016年。
　　日本の環境教育の歩みをたどり，環境教育が登場する1970年から2010年頃までの約40年間について，環境教育の本質的な展開を詳細に解説。現在の学校教育での環境

教育における問題点の背景や要因を史的展開のなかで考究。

引用・参考文献

阿部治「なぜ環境教育を学ぶのか」日本環境教育学会編『環境教育』教育出版，2012年。

環境省「授業に活かす環境教育」2009年。https://www.eeel.go.jp/env/nerai/（2017年 9 月 1 日閲覧）

環境庁・環境教育懇談会報告『「みんなで築くよりよい環境」を求めて』1988年。

国立教育政策研究所編『生きるための知識と技能 3　OECD 生徒の学習到達度調査（PISA）2006年調査国際結果報告書』2007年。

国立教育政策研究所編『生きるための知識と技能 6　OECD 生徒の学習到達度調査（PISA）2015年調査国際結果報告書』2016年。

国立教育政策研究所教育課程研究センター『環境教育指導資料（小学校編）』，『環境教育指導資料（幼稚園・小学校編)』，『環境教育指導資料（中学校編）』東洋館出版社，それぞれ2007，2014，2017年。

文部科学省「高等学校学習指導要領」2009年。

文部科学省「高等学校学習指導要領解説（地理歴史編，公民編)」2014年一部改訂。

文部科学省『小学校道徳読み物資料』，『中学校道徳読み物資料』，それぞれ2011，2012年。

文部科学省「環境教育」2012年 b。http://www.mext.go.jp/a_menu/shotou/kankyou/（2017年 9 月 1 日閲覧）

文部科学省・日本ユネスコ国内委員会「持続可能な開発のための教育」2013年。http://www.mext.go.jp/unesco/004/1339957.htm（2017年 9 月 1 日閲覧）

文部科学省『わたしたちの道徳』（小学校第 1・2 年，第 3・4 年，第 5・6 年）2014年。

文部科学省『私たちの道徳』（中学校）2014年。

文部科学省『私たちの道徳（小学校・中学校）活用のための指導資料』2014年。

文部科学省・中央教育審議会「幼稚園，小学校，中学校，高等学校及び特別支援学校の学習指導要領等の改善及び必要な方策等について（答申)」2016年。

文部科学省「小学校学習指導要領」2017年。

文部科学省「中学校学習指導要領」2017年。

文部科学省「小学校学習指導要領解説（総則編，特別の教科 道徳編)」2017年。

文部科学省「中学校学習指導要領（総則編，特別の教科 道徳編)」2017年。

文部省『環境教育資料（中学校・高等学校編)』，『環境教育資料（小学校編)』，『環境教育資料（事例編)』それぞれ1991，1992，1995年。

内閣府「体験活動」『平成25年版　子ども・若者白書』2013年。

日本ユネスコ国内委員会「ESD」2013年。http://www.mext.go.jp/unesco/004/1339970.htm（2017年 9 月 1 日閲覧）

第10章
道徳教育における情報モラル教育

〈この章のポイント〉
「情報モラル」とは，「情報社会で適正に活動するための基となる考え方や態度」のことであり，その範囲は「他者への影響を考え，人権，知的財産権など自他の権利を情報社会での行動に責任をもつこと」，「危険回避など情報を正しく安全に利用できること」，「コンピュータなどの情報機器の使用による健康とのかかわりを理解すること」など多岐にわたっている。本章では，情報モラル教育が，たんに情報技術の影の側面への指導ではなく，学校活動全体のなかで人間形成と情報活用能力の育成として位置づくものであることを学ぶ。

1 情報モラル教育の動向

1 児童生徒を取り巻く情報環境

2008年に文部科学省が実施した「子どもの携帯電話等の利用に関する調査[1]」の結果によれば，調査対象の小学校第6学年の24.7％，中学校第2学年の45.9％，高等学校第2学年の95.9％が携帯電話を所有している。また，それから約10年を経て2016年に内閣府が実施した「平成28年度青少年のインターネット利用環境実態調査[2]」によれば，青少年（満10歳〜満17歳）の91.4％が，いずれかのインターネット接続機器[3]でインターネットを利用している。このように情報技術を活用することが極めて一般的な社会にあって，学校教育の場において，社会で最低限必要な情報活用能力[4]を確実に身につけさせて社会に送り出すことは，学校教育の責務である。

2014年に総務省と情報通信政策研究所が実施した「高校生のスマートフォン・アプリ利用とネット依存傾向に関する調査報告[5]」では，中高生のスマートフォン利用の主要な目的が，SNS（ソーシャル・ネットワーキング・サービス）等を通した他者とのコミュニケーションであることを明らかにしている。児童生徒の生活において携帯電話やスマートフォンは生活の一部であり，欠くことができない要素となっていると指摘できる。道徳教育における情報モラル教育を構想するにあたっては，学校内の多様な集団活動を通して育まれるコミュニケーション能力が，メディアを通したコミュニケーションと地続きの関係であ

▷1 子どもたちの携帯電話の利用実態や意識等について，全国の児童生徒（小学校第6学年，中学校第2学年，高等学校第2学年）とその保護者および学校を対象として実施（平成20年11月〜12月）された。

▷2 青少年が安全に安心してインターネットを利用できる環境の整備を推進するため，平成21年度より，全国の青少年（満10歳〜満17歳）およびその保護者を対象として実施（平成28年11月〜12月）された。

▷3 インターネット接続機器
スマートフォン，いわゆる格安スマートフォン，機能限定スマートフォンや子ども向けスマートフォン，携帯電話の契約が切れたスマートフォン，携帯電話，機能限定携帯電話や子ども向け携帯電話，ノートパソコン，デスクトップパソコン，タブレット，学習用タブレット，子ども向け娯楽用タブレット，携帯音楽プ

97

第Ⅳ部 新たな時代の道徳教育

レイヤー，携帯ゲーム機，据置型ゲーム機，インターネット接続テレビの15機器。

▷4 **情報活用能力**
世の中のさまざまな事象を情報とその結びつきと捉え，情報および情報技術を適切かつ効果的に活用して，問題を発見・解決したり自分の考えを形成したりしていくために必要な資質・能力。

▷5 **スマートフォン・ア**プリの利用実態および家庭環境や友人関係などの利用を取り巻く環境と，ネット依存傾向の関係について，都内の高校生を対象にして調査（平成26年1月）された。

▷6 **人権，知的財産権**
主に，肖像権におけるプライバシー権，財産権としての著作権など。

▷7 OECDのインターネット上の青少年保護に関するレポートにおけるリスク分類をベースに，インターネット上の危険・脅威への対応に必要な能力について調査（38都道府県，高等学校1年相当）された。

ることを念頭に入れる必要があろう。

スマートフォン等を使用する児童生徒の多くが，インターネットの長時間利用を自覚し，学年進行とともにその自覚が高まる傾向があるため，小学校段階からのインターネット等への依存回避の啓発教育が必要である。また，SNSでのトラブル，コンピュータウィルスによる被害などが児童生徒の間で起こっており，安全教育の面から危険を回避するための知恵とともに，情報社会の特性や仕組みを理解し，主体的に判断する力を養うことが求められている。

2008年に文部科学省が実施した「子どもの携帯電話等の利用に関する調査」によれば，携帯電話の利用に関する教育や，コンピュータやインターネットに関する情報モラル教育に取り組んでいる学校の割合は，小学校89.0％，中学校96.7％，高等学校95.1％であった。このように，現在では多くの学校において情報モラル教育が取り組まれており，学校における情報モラル教育は，実施率の向上よりも，内容面の充実に力点が移っている。

2 情報モラル教育の目標・内容

学習指導要領［平成20年改訂］の解説において「情報モラル」とは，「情報社会で適正な活動を行うための基になる考え方と態度」と定められ，各教科の指導のなかで身につけさせることとされている。

具体的には，他者への影響を考え，人権，知的財産権など自他の権利を尊重し情報社会での行動に責任をもつことや，危険回避など情報を正しく安全に利用できること，コンピュータなどの情報機器の使用による健康とのかかわりを理解することなどであり，情報発信による他人や社会への影響について考えさせる活動，ネットワーク上のルールやマナーを守ることの意味について考えさせる学習活動，情報には自他の権利があることについて考えさせる学習活動，情報には誤ったものや危険なものがあることを考えさせる学習活動，健康を害するような行動について考えさせる学習活動など多岐にわたっている。

2009年に文部科学省によって発行された『「情報モラル」指導キックオフガイド』においては，学習内容は「情報社会の倫理」「法の理解と遵守」「安全への知恵」「情報セキュリティ」「公共的なネットワーク社会の構築」の5つの内容に集約している。また，2011年に発行された国立教育政策研究所『情報モラル教育実践ガイダンス』においては，学習内容は「情報社会の倫理」「法の理解と遵守」「公共的なネットワーク社会の構築」「安全への配慮」「情報セキュリティ」の5つの内容に集約されている。さらに，2015年に総務省が示した「青少年のインターネット・リテラシー指標」においては，青少年に必要なリスク対応能力の分類として「インターネット上の違法コンテンツ，有害コンテンツに適切に対処できる能力」「インターネット上で適切にコミュニケーショ

ンできる能力」「プライバシー保護や適切なセキュリティ対策ができる能力」
の３つの能力と，そこから導かれる７つの行動目標が示されている。

　このように，情報モラル教育の目標・内容は，情報社会における意識・倫理
観と知識・技能との組み合わせによって捉えられてきた。情報モラル教育は，
たんに情報技術の影の側面への指導ではなく，学習活動全体のなかで人間形成
と情報活用能力の育成として位置づく。

［3］ 国および地方レベルの取り組み

　1985年の「情報化社会に対応する初等中等教育の在り方に関する調査研究協
力者会議」においては，情報化社会における学校教育の役割が述べられた。先
に掲げた「情報モラル」の概念上の基礎が，情報活用能力の一つの側面である
「情報社会に参画する態度」として示された。

　1996年の中央教育審議会答申「21世紀を展望した我が国の教育の在り方につ
いて」において，情報社会に対応した教育の必要性が指摘された。これを受け
て学習指導要領［平成10年改訂］に際しては，体系的な情報教育の実現に向け
て高等学校に新たな教科「情報」が設けられた。学習指導要領［平成20年改訂］
では，道徳教育のなかで情報モラルを指導することが明示された。

　2011年，「教育の情報化ビジョン〜21世紀にふさわしい学びと学校の創造を
目指して〜」のなかで教育の情報化が果たす役割について述べられた。情報化
の影の部分への対応として，情報社会で適正に活動するための基となる考え方
や態度を養う子どもたちへの情報モラル教育，教師や保護者への情報モラルの
普及啓発，有害環境対策等も併せて講じる必要があると示された。

　2008年に成立した「青少年が安全に安心してインターネットを利用できる環
境の整備等に関する法律」により，青少年がインターネットへの接続に用いる
携帯電話やパーソナルコンピュータ等について，民間事業者にフィルタリング
の提供などが義務づけられるとともに，保護者に対してその保護する青少年に
適切にインターネットを利用させる責務などが課されることとなった。2014年
からは，文部科学省より「『春のあんしんネット・新学期一斉行動』について
（協力依頼）」（2014年２月19日）を通じて，保護者に対してフィルタリングを呼び
掛けている。2016年には情報化の進展にともなう新たな問題に対応するための
ビデオ教材が作成され，動画サイト YouTube より発信されている。

　情報モラルの指導法や教材に関しては，文部科学省のほかに，総務省，日本
教育工学振興会，国立教育政策研究所などが，情報モラル教育の学習内容・指
導方法に関する各種の資料を刊行してきた。1990年の文部省発行『情報教育に
関する手引』に始まり，インターネットの「影」を解説したコンピュータ教育
開発センター発行『インターネット活用ガイドブック——モラル・セキュリ

▷8　初等中等教育段階に
おける教育の情報化に関す
る総合的な推進方策（平成
23年４月28日, 文部科学省）。
文部科学省「学校教育の情
報化に関する懇談会」にお
ける検討，「新たな情報通
信技術戦略」（平成22年５
月11日高度情報通信ネット
ワーク社会推進本部決定），
「新成長戦略」（平成22年６
月18日閣議決定）等の政府
全体の動向を踏まえて取り
まとめられた。

▷9　フィルタリング
未成年がアダルトサイトや
出会い系サイトなどの有害
な情報に接してしまわない
よう，通信制限を設けるこ
と。しかし，フィルタリン
グにも「抜け穴」があるた
め，あわせて適切なイン
ターネット利用について話
し合う機会を設けるよう，
家庭内のルールを作るよう
呼びかけることが教師には
求められる。

ティ編』，実際の授業での活用場面を想定して指導のモデルとなるカリキュラム表や授業実践事例を示した日本教育工学振興会発行『「情報モラル」指導実践キックオフガイド』，それぞれの教材の目標や指導計画を示した国立教育政策研究所発行『情報モラル教育実践ガイダンス』などが刊行されてきた。

このほかにも，都道府県教育委員会からも各種の資料が学校現場の教師に向けて資料が提供されている。

一例として，千葉県教育委員会のいじめ防止啓発リーフレット「『いじめゼロ』へ！ 千葉県版教職員向けいじめ防止指導資料集」（平成27年2月）のなかで，ネットいじめの対策が示された。発達段階に応じた情報モラル教育の実施と携帯電話・スマートフォン安全教室などを実施すること，家庭での携帯電話利用のルール作りやネットいじめの事例について保護者向けの説明会の開催および資料の配布を行うこと，「情報モラル＝日常生活のモラル」であることを理解させること，普段やってはいけないことはネット上でもやらないことを確認させること，教師が新規サービスによる情報やインターネットを利用したコミュニケーションの最新の動向の把握を行うこと，情報モラル教育を年間計画に位置づけて効果的に実施することが掲げられた。

また，香川県教育委員会においても，「スマートフォンやゲーム機などを使う場合の『さぬきっ子の約束』」（2015年2月13日）を掲げ，各市町村教育委員会などと連携しながら小・中学生にその適切な使用を呼び掛けている。携帯電話・スマートフォン等を利用する際の約束事として「夜9時までには使用をやめます」「自分も他の人も傷つけない使い方をします」「家の人と決めた使用ルールを守ります」の3点が掲げられている。また，保護者に対して，すでにスマートフォン等を持たせている場合に「スマホなどのフィルタリングを確認しましょう」と呼びかけるなどして，フィルタリングを設定し，定期的にフィルタリングの設定を確認するよう呼びかけている。

2016年に内閣府が実施した「青少年のインターネット利用環境実態調査」では，中学校および高等学校の保護者のインターネットに関する啓発や学習の経験は学校で配布された啓発資料で知る機会が多いという結果が示されている。このような調査結果からも，道徳教育における情報モラル教育の役割として，学校と家庭をつなぐことが重要である。

2　各教科と情報モラル教育との関連

1　小学校の新学習指導要領

小学校の新学習指導要領「第1章　総則」第2の2(1)においては，「情報活

▷10　ネットいじめ
いじめ防止対策推進法において，「児童生徒に対して，当該児童生徒が在籍する学校に在籍している等当該児童生徒と一定の人的関係のある他の児童生徒が行う心理的又は物理的な影響を与える行為（インターネットを通じて行われるものも含む。）であって，当該行為の対象となった児童生徒が心身の苦痛を感じているもの」と定義されている。このうち，インターネットを通じて行われるいじめが「ネットいじめ」と通称されている。
2008年，文部科学省より「『ネット上のいじめ』に関する対応マニュアル・事例集」（平成20年11月）が学校・教師に向けて作成された。

用能力（情報モラルを含む。）」と記載され，情報活用能力に情報モラルが含まれていることがとくに示されている。

情報活用能力とは，学習活動において必要に応じてコンピュータ等の情報手段を適切に用いて情報を得たり，情報を整理・比較したり，得られた情報をわかりやすく発信・伝達したり，必要に応じて保存・共有したりすることができる力である。加えて，このような学習活動を遂行するうえで必要となる情報手段の基本的な操作や，プログラミング的思考，情報モラル，情報セキュリティ，統計等に関する資質・能力も情報活用能力に含められている。

情報活用能力は，国語科における言語の学習，社会科における資料の収集・活用・整理，算数科における数量や図形の学習，理科の観察・実験，総合的な学習の時間における情報の収集・整理・発信などコンピュータや情報通信ネットワークなどを活用することなど，各教科等を通して養うこととされている。これら情報の収集，判断，処理，発信など情報を活用する各場面の情報モラルについて繰り返し学習の機会を設けることが重要である。

各教科等の内容に関連しては，社会科第5学年においては，情報化が社会や産業に与える影響について学習する。放送，新聞などの産業が多種多様な情報を収集・選択・加工して提供していることや，販売，運輸，観光，医療，福祉などに関わる産業が，販売情報や交通情報等の大量の情報やインターネットなどで情報を瞬時に伝える情報通信技術などを活用していることを学習する。

情報活用能力の育成にあたって，小学校においてはとくに情報手段の基本的な操作の修得に関する学習およびプログラミングの体験を通して論理的思考力を身につけるための学習活動を各教科等の特質に応じて計画的に実施することとされている。小学校における学習を発展させるとともに，中学校の各教科における情報教育および高等学校における情報関係の科目との連携・接続に配慮する必要がある。

［2］ 中学校の新学習指導要領

中学校の新学習指導要領「第1章　総則」第2の2(1)においても，小学校の新学習指導要領同様，「情報活用能力（情報モラルを含む。）」として，情報活用能力に情報モラルが含まれていることがとくに示されている。

各教科等に関連しては，美術科において，創造性を尊重する態度の形成と知的財産権や肖像権について学習する。その際，必要に応じて著作権などの知的財産権や肖像権にふれ，作者の権利を尊重し，侵害しないことについても指導することとされている。さらに，音楽科においても知的財産権に触れ，著作物を保護する著作者の権利，実演等を保護する著作隣接権について指導することとされている。

技術・家庭科技術分野「D情報の技術」においては,「情報の表現,記録,計算,通信の特性等の原理・法則と,情報のデジタル化や処理の自動化,システム化,情報セキュリティ等に関わる基礎的な技術の仕組みおよび情報モラルの必要性について理解すること」とされ,基礎的な情報の技術の仕組みについて指導する。その際,情報通信ネットワークのルールやマナーの遵守,危険の回避,人権侵害の防止,情報に関する技術を利用場面に応じて適切に活用する能力と態度を身につける必要性,情報セキュリティの仕組み,ネット依存や,情報発信者として担うべき責任についても指導することとされている。

中学校段階においては,社会科をはじめとして,各教科等の指導に際してもコンピュータや情報通信ネットワークなどの情報手段の積極的な活用が期待されている。課題を解決するため自ら効果的な情報手段を選んで必要な情報を収集する学習活動,さまざまな情報源から収集した情報を比較し必要とする情報や信頼できる情報を選びとる学習活動,情報手段を用いて処理の仕方を工夫する学習活動,自分の考えなどが相手に伝わりやすいように表現を工夫して発表したり情報を発信したりする学習活動など,情報手段を適切かつ主体的,積極的に活用できるようにするための学習活動を行う際,情報モラルの指導に留意することが重要である。

3 高等学校の学習指導要領［平成21年改訂］

「高等学校学習指導要領」（第1章総則第5款の5の⑽）においては,「各教科・科目等の指導に当たっては,生徒が情報モラルを身に付け,コンピュータや情報通信ネットワークなどの情報手段を適切かつ実践的,主体的に活用できるようにするための学習活動を充実する」こととされている。

各教科等に関連して,公民に関する科目「倫理」は,情報モラルとの関わりが深いとされ,他の教科および総合的な学習の時間と関連づけることとされていた。また,共通教科「情報」の科目「情報と社会」「情報の科学」においては,情報モラルを内容として扱うこととされている。

科目「情報と社会」は,「情報の特徴と情報化が社会に及ぼす影響を理解させ,情報機器や情報通信ネットワークなどを適切に活用して情報を収集,処理,表現するとともに効果的にコミュニケーションを行う能力を養い,情報社会に積極的に参画する態度を育てる」ことが目標とされており,「情報社会の倫理」「法の理解と遵守」「公共的なネットワーク社会の構築」「安全への配慮」「情報セキュリティ」のいずれをも含んだ内容となっている。

科目「情報の科学」は「情報社会を支える情報技術の役割や影響を理解させるとともに,情報と情報技術を問題の発見と解決に効果的に活用するための科学的な考え方を習得させ,情報社会の発展に主体的に寄与する能力と態度を育

第10章　道徳教育における情報モラル教育

てる」ことが目標とされ，情報モラルに関する内容が含まれる。

このほか，学習指導要領［平成21年改訂］によって新設された理科に関する科目「科学と人間生活」においても，携帯電話などの発展と普及や情報通信ネットワークなどの科学的な成果を扱うこととされている。

以上をまとめると，小学校の段階ではICTに慣れ親しみ，情報モラルを育んでいくという記述に対して，中学校・高等学校の段階では，主体的・積極的にICTを活用していくといった記述となり，より実践的・実際的な活用を想定している。各教科等の指導の内容および時期等に配慮し，両者が相互に効果を高めあうようにすることが重要である。

3　道徳教育における情報モラル教育

1 情報モラルへの配慮と道徳教育

小学校の新学習指導要領の解説および中学校の新学習指導要領の解説では，「第4章　指導計画の作成と内容の取扱い」の「第3節　指導の配慮事項」において「情報モラルと現代的な課題に関する指導」について記載されている。

道徳科は，道徳的価値に関わる学習を行う点に特質がある。道徳科における情報モラルに関する内容は，多様な道徳的価値が含みこまれている。そのため，問題の根底にある他者への共感や思いやり，法やきまりのもつ意味などについて，児童生徒が多面的・多角的に捉え，考えを深めることができるようにすることが重要になる。

また，指導方法としては，情報機器の使い方やインターネットの操作，危機回避の方法やその際の行動の具体的な練習を行うことに主眼をおくのではなく，情報モラルに関わる題材を生かして話合いを深めたり，コンピュータによる疑似体験を授業の一部に取り入れたりするなど，創意ある多様な工夫が生み出されることが期待されている。

具体的には，相手の顔が見えないメールと顔を合わせての会話との違いを理解しメールなどが相手に与える影響について考えるなど，インターネット等に起因する心のすれ違いなどを題材とした親切や思いやり，感謝や礼儀に関わる指導，インターネット上の法やきまりを守れずに引き起こされた出来事などを題材として規則の尊重に関わる授業展開があげられている。

技術・家庭科においては，情報技術の仕組みの理解に基づく情報モラルの内容を踏まえた指導などが考えられている。インターネット上に発信された情報は基本的には広く公開される可能性があること，一度発信された情報はどこかに記録が残り完全には消し去ることはできないことなど，情報や情報技術の特

103

第Ⅳ部　新たな時代の道徳教育

性についての理解に基づく指導を行うことが考えられる。また，社会科に関連した内容として，悪口や差別表現などをともなう誹謗や中傷は，民法上の不法行為や刑法上の侮辱罪，名誉棄損罪などに当たる行為であり，社会的に許されないことなど，「法」を踏まえた指導を行うことも考えられる。

これら各教科との関連を配慮し，道徳科においては，道徳的価値の理解を基に自己を見つめることを通して，将来の新たな技術やサービス，あるいは危険の出現にも適切に対処して，よりよく生きるための基盤となる道徳性を養うことが求められる。

［2］　これからの情報モラル教育

新学習指導要領では，学習の基盤となる資質・能力（言語能力，情報活用能力，問題発見・解決等）や現代的な諸課題に対応して求められる資質・能力の育成のために，教科横断的な学習を充実することや，「主体的・対話的で深い学び」の実現に向けた授業改善，単元や題材など内容や時間のまとまりを見通して行うことが目指されている。

情報モラルに関する指導は，道徳科や特別活動のみで実施するものではなく，各教科との連携や，さらには生徒指導との連携も図りながら実施する必要がある。各教科等の指導の内容および時期等に配慮し，道徳教育の要としての道徳科の指導と各教科等の指導とを相互に関連づけ，両者が相互に効果を高めあうようにすることがより一層重要になる。

また，情報技術やサービスの変化，児童のインターネットの使い方の変化にともない，学校や教師はその実態や影響にかかる最新の情報の入手に努め，それに基づいた適切な指導に配慮することも重要である。

児童生徒がインターネットに起因する問題の加害者にも被害者にもならないよう，教師が関連する法令の知識をもって，児童生徒の指導に当たる必要がある。著作権処理をせずに音楽や映像をファイル共有サイトに投稿したり，ソフトウェアを違法コピーしたりすることなどが法にふれることがあることを教師がしっかり認識しておくべきである。

4　情報モラル教育のための教材

［1］　『小学校道徳　読み物資料集』『中学校道徳　読み物資料集』

『小学校道徳　読み物資料集』『中学校道徳　読み物資料集』において，複数の読み物資料が情報モラル教育に対応した内容となっている。

① 「知らない間の出来事」（小学校第5学年～第6学年）

「知らない間の出来事」は，主人公が，転入生が携帯電話を所有していなかったことについて自分の思い込みも含めて友人へのメールに書いてしまったところ，意図したメッセージが誤って受け止められてしまっていることに驚くという内容である。携帯電話の普及を背景として，メールの濫用を通して相手を傷つけてしまう事例を題材としている。

② 「幸せコアラ」（小学校第5学年〜第6学年）

「幸せコアラ」は，自分に送られてきたチェーンメールに戸惑う主人公が，親族の交通事故をきっかけにそれを親友に送ってしまったことから，親友を悲しませたことを思い悩むという内容である。携帯電話を使用したチェーンメールが友だちの心を傷つける原因となるという内容である。

③ 「言葉の向こうに」（中学校第1学年〜第2学年）

「言葉の向こうに」は，インターネットでサッカー選手のファンと交流している主人公が，選手に対する心ない書き込みが続いたことに怒り，自身もひどい言葉で応酬して仲間のファンから注意を受けるという内容である。顔の見えないネットの言葉のやり取りの難しさや恐ろしさに直面し，読み手を忘れていた自分に気づくという内容である。

③ 「ネット将棋」（中学校第2学年〜第3学年）

「ネット将棋」は，インターネットにおける「匿名性」の問題を背景として，一方的にネット将棋の試合を中断させてしまう主人公の不誠実な態度と，友人の誠実な態度の違いか描かれている。インターネットにおける「匿名性」は，無責任な言動や攻撃的な言動に結びつきやすいため，他人の立場や結果に対する責任を熟慮したうえでインターネットを利用しなければならないことを意識させる内容となっている。

2 『私たちの道徳』における情報モラル教材

『わたしたちの道徳』「中学年向け」には，情報モラルに関する資料4ページ分が設けられている。取り上げられる内容としては，注意喚起・啓発と，ワークシート，話し合い活動のトピック提示の3つの内容から構成される。中学年向けから中学校向けに一貫して注意喚起・啓発的な内容が多く含まれている。構成は，中学年向けと高学年向けにおいてはワークシート，中学校向けにおいてはトピック集となっている。情報モラルの問題は，節度，思いやり，礼儀，法ときまりなどの多様な価値との関わりから捉えられている。

3 『ちょっと待て！ ケータイ＆スマホ』

青少年を取り巻く有害環境対策のため，文部科学省は2008年より携帯電話やスマートフォンなどのインターネット利用に際しての留意点やトラブル・犯罪

第Ⅳ部　新たな時代の道徳教育

被害の例，対応方法のアドバイスなどを盛り込んだ啓発リーフレットを発行している。タイトルが示すように，情報機器を使用するにあたっての注意喚起を目的としている。

Exercise

① 中学生を対象に，スマートフォン等の使用に関する質問紙をとって実態を調べたところ，以下のことがわかり，「特別の教科　道徳」で取り扱うこととしたとして考えてみよう。中学校の新学習指導要領が示す「第2　内容」として，どの内容に当てはまるといえるだろうか。最も近いと思われる組み合わせを考え，指導案を考えてみよう。

(1) 自分の言いたいことだけを伝え，相手を不愉快な気持にさせてしまったことがある。

(2) 他人の個人情報を無断で掲載したり，発信したりしたことがある。

(3) 遅くまでスマートフォン等を操作して，朝起きるのが辛くなったことがある。

(4) 一人だけ誹謗中傷したり，グループから外したりしたことがある。

📖次への一冊

国立教育政策研究所『情報モラル教育実践ガイダンス』2011年。
　　小・中学校で情報モラル教育を実施する手順や配慮事項，各教科における学習内容と関連づけた情報モラルの指導例などがとりまとめられている。
日本教育工学振興会『「情報モラル」指導キックオフガイド』2007年。
　　小・中学校で情報モラル教育を実施する手順や配慮事項，情報モラルに関連する用語，教育課程全体を通した情報モラル教育の指導例が紹介されている。
文部科学省『教育の情報化に関する手引』2011年。
　　第5章において発達の段階に応じた情報モラル教育の必要性や具体的な指導についての総論が解説されている。

引用・参考文献

文部科学省『小学校道徳　読み物資料集』2011年。
文部科学省『中学校道徳　読み物資料集』2012年。
内閣府「平成28年度青少年のインターネット利用環境実態調査」2017年。

第11章
道徳教育における現代的な課題の取扱い
──国際的な人権教育から──

〈この章のポイント〉

　新学習指導要領では，「特別の教科　道徳」の内容の指導にあたっての配慮事項として，情報モラルに加えて，社会の持続可能な発展などの現代的な課題の取扱いが例示され，取り上げる際の配慮事項が明記された。本章では，新学習指導要領における現代的な課題の取扱いについての配慮事項等を解説する。そのうえで，現代的な課題をどのように指導していけばよいか，またその際に教師に求められる資質・能力は何かについて，国際的な人権教育を例としながら学ぶ。

1　新学習指導要領における現代的な課題の取扱い

1　現代的な課題の取扱いに関する事項

　中学校の新学習指導要領においては，第3章の第3「指導計画の作成と内容の取扱い」の2の(6)に現代的な課題の取扱いに関する記述が追加されている。

> 生徒の発達の段階や特性等を考慮し，第2に示す内容との関連を踏まえつつ，情報モラルに関する指導を充実すること。また，例えば，科学技術の発展と生命倫理との関係や社会の持続可能な発展などの現代的な課題の取扱いにも留意し，身近な社会的課題を自分との関係において考え，その解決に向けて取り組もうとする意欲や態度を育てるよう努めること。なお，多様な見方や考え方のできる事柄について，特定の見方や考え方に偏った指導を行うことのないようにすること（下線部は引用者）。

　「中学校学習指導要領解説特別の教科　道徳編」（2017年7月）の「改訂の経緯」のなかに「今後グローバル化が進展する中で，様々な文化や価値観を背景とする人々と相互に尊重し合いながら生きることや，科学技術の発展や社会・経済の変化の中で，人間の幸福と社会の発展の調和的な実現を図ることが一層重要な課題となる。こうした課題に対応していくためには，社会を構成する主体である一人一人が，高い倫理観をもち，人としての生き方や社会の在り方について，時に対立がある場合を含めて，多様な価値観の存在を認識しつつ，自ら感じ，考え，他者と対話し協働しながら，よりよい方向を目指す資質・能力を備えることがこれまで以上に重要であり，こうした資質・能力の育成に向け，道徳教育は，大きな役割を果たす必要がある」（小学校も同じ）との記述が

▷1　なお小学校の新学習指導要領についての記述は以下の通り。

「児童の発達の段階や特性等を考慮し，第2に示す内容との関連を踏まえつつ，情報モラルに関する指導を充実すること。また，児童の発達の段階や特性等を考慮し，例えば，社会の持続可能な発展などの現代的な課題の取扱いにも留意し，身近な社会的課題を自分との関係において考え，それらの解決に寄与しようとする意欲や態度を育てるよう努めること。なお，多様な見方や考え方のできる事柄について，特定の見方や考え方に偏った指導を行うことのないようにすること」（下線部は引用者）。

第Ⅳ部　新たな時代の道徳教育

みられることから，グローバル化の進展や科学技術の発展，社会・経済の変化にともなう諸課題に対応するための資質・能力の育成の重要性の認識が，この事項の追加の背景にあるものと思われる。

［2］　現代的な課題に関する指導の配慮事項

　現代的な課題に関する指導のより具体的な方法等については，「中学校学習指導要領解説特別の教科　道徳編」の第4章の第3節「指導の配慮事項」の6の(2)「現代的な課題の扱い」に関連する記述がみられる。

　ここではまず，「中学生には，こうした解決の難しい，答えの定まっていない問題や葛藤について理解を深め，多面的・多角的に考えることができる思考力が育ってきている」と中学生の発達の段階や特性等を確認したうえで，指導方法について「現代社会を生きる上での課題を扱う場合には，問題解決的な学習を行ったり討論を深めたりするなどの指導方法を工夫し，課題を自分との関係で捉え，その解決に向けて考え続けようとする意欲や態度を育てることが大切である」としている。

　その例として，国際理解教育やキャリア教育など，学校の特色を生かして取り組んでいる教育課題については，「関連する内容項目の学習を踏まえた上で，各教科，総合的な学習の時間及び特別活動などにおける学習と関連付け，それらの教育課題を主題とした教材を活用するなどして，様々な道徳的な価値の視点で学習を深め，生徒自身がこれらの学習を発展させたりして，人として他者と共によりよく生きる上で大切なものとは何か，自分はどのように生きていくべきかなどについて，考えを深めていくことができるような取組が求められる」としている。

　また，現代的な課題には，生命や人権，自己決定，自然環境保全，公正・公平，社会正義などさまざまな道徳的価値に関わる葛藤や対立のある事象も多いので，とくに，道徳科で扱う内容項目のうち「相互理解，寛容」「公正，公平，社会正義」「国際理解，国際貢献」「生命の尊さ」「自然愛護」など現代的な課題と関連の深い内容については，「発達の段階に応じて，これらの課題を積極的に取り上げることが求められる」としている。

　この他，障害を理由とする差別の解消の推進に関する法律（平成25年法律第65号）の施行を踏まえ，「障害の有無などに関わらず，互いのよさを認め合って協働していく態度を育てるための工夫」や「主権者として社会の中で自立し，他者と連携・協働しながら，社会を生き抜く力や地域の課題解決を社会の構成員の一員として主体的に担う力を養うこと」などが求められている。

　こうした現代的な課題に関する指導の際には，「例えば，複数の内容項目を関連付けて扱う指導によって，生徒の多様な考え方を引き出せるように工夫す

▷2　小学生の発達の段階や特性等および求められる課題については以下の通り。「児童には，発達の段階に応じて現代的な課題を身近な問題と結び付けて，自分との関わりで考えられるようにすることが求められる」「課題を自分との関係で捉え，その解決に向けて考え続けようとする意欲や態度を育てることが大切である」（「小学校学習指導要領解説特別の教科　道徳編」）。

る」などして，「これらの諸課題には多様な見方や考え方があり，一面的な理解では解決できないことに気付かせ，多様な価値観の人々と協働して問題を解決していこうとする意欲を育むよう留意すること」が求められている。さらに，「これらの現代的な課題の学習では，多様な見方や考え方があることを理解させ，答えが定まっていない問題を多面的・多角的な視点から考え続ける姿勢を育てることが大切」であり，「安易に結論を出させたり，特定の見方や考え方に偏った指導を行ったりすることのないよう留意し，生徒が自分と異なる考えや立場についても理解を深められるよう配慮しなければならない」と，生徒だけでなく教師に対しても多様な見方や考え方があることを理解することを求めている。

2　現代的な課題への取り組みに関する国際的動向

1　「世界市民」の育成

　このような，新学習指導要領および解説に見られるような記述は，国際的な動向である「世界市民[3]」の育成を目指した価値教育の動きと軌を一にしている。21世紀の国際社会では，「ヨーロッパ評議会[4]」をはじめ先進諸国を中心に，人類に共通する価値である生命の尊重，自由，寛容，民主主義，多元的共生，人権の尊重等，異なる他者とつながること，共に生きることを志向する世界市民的な価値観を共有する動きが強く支持されるようになってきている。また，21世紀の国際社会では，例えば科学技術の発展や生命倫理との関係など，解決の難しいさまざまな社会問題に直面しており，問題解決的な思考や能力が求められるようにもなってきている。このような国際社会のなかで，日本も，それらの課題に対応することができるような世界市民としての資質や能力，リテラシーなどを獲得することが求められているわけである。

　そこで，新たな時代に求められる道徳教育でとくに現代的な課題をめぐる指導にあたってポイントになってくるのは，取扱う内容の刷新だけでなく，方法論に関する工夫・改善である。

　これまで，日本の小・中学校における道徳教育は，とりわけ「道徳の時間」での1時間枠の指導場面において，読み物の登場人物の心情把握を中心に一つの道徳的価値を共感的に理解させる指導法が主流であったが，今回の改訂では，こうした従来の指導方法に対する質的転換が求められている。「現代的な課題」に属する科学技術の発展と生命倫理との関係や社会の持続可能な発展などの諸課題について，これらを今後「特別の教科　道徳」において指導する際のロールモデルとなり得るような具体的な「指導方法の実践事例（評価の在り

▷3　世界市民（Global Citizenship）
「地球市民」とも訳される。2012年9月に国連事務総長が開始した Global Education First Initiative（GEFI）においてあげられた3つの優先分野の一つ。21世紀の相互に関連する課題の解決に向けて協力するために必要な理解，技術，価値を備えた市民。

▷4　ヨーロッパ評議会（Council of Europe）
ヨーロッパ大陸のほぼ全域にある46カ国が加盟している国際的政治機構であり，「ヨーロッパ人権条約」並びに個人の保護に関する諸条約に基づく共通の民主的な法的諸原則の発展に努めている。日本は1996年11月にヨーロッパ評議会のオブザーバー国に認められている。

第Ⅳ部　新たな時代の道徳教育

方を含む）」の提言・普及が喫緊の課題といえよう。

2 　体験型学習プログラム等の開発

　この点に関して，もう少し詳しくいうと，「特別の教科　道徳」の指導法に関しては，「多面的・多角的に考察し，主体的に判断」することを可能にし得るような方法，具体的には「問題解決的な学習」や「体験的な活動」など多様な指導方法を取り入れることが提言されている。しかし他方，「問題解決的な学習」の例としてあげられている「話し合い活動」や，「体験的な活動」の例としてあげられている「役割演技」等の手法はこれまでも小・中学校，とくに小学校の授業実践においてもしばしば見られてきたやり方であり，既存の方法とどこが違うのかわからないといった戸惑いの声も少なくない。

　このように，一見，日本においてもすでに取り入れられてきたと思われるような「話し合い活動」「体験的な活動」だが，「現代的な課題」に属する諸課題の一つ「持続可能な発展」をめぐって国際的に開発されてきたアクティビティ――，例えば，ヨーロッパ評議会の人権教育マニュアルである『コンパス』『コンパシート』の事例など――と比較するとき，その質の高さ・深さ・振り返り（評価）の方法ともに十分なものとなっているとは言い難い。児童生徒の体験的な活動を真に質のよい学習へと高めるためには，指導者がよきファシリテーターとしての働きをなすことが不可欠であるが，その点に関しても十分徹底されているとはいえない。そこで，以下，アクティビティの事例や指導者のファシリテーターとしての資質・能力などに関して，もう少し考えてみることにしよう。

3 　体験型学習による教育方法原理

1 　国連による人権教育の目標

　ヨーロッパ評議会の『コンパス』『コンパシート』の日本版の翻訳を行い，文部科学省「人権教育の指導方法等に関する調査研究会議」の座長も務めた福田弘は，「ただ単に体験活動そのものを取り入れるだけでなく，方法原理における「経験（体験）」のもつ意義に注目しつつ，道徳教育でどのように活かすべきか，という視点が重要であろう」（福田，2017，19ページ）と述べ，国連やヨーロッパ評議会などの国際的な機関による人権教育推進事業における教育方法論を活用する道徳教育改革の可能性について検討している。

　国連は，1995年から2004年にかけて実施した「人権教育のための国連10年」の継続を強く求める国際世論の高まりをうけて，2005年より「人権教育のため

▷5 　『人権教育のためのコンパス［羅針盤］』(Compass: A Manual on Human Rights Education with Young People)，『コンパシート［羅針盤］』(Compasito. Manual on human rights education for children) とともにヨーロッパ評議会による人権教育マニュアル。前者は高校生から一般人を対象とし，後者は小学生・中学生を対象とする。

▷6 　「人権教育のための国連10年」
20世紀末の人権・平和に関する危機的状況をうけて国連が実施した人権教育活動。加盟国は各国独自の「国内行動計画」を作成し，人権教育の推進に取り組んだ。

の世界計画行動計画」を開始した。そこでは，「国連10年」の経験を踏まえて，人権教育の目標がより動的に捉えられ，学習者が「知識，技能，価値・姿勢を習得することにより，人権を保護し，促進する行動がとれるようになること」が人権教育の目標とされている。

　福田によれば，こうした考え方には，「頭」と「心」と「手（身体）」に相応する知的側面（知識），身体的側面（技能）および道徳的側面（価値・態度）の全面的・調和的発達を促すペスタロッチの基礎教育論との共通点が認められるという（福田，2017，20ページ）。これら3側面を総合的に発達させ，自他の人権擁護と実現に必要な実践行動がとれるような人間の育成を目指す教育が人権教育なのである。

［2］　国際的機関による人権教育の指導方法

　上述のように，人権教育は人権に関する知的理解を発達させる知識的側面，人権感覚を育成する価値的・態度的側面および技能的側面から構成される総合的な教育であり，しかも各側面には相互連関性がある。ゆえに学習者が学習活動に主体的に参加すること，他の学習者たちと協力的に学習すること，また学習そのものを学習者の体験を出発点とすることの3点が人権教育では必須となる。人権やその実現に関わる多面的な知識，民主的な価値および他者に対する尊敬の念や寛容の精神などの価値・態度，そして感受性やコミュニケーション技能などの諸技能は，学習者が自分の頭を使って考え，心を働かせて感じ，自分の身体を働かせて行動するときにはじめて学習されるものである。人権教育においては，学習者の「協力」「参加」「体験」を基本原理とする協力的学習，参加的学習および体験的学習を総合的に構成する工夫が重要になる。

　次に，人権教育が効果を上げるためには，とくに体験的学習に関する理論について理解しておくことが重要である。ヨーロッパ評議会の『コンパス』『コンパシート』では，体験的学習における学習サイクルとして次のような5つの段階が提示されている。

「体験する」（アクティビティ，実際にやってみる）
「報告する」（起こったことについての反応や観察を共有する）
「熟考する」（経験から洞察を引き出すために一般的な行動パターンやそこに働く心
　　理力学について話し合う）
「一般化する」（行動パターン，および学んだことを「現実世界」にどう関連づける
　　かについて話し合う）
「応用する」（学んだことを用いて，自己のそれまでの言動を変化させる）

第Ⅳ部　新たな時代の道徳教育

ここでいうアクティビティとは，いわゆる参加体験型の学習活動であり，さまざまな状況や学習スタイルや発達段階にある子どもたちが人権について体験的に学ぶように構成されている。

体験的学習サイクルの第1段階は「体験する」，学習者自身がさまざまなアクティビティをやってみる，体験してみる，という段階である。第2段階は「報告する」，第1段階で学習者が体験したことや体験のなかで感じたこと，思ったことなどを自由に報告し合い，話し合う段階である。第3段階は「熟考する」，内省の段階であり，学習者は体験活動のなかで生じたことがらや感じたこと，考えたこと等のふり返りを行う段階である。そのなかで，人々の行動における一般的なパターンや心理力学について討議し，洞察を深めていく。第4段階は「一般化する」，第3段階での洞察や学習したことがらは現実の社会や生活とどのような関連をもつかを考える段階である。つまり，安全な場での学習体験という限定的，具体的な体験内容を，現実社会との関連を展望し，一般化するのである。第5段階は「応用する」，ここまでのプロセスで気づき，学んだことを実生活の場面で活用する段階である。学習した成果を自己のあり方や生き方，社会のあり方等の変革に適用する。

これらの段階は，いつでも明確であるわけではなく，またいつでも同じ順で進むとも限らない。さらに1回の学習活動で最終段階に各自が到達するとも限らない。しかし少なくとも，『コンパス』『コンパシート』のアクティビティ自体は暗黙のうちにこの5つの段階を経るように構成されており，学習を進める際にもこの第5段階を目指していく。そして，次に何をすべきかを考え，次の第1段階へ進むのである。

3　アクティビティの効果

協力的学習，参加的学習および体験的学習の3つの学習形態は，学校生活のさまざまな教育活動の場面で個別にも活用されうる。しかし，上述のように人権教育においては知識，価値・態度，技能の3側面が総合的，相補的に学習される必要があるため，『コンパス』『コンパシート』では明確な教育目標のもとに構成され，しかも学習者が自主的，主体的に身を以て取り組めるように工夫された総合的な体験的学習用ツールとしてのアクティビティを活用することが推奨されている。とくに道徳教育は本質的に人権教育と性格を一にするものであるので，教え込みに陥る危険を避けるためにも，積極的に活用すべきであり，活用しなければならないものでもあるといえる。

学習者は主体的にアクティビティに参加し，仲間と協力しながら活動するなかで，頭も心も手も使った総合的な人権学習が可能となる。他者と競い合う傾向のある座学を主とする個別学習と異なり，アクティビティには学習者が楽し

く，興味をもって取り組めるような動機づけの要素があるため，学習者は自主的に熱中して取り組むことができるのである。

福田は，アクティビティの長所として以下のようなものをあげている（福田，2017，25～26ページ）。

・学校教育における教科間の壁を越えて，さまざまな問題に総合的に取り組むための方法を提供する。
・学習者が中心となり，教師はファシリテーター（促進者）として学習を支援する立場に立つため，学習者の意欲や自発性を自ずから促進する。
・自己表現が苦手な学習者であっても，仲間と参加し，自然にある役割を果たすなかで，徐々に自信を高め，積極的に自己表現ができるようになる。
・指導者にあまり依存しないで仲間と協力しながら積極的に関与し，目標追求を行うので，責任を果たす能力や自信を与える。
・グループにおける結束を促進し，グループへの同一性や学習仲間との連帯感を促進する。学級集団のあり方の改善（「隠れたカリキュラム」）に有効に機能する。
・自己の変革および他者との人間関係のあり方の変革のきっかけとなりうる。

以上のような特徴や長所をもつアクティビティを適切に活用するためには，当然それなりの基礎的知識や具体的な準備が教師に求められる。さらに教師がアクティビティにおいてファシリテーター（促進者）としての資質・能力が求められる。

なお，アクティビティを活用するいわゆる「参加体験型の人権教育・学習」は日本でもかなり普及しているが，アクティビティがもつゲーム的な感触をまるでその本質であるかのように捉える誤りは避けなければならない。アクティビティはあくまでも総合的な人権教育・学習という営みの目的・目標達成を適切に促進する教育手段なのである。

4　ファシリテーターとしての教師に求められる資質・能力

［１］　『コンパス』『コンパシート』におけるファシリテーター

『コンパシート』における「ファシリテーター」の定義は以下のようなものである。すなわち「ファシリテーター」とは，「アクティビティを準備，提示，調整し，子どもたちが人権について学び，経験し，実験する環境をつくり出す人々」のことである。ここで重要なことは，「舞台の主役は子どもたち」

であり，ファシリテーターはその「舞台を整え，人権が尊重される舞台装置を準備」するものだということである。

『コンパシート』によれば，「伝統的な「指導者」あるいは「先生」の役割」を当然のものと考えている人々はファシリテーションに慣れていないことが多く，ファシリテーションは難しい，ときには心地よくないと感じがちである。子どもたちもまた，「たいてい，大人に頼って情報を受け取るように条件づけられている」。ところが，子どもは「大人が権威者とか専門家とかの役割を手放すのに比べれば，はるかにたやすく，自分の学習に対する責任を受け入れるもの」であり，大人についても，子どもを中心とする体験的学習の取り組みを理解し，それを受け入れるならば，ファシリテーションは難しいものではないのだという。

しかしながら，子どもを中心とする体験的学習の取り組みを理解し受け入れることこそが，伝統的な「指導者」あるいは「先生」の役割を当然のものと考えている人にとって最も困難なことであろう。というのも，ここで求められているのは「子どもを中心とする体験型アプローチ」に関する単なる知識の理解ということではなく，教育においてその中心を大人から子どもに移すという視点や認知の変化だからである。つまり教育観の大幅な転換が求められているわけである。

『コンパシート』ではまた，ファシリテーションの技術を身につけるためには，大人（教師）中心から子ども中心へと焦点を移動させるだけでなく，自分の言動を注意深く認識することも必要だという。ファシリテーターは「自分が伝えたい人権の価値モデル」となるよう気を配らねばならず，それゆえに自分の先入観や偏見を認識し，誠実にそれに対応することが必要であるとされている。

［2］ アクティビティ実践上の留意事項

以上のようなファシリテーターとしての資質・能力は，「為すことによって学ぶ」部分が大きいので，未熟ながらもとにかくアクティビティを実施してみてファシリテーターとしての経験を重ねるしかない部分は否めない。とはいえ，いくつか注意しておくべき点はある。

まず，『コンパシート』のアクティビティの「指示」や「報告と評価」の質問は必ずしも「親切」なものではない。すなわち，説明不足のように思えたり，意図がよくわからなかったりする箇所がある。しかし何らかの効果をねらって意図的にそのようにしている場合も少なくないので，上述の体験的学習サイクルを念頭に置きつつ，まずは書かれているとおりに実施してみることが必要である。子どもが戸惑わないよう発問を工夫したり視覚的な補助を用意し

たりといった，子どもへの配慮をしたくなるかもしれない。しかし，子どもに対する合理的といえる範囲を超えた配慮は，子どもが自分でできることを教師の目から覆い隠し，結果としてその子を「できない子」にしてしまいかねないので注意が必要である。

　次に，参加者が「質問者」の意図するところ（質問の意図ではない）を探ろうとする場面に遭遇することがある。すなわち，教師が「先生」であろうとする傾向があるように，子どももまた「良い児童生徒」であろうとする傾向があり，自分自身の考えではなく，「この質問に対する（授業者の考える）正解は何か」を答えようとするのである。このような場合，『コンパシート』に特別な指示がなければ，人権教育という観点から著しく外れたりする場合を除いてその参加者の考えに委ねるべきであろう。

　さらに，『コンパシート』のアクティビティのなかには，意図的に知性だけでなく感情に訴えかけるように作られているものもあり，実行の際に感情や価値観の対立が生じる可能性がある。こうしたケースへの対処は『コンパシート』に詳しく書かれているのでそちらを参照していただきたいが，ポイントだけあげるならば，次のようになる。

・対立を予想する。
・対立を誘発してはならないが，発生した時は正面から取り組む。
・対立は自分のせい，あるいは誰かのせいだと考えない。
・グループ内の反感を無視しない。
・報告とディスカッションに十分な時間をかける。
・子どもたちと個別に話す。

『コンパシート』によれば，対立は必ずしも悪いことではなく，むしろ建設的な経験に変えることも可能だという。対立への対処法を学ぶ重要な機会だと捉える視点をもつことが重要である。

　最後に，教師自身がもっとも人権に詳しく，人権感覚をもち，実践できているとは限らない。ファシリテーターとして経験を重ねていくことと並んで，人権そのものについても，子どもとともに学ぶ姿勢が大切であろう。

Exercise

①　「持続可能な発展」に関連した国連やヨーロッパ評議会などの国際的機関
　　の取り組みについて調べてみよう。
②　現代的な課題を一つ取り上げて，それについて多面的・多角的視点から考

えてみよう。

③　本章で紹介した『コンパス』『コンパシート』や構成的エンカウンター，
　　役割演技，ディベートやディスカッションなどの体験的な活動を自分たちで
　　実践してみよう。

📖次への一冊

ヨーロッパ評議会・企画（福田弘訳）『コンパシート〔羅針盤〕子どもを対象とする人
　権教育総合マニュアル』人権教育啓発推進センター，2009年。
　　　本章でも取り上げたヨーロッパ評議会による人権教育マニュアル。人権や人権教
　　育，ジェンダーや貧困などのテーマに関する説明もあり基礎的な学習に最適。
オードリー・オスラー，ヒュー・スターキー，清田夏代・関芽訳『シティズンシップと
　教育――変容する世界と市民性』勁草書房，2009年。
　　　イギリスの教育学者による「コスモポリタン・シティズンシップ」のための教育の
　　学習理論と実践について書かれた本。国連の「グローバル・シティズンシップ」と
　　比較してみよう。
西川純編著『私は『学び合い』をこれで失敗し，これで乗り越えました。』東洋館出版
　社，2017年。
　　　筆者の提案する『学び合い』の実践事例集。失敗例とその克服が中心に描かれてお
　　り，児童生徒主体の授業に取り組もうとする人の羅針盤となる一冊。

引用・参考文献

福田弘「人権教育の手法に基づく道徳教育改革の試み――ヨーロッパ評議会刊『コンパ
　シート』の活用を中心に」（筑波大学人間系教育学域道徳教育学研究室『「考え，感
　じ，行動する」主体的で実践的な学びへの挑戦――道徳教育の質的転換をめざして』
　（平成28年度文部科学省「道徳教育の抜本的改善・充実に係る支援事業」（委託）「道
　徳教育パワーアップ研究協議会」成果報告書）2017年3月）。
ヨーロッパ評議会企画，福田弘訳『コンパシート〔羅針盤〕子どもを対象とする人権教
　育総合マニュアル』財団法人人権教育啓発推進センター，2009年。
ヨーロッパ評議会企画，福田弘訳『人権教育のためのコンパス[羅針盤]――学校教
　育・生涯学習で使える総合マニュアル』明石書店，2006年。

第V部

価値教育をめぐる諸外国の動向

1 アメリカ

（1）アメリカの教育制度

① アメリカにおけるカリキュラム，および法令

　アメリカにおいて，アメリカ全州に共通のカリキュラムはない。かわりに，研究所や学会によって法的拘束力をもたないカリキュラムが作られ，各州がそれらを参考にして独自のカリキュラムを作っている。そして，州が策定したカリキュラムを参照し，各学校区はさらに細かなカリキュラムを策定する。

　ただし，共通のカリキュラムを作る動きがなかったわけではない。2001年に"The No Children Left Behind Act"（略称 NCLB）が制定された。名前の通り，落ちこぼれを作らず，基礎学力を向上させることを目的とした法律である。連邦政府は，学生が年1回の全米統一テストを受検するように各州に義務づけた。受検結果が連邦政府の定めた目標に達しない場合，各州に厳しい行政処分が下される。NCLB にともなうこれらの動きは，連邦政府が各州の教育行政への介入が可能になったことを表す。

　しかし，NCLB による教育効果が疑問視されるようになった。また，保護者からは，連邦政府による州の教育行政への介入を批判されるようになった。そのため，2015年に NCLB が廃止され，新たに"The Every Student Succeed Act"（略称 ESSA）が制定された。ESSA により，州の教育行政決定権が強化された。ただし，NCLB 施行時に開始された全米統一テストは，継続して実施される。

② 学年制度

　アメリカにおいて，学年は K-12に沿って構成される。K は Kindergarten（日本でいうところの幼稚園），12は第12学年（日本でいうところの高校3年生）である。

　ただし，アメリカにおけるすべての州が，同一の学年制度に従っているわけではない。学年制度の決定権は各州がもつ。そのため，州によって学年構成が異なる場合がある。

　アメリカにある学年制度として，(1)8-4制（第 K ～第8学年の8年制学校，および4年制ハイスクール），(2)6-3-3制（6年制の小学校，3年制の下級ハイスクール，3年制の上級ハイスクール），(3)5-3-4制（5年制の小学校，3年制のミドルスクール，4年制のハイスクール）の3つがあげられる。現在は，5-3-4制が主

第Ⅴ部　価値教育をめぐる諸外国の動向

流である。

③　アメリカの学校教育で行われる教科，道徳教育

　教育内容等の決定権は，各州がもつ。数学，英語，科学はすべての州で履修されているが，その他の教科の設定は各州が定めるカリキュラムによる。

　日本でいうところの「道徳の時間」，あるいは「特別の教科　道徳」に該当する教育活動は，法令上国や州では設置されていない。また，州によって，道徳教育の有無や実施事例は異なる。現在のアメリカでは，後述するキャラクター・エデュケーションが普及している。また，哲学教育を取り入れる州や学校もある。[1]

（2）インカルケーション

　子どもが問題行動を起こすとき，その原因として善悪判断の不十分さがあげられる。そして，それは子どもが判断の基準となる道徳的価値を身につけていないためであると指摘されることがある。

　そのため，子どもが善悪を判断できるようになることを目的とし，子どもへ道徳的価値を積極的に伝達し，道徳的価値の内面化を図る「インカルケーション」が提唱された。アメリカでインカルケーションが積極的に導入されたのは，1880年代から1930年代であるとされている。

　しかし，単なる価値の注入や教え込みに終始してしまい，実際に善悪の判断ができるようになるか否かは疑問の声が多くあげられている。このことを反省し，アメリカにおける道徳教育は独自の発展を遂げることになる。

（3）価値の明確化

　1960年代から1970年代，ベトナム戦争や公民権運動などを受け，社会が急速に変化していった。これにともない，社会における価値観は単一なものでなくなっていくようになる。つまり，これまで信じてきた価値観が通用しないか，また，これまで信じてきた価値観だけでは対応できなくなったのである。そのため，子どもたちはどのように生きていけばよいのか不安を抱えるようになった。

　そこで，ラス（L. E. Raths）は「価値の明確化理論」を提唱した。そして，ラスの弟子であるハーミン（M. Harmin）やサイモン（S. B. Simon）は，価値の明確化理論を発展させた。

　価値の明確化理論は，子どもが価値を獲得することを支援することに特徴がある。同じ社会に生きていても，子どもはそれぞれ異なる生活経験をもつ。そのため，子どものもつ価値は，普遍性や絶対性をもつものではなく，各々が自身の生活経験に基づいてもつ相対的なものである。そのため価値の明確化理論

▷1　例えば，ハワイ州のワイキキ小学校では，"mindfulness" を教育目標とし，ハワイ大学が提案する哲学教育（子どものための哲学・ハワイ；p4c Hawaiʻi）等を取り入れた道徳教育を行っている。詳細は，テイバーら(2009)，豊田(2012)，中川（2013）を参照。

では，価値を教えるのではなく，子どもたちが自分にとって重要である価値を
獲得することを支援するのである。

　ラスらによる価値の明確化理論は，子どもたちが自分にとって重要である価
値を明確化し，価値を獲得していく7つの過程をもつ。

選択すること：①自由に
　　　　　　　②複数の選択肢のなかから
　　　　　　　③おのおのの選択肢の結果について十分な熟慮のあとで
尊重すること：④大切に，その選択肢に幸福感を抱きつつ
　　　　　　　⑤その選択を進んで他の人に対して肯定できるくらいに
行為すること：⑥その選択したことを行うこと
　　　　　　　⑦人生のあるパターンになるまで繰り返し行うこと

　価値の明確化理論において，「価値」は，上記7つの基準をすべて満たすも
のである。でたらめに主張するものではなく，自分が重視していることや大切
にしていることを吟味し，責任をもって選択し，行為するものである。

　しかし，価値の明確化理論の課題も指摘されている。価値の明確化理論にお
いて，たとえ子どもが倫理的・道徳的に望ましくない価値や行為を選択したと
しても（「友だちの教科書を盗んで，学校の授業に出席する」など），それらはすべて
尊重されなければならない。その行為が7つの基準をすべて満たしているなら
ば，一つの価値として認めなければならないからである。

　このように，価値に対して相対的な態度をとることによって，子どもが選択
した価値や行為の善し悪しを検討できないことが課題として指摘されるように
なった。

（4）コールバーグによるモラル・ジレンマ・ディスカッション

　価値の明確化理論における課題の解決を試みたのが，コールバーグ（L.
Kohlberg）である。

　コールバーグも，インカルケーションに否定的な態度をとっていた。しか
し，コールバーグは，価値の明確化理論について「単なる価値相対主義に陥っ
ている」と批判する。そして，価値や行為の適切さを検討するため，「モラ
ル・ジレンマ・ディスカッション」を提案した。このほか，コールバーグは，
ピアジェの理論を継承し，3水準6段階からなる「道徳性の発達段階理論」を
提案した。なお，コールバーグの発達段階理論は第2章において詳細に述べら
れている。本項ではモラル・ジレンマ・ディスカッションについて述べる。

　モラル・ジレンマ・ディスカッションは，倫理的・道徳的に葛藤するような
物語を用いて，議論を行う道徳教育の方法である。子どもは物語を読み，倫理
的・道徳的な葛藤を通して，物語の主人公について意見を述べる。そして，

▷2　例として，「ハイン
ツのジレンマ」があげられ
る。

各々の意見に基づく議論を通して，道徳的行為の善し悪しを探求する。

モラル・ジレンマ・ディスカッションにおいて，教師は以下に示すような進行を行う。

①児童生徒にジレンマ場面を含む物語を読ませ，意見を聞く。その際，教師は「あなたがこの物語の主人公であるならば，どうしますか」「そのようにする理由は何ですか」と児童生徒に問う。

これは，児童生徒に判断（＝どうするか）させ，その理由（＝なぜ，そのようにするのか）を考えさせるためである。

②児童生徒の判断，およびその理由を確認し，教師は，各々の判断の適切さを児童生徒に議論させる。その際，教師は，判断の理由に基づいて議論するように児童生徒を促す。なお，議論のグループ規模については，児童生徒の状況をみて判断する。

③議論を踏まえて，教師は，再び判断（＝どうするか）し，判断理由（＝なぜ，そのようにするのか）を考えるように児童生徒を促す。

モラル・ジレンマ・ディスカッションでは，子どもが物語の主人公の立場や状況に身を置き，「どうするか」「なぜ，そのようにするのか」について考えるように工夫されている。モラル・ジレンマ・ディスカッションは，役割取得を通して，判断の理由から自他の行為の倫理的・道徳的妥当性を議論し吟味するのである。

しかし，モラル・ジレンマ・ディスカッションに対して，学校教育の現場から課題が指摘されるようになった。現場の指摘によると，モラル・ジレンマ・ディスカッションは，児童生徒が一定の道徳的価値の習得が前提とされており，習得済みの価値を用いて判断やその理由を吟味することができるという。つまり，道徳的価値を習得していない児童生徒は，モラル・ジレンマ・ディスカッションで十分な学びができないのである。

このことから，考えさせたり議論させたりするよりも，道徳的価値を子どもに学ばせるべきであるとの主張がされるようになった。

（5）キャラクター・エデュケーション

これまでの課題を踏まえ，新たな道徳教育を提案したのがリコーナ（T. Lickona）である。リコーナは，民主主義社会を担う人格を形成するためには，民主主義社会で重視される価値の習得が必要であると考えた。そこで，民主主義社会の担い手としての人格形成を目的とし，民主主義社会で重視される価値を児童生徒に習得させる「キャラクター・エデュケーション」を提案した。

リコーナは，すべての人に共通する普遍的な道徳的価値は存在し，それらを教えることは可能であるとした。最も重要な普遍的な道徳的価値として，リ

コーナは「尊重（Respect）」と「責任（Responsibility）」をあげている。「尊重」と「責任」について，リコーナは，「読み（Reading）」「書き（Writing）」「計算（Arithmetic）」の「3R」に次ぐ，第4および第5のRであると述べている。

「尊重」について，リコーナは「自己尊重」「他者尊重」「環境尊重」の3つの形式をあげている。また，「責任」について「『尊重』の延長線上にあること」「対応能力（ability to respond）であること」「他者との関係において，お互いを思いやるような積極的義務を強調していること」「自身がもつ能力をいかんなく発揮し，どのような場においても仕事や義務を遂行すること」が特徴としてあげられる。これら「尊重」と「責任」を道徳的価値の中核とし，学校で教えられるべき他の道徳的価値として「誠実」「公正」「寛容」「分別」「自己訓練」「援助」「協力」「勇気」をあげている。

リコーナは，「尊重」と「責任」等の道徳的価値について，民主主義社会を成り立たせる価値概念であると主張した。リコーナは，これらの道徳的価値を児童生徒に教えることで，民主主義社会を担うために求められる人格（キャラクター）を子どもに育もうと試みたのである。学校教育現場の要求や時代の変遷に対応したキャラクター・エデュケーションは，1990年代のアメリカに瞬く間に広がり，アメリカの道徳教育の主要な役割を担うようになった。[3]

しかし，キャラクター・エデュケーションにおいて課題がないわけではない。リコーナは，彼自身も批判するインカルケーションとの違いを明確に示していない。確かに，「尊重」や「責任」を教えることで，子どもは「尊重」や「責任」という価値について，知識として理解することはできるかもしれない。しかし，それら道徳的価値に基づいて理性的に行為したり，民主社会に参画したりできるかは疑問が残る。価値を習得することから，どのように実践へと促すかが課題である。

（6）アメリカにおける道徳教育の変遷

以上から，アメリカの道徳教育の変遷について，道徳的価値の変遷に注目して考察をする。

道徳的価値への態度について，インカルケーションによる「価値の教化」から，価値の明確化理論やモラル・ジレンマ・ディスカッションによる「子どもの価値の尊重」へと傾向が変化した。しかし，キャラクター・エデュケーションでは，再び「価値の教化」への揺り戻しが起こっている。

ともすると，インカルケーションにおける「価値の教化」とキャラクター・エデュケーションにおける「価値の教化」は，一見すると同質のものであるように思われるかもしれない。しかし，この2つは大きく異なるものである。

インカルケーションにおいて，子どもが善悪の判断をできるようになるため

▷3　1990年代において，キャラクター・エデュケーション推進組織が各地で設立された。1993年には，ワシントン市カリキュラム開発協会に「キャラクター・エデュケーション・パートナーシップ」，カリフォルニア州のフォセフン倫理研究所には「キャラクター・カウンツ」が，それぞれ設立されている。こうした動きを経て，キャラクター・エデュケーションは，クリントン大統領（当時）にも強い支持を得ている。

に，道徳的価値の習得が求められる。つまり，インカルケーションにおける道徳的価値とは，善悪についての単なる判断基準にすぎないのである。

　一方，リコーナが重視した「尊重」における３つの形式のうち，「他者尊重」という形式がある。また，「責任」における４つの特徴のうち，「他者との関係において，お互いを思いやるような積極的義務を強調していること」がある。これらから，キャラクター・エデュケーションにおける道徳的価値は，善悪についての単なる判断基準ではないといえる。そうではなく，他者との関係において自分を反省し，自分はいかに在るべきか，いかに行為すべきかを吟味するための基準としても機能しているのである。

引用・参考文献

荒木寿友『学校における対話とコミュニティの形成——コールバーグのジャスト・コミュニティ実践』三省堂，2013年。

コールバーグ，L.・ヒギンズ，A.，岩佐信道訳『道徳性の発達と道徳教育　コールバーグ理論の展開と実践』広池学園出版部，1987年。

リコーナ，T.，三浦正訳『リコーナ博士のこころの教育論——「尊重」と「責任」を育む学校環境の創造』慶應義塾大学出版会，1997年。

永野重史『道徳性の発達と教育——コールバーグ理論の展開』新曜社，1985年。

中川雅道「学校で，セーフな場所で，共に考える——ｐ４ｃハワイの実践から」『メタフュシカ』44，2013年，55〜65ページ。

ラス，L. E.・サイモン，S. B.・ハーミン，M.，遠藤昭彦監訳，福田弘・諸富祥彦訳『道徳教育の革新——「価値の明確化」の理論と実践』ぎょうせい，1991年。

テイバー，B. & ギャノティシ，N. & 豊田光世「ワイキキ小学校が実践するＰ４Ｃ（子どもの哲学）による道徳教育」『道徳と教育』53（327），2009年，147〜149ページ。

豊田光世「「子どもの哲学」の教育活動の理念と手法に関する研究——ハワイ州の取り組みを事例として」『兵庫県立大学環境人間学部研究報告』14，2012年，41〜50ページ。

❷ イギリス

（1）価値教育の中核としての宗教教育

　第二次世界大戦後のイギリスにおいては，宗教教育が価値教育の中核的な役割を担ってきた（新井，2002，13ページ）。1944年教育法（Education Act 1944）においては，地方教育当局（Local Education Authority: LEA）の義務として「地域社会における<u>精神的，道徳的</u>，知的，身体的（spiritual, moral, mental, and physical）発達に貢献すること」があげられた（第7条，下線引用者）。宗教教育についてはLEAの管轄下の学校において集団礼拝（collective worship）と宗教教授（religious instruction）を行うことが定められた（第25～30条）。1944年教育法は，宗教教育以外にカリキュラムに関する規定をもたず，宗教教育のみが唯一の必修領域として位置づけられていた。宗教教育の実施方法は学校種によって異なるが，公立学校（county school）では英国国教会（Church of England），その地域の宗教諸宗派，教員団体，LEAの代表者の協議によって採択されるアグリード・シラバス（agreed syllabus）に基づいて実施されていた（細則第5条）。柴沼は，「宗教教育はキリスト教によることは自明のことであった」とし，「英国の伝統的な宗教であるキリスト教を基盤にした宗教教育を学校教育の中心に据えることによって，戦後の精神的復興を図ることをねらいとした」と指摘している（柴沼，2001，9ページ）。

　1960年代から70年代にかけては，世俗化の進展や価値観の多様化によって聖書を中心とした宗教教育への批判が起こり，オープン・アプローチ，内包的（implicit）アプローチ，明示的（explicit）アプローチが提起されるようになった。オープン・アプローチとは，ある一定の絶対的な信仰や価値観に児童生徒を導くのではなく，生きるうえでのよりどころとなる信条や人生観・世界観を主体的に見出すように援助しようとするものである。内包的アプローチは，オープン・アプローチを基礎としたもので，児童生徒の経験を通して自己の存在や生きることの意味といった人生の究極的問題を問う「経験の探求」を行うものである。明示的アプローチは，宗教多元社会における諸宗教を理解するための「諸宗教の学習」を行うものである。内包的アプローチと明示的アプローチは，その後の宗教教育の基本的枠組みとなっていった（柴沼，2001，10～12，49～56ページ）。

▷1　イギリスは主に，連合王国（United Kingdom: UK）の4つの構成地域のひとつである「イングランド（England）」を指す。本文中の引用箇所では，イングランドとウェールズを指す言葉として「英国」が用いられることがある。引用箇所以外では，イギリスと「ブリテン（Britain）」を訳し分けている箇所がある。

▷2　英国国教会
1534年，ヘンリー8世の統治下での最高位法により成立する。ローマ教会から分離し，国王を教会の首長とする。詳しくは青山（2012）参照。

（2）社会の多文化化と中核的価値の模索

　1988年教育改革法（Education Reform Act 1988）によって，イギリスにおいて初めて共通カリキュラムが設定されることになった。学校におけるカリキュラムは「児童生徒の精神的，道徳的，文化的，知的，身体的発達を促す」，バランスのとれた幅の広いものであることが求められた（第1条，下線引用者）。宗教教育は，基礎カリキュラムに含まれる必修の領域として位置づけられた。その内容は「グレート・ブリテン（Great Britain）の宗教的伝統が主としてキリスト教であるという事実を反映するものでなければならない」という点が明確化される一方で，「他の代表的な宗教の教義や実践について配慮しなければならない」とされた（第8条）。この規定を受けて，アグリード・シラバスの見直しやモデル・シラバスの作成が進められることになった（柴沼，2001，60～61ページ）。

　モデル・シラバスは，英国国教会（3名），ローマ・カトリック（2名），プロテスタント（4名），ヒンズー，ユダヤ，イスラム，仏教（各1名）の代表者，行政担当者や教員で組織される委員会で検討され，1994年に公表された。到達目標として，「諸宗教について（about）学ぶ」（宗教に関する知識・理解）と「宗教から（from）学ぶ」（意味・目的・価値への問い）という2つの観点が示された（同上，67～74ページ，下線引用者）。このようにキリスト教を中心とした宗教教育が目指されながらも，社会の多文化化という現実に対応したあり方が模索されたといえる。

　共通カリキュラムの導入によって，教科を中心とした学習に重きが置かれるようになるなかで，カリキュラムの目標である精神的・道徳的発達への関心が高まった（新井，2002，18ページ）。1996年には「教育とコミュニティにおける価値のための全国フォーラム（National Forum for Values in Education and the Community）」が設置され，共通の価値の設定が目指された。フォーラムでまとめられた共通の価値は，1999年版の共通カリキュラムにおいて「価値の声明（statement of values）」として以下のように示されることとなった（QCA，1999，p. 147-149；2004，p. 219-221より抜粋）。

自己（The self）
精神的，道徳的，知的，身体的成長と発達といった能力をもつ固有の人間存在として私たち自身を価値づける。
関係性（Relationship）
他者が有するものや，他者が私たちにできることによらず，他者を他者自身として価値づける。私たちと他者の発達，コミュニティの利益に不可欠なものとして関係性を価値づける。
社会（Society）
真実，自由，正義，人権，法の支配，共通善に向けた集合的努力に価値を置く。とくに，家族に対する愛や支援の源泉として，また他者をケアする社会の基礎として，家族に価値を置く。
環境（The environment）
生命の基礎として，また驚きと直感の源泉として，自然環境・人為的環境に価値を置く。

『共通カリキュラムの手引き』においては，価値の声明の前文の抜粋が掲載されており，以下のように述べられている（QCA, 1999, p. 147；2004, p. 219）。

> 価値に関する合意は，その価値の源泉に不一致がみられることとも両立する。多くの人々にとって神は究極の価値の源泉であり，私たちの行動は神に対して責任を負うと信じている。他の人々にとって価値は人間の本質にその源泉をもち，自身の良心にのみ責任を負うと信じている。価値の声明は，価値の源泉に関するこれらの見解と両立するものである。

　このように社会の多文化化にともなって，何に価値を置くのか，そしてその価値が何に由来するものなのかという点に人々の見解の相違がみられることを踏まえつつも，社会において合意形成が可能な価値を提示する試みがなされたといえる。このような試みをさらに推し進めることになったのが，以下で取り上げるシティズンシップ教育の導入である。

（3）シティズンシップ教育の導入――手続き的価値の重視

　1997年に労働党政権が発足し，必修教科「シティズンシップ」の導入が提言された。シティズンシップ教育は2002年から中等教育段階（キー・ステージ3～4，11～16歳）において実施されている。導入のきっかけとなったのは，1998年の『学校におけるシティズンシップ教育と民主主義の教授（クリック報告）』（QCA, 1998）である。クリック報告においては，シティズンシップ教育の3つの要素として，「社会的・道徳的責任」「コミュニティへの参加」「政治的リテラシー」を提起した。このうち，社会的・道徳的責任については，以下のように述べている（QCA, 1998, p. 11）。

> 道徳的価値と個人の発達に関する指導は，シティズンシップに欠くことのできない必須の条件である。……子どもたちはすでに学習や討論を通して，公正，法規則，意思決定，権威，彼らの身近な環境に対する態度，社会的責任についての概念を形成している。

　清田はシティズンシップ教育について，「社会における価値の多元的状況に対して……キリスト教による価値的な統合からは解放されたもの」であり，また「宗教実践とは異なる原理に基づいて最低限の社会的な合意をはかるもの」であるとして，その導入を画期的な試みとみなすことができると述べている（清田，2005，260ページ）。つまり，「シティズンシップ教育は，価値形成のための教育を明快に宗教教育から区別し，宗教教育とは異なる根拠に基礎づけられるものとして構想された」としている（同上，270ページ）。

　加えて興味深いのは，シティズンシップ教育をめぐる議論においては，実質的価値よりも手続き的価値が重視されたことである。クリックは手続き的価値として，自由，寛容，公正，真実の尊重，根拠に基づく議論の尊重をあげてい

る。「人格・社会性教育，宗教教育，道徳教育など名称は何であれ，価値を明確な目標にしている教育は，論理学の言葉で言えば，健全なシティズンシップや健全な振る舞いの『必要条件』ではあるが，『十分条件』ではない」という（Crick, 2000, p. 129＝2011, 184ページ）。価値を教えることについては，「価値をそのまま直接に教えることが可能だとは，残念ながら私は考えていない。意味ある価値は，実体験か想像上の経験から生じなければならない。そうでなければ丸暗記すべき一連のルールにすぎなくなってしまう」としている（Crick, 2000, p. 124＝2011, 176ページ）。つまり，直接的に価値を教えることよりも，人々が議論を行う際の前提となる手続き的価値を重視しているといえる。

その後，2005年から共通カリキュラムの改訂作業が開始されるなか，ロンドンで地下鉄・バス同時爆破事件が発生した。この事件を通じて，人々の多様性をどのように包摂していくのかがいっそう問われるようになった。シティズンシップ教育については，2007年の『カリキュラム・レビュー——多様性とシティズンシップ（アジェグボ報告）』（Ajegbo *et al.*, 2007）において，クリック報告で示されたシティズンシップ教育の3つの要素に「アイデンティティと多様性——連合王国における共生」を第4の要素として加えることが提起された。

（4）「基本的なブリテンの価値」の提示

2010年に発足した保守党・自由民主党の連立政権においては，当初，価値教育をめぐる問題は教育政策上の主たる論点とはならなかった。しかし，2014年に起こった「トロイの木馬文書（Trojan Horse Letter）事件[▷3]」を契機として，学校においては「基本的なブリテンの価値（fundamental British values）」を教えることが提唱されるようになる。

▷3　トロイの木馬文書事件
2013年11月に，バーミンガム市内の学校において強硬なムスリムの精神を押しつけようとする企てが存在するという匿名の手紙が市議会に届いたことが発端となった事件。

事件後，教育省は，児童生徒の精神的・道徳的・社会的・文化的（spiritual, moral, social and cultural: SMSC）発達には，基本的なブリテンの価値の促進が含まれることを示した（DfE, 2014）。基本的なブリテンの価値に含まれるのは，民主主義，法の支配，個人の自由，異なる信仰や信条をもつ人々への相互の尊重と寛容である。教育水準局（Ofsted）が行う査察にも「リーダーシップとマネジメントの有効性」という観点が加えられ，基本的なブリテンの価値の促進も査察の対象項目となった（Ofsted, 2015）。このように，連立政権においては査察を通じて基本的なブリテンの価値の促進を働きかけようとしている。

なお，基本的なブリテンの価値は過激主義（extremism）に対置されるものとして提示されており（HM Government, 2011, p. 107），教育を通じてこれらの価値を積極的に促進することが，児童生徒の宗教的過激化を防ぐと考えられている。また興味深いのは，連立政権においては，シティズンシップ教育を通じてではなく，SMSC というカリキュラム全体にかかわる要素を通じて基本的な

ブリテンの価値の促進を求めているということである。

　以上，イギリスにおける価値教育の展開を宗教教育，シティズンシップ教育，SMSC を通じた取り組みを中心に概観してきた。それぞれの時代に固有の問題認識や社会的課題が存在しているが，どの時代においても教育を通じた価値の伝達は重視されていたといえよう。しかしその一方で，価値の捉え方やアプローチについては，さまざまな考え方が示されてきた。教育を通じて「どのような価値」を「どのように教えるのか」という問いをめぐっては，社会における価値観の多様化がますます進展するなかで今後も模索が続いていくだろう。

引用・参考文献

Ajegbo, K., Kiwan, D. & Sharma, S., *Curriculum Review: Diversity and Citizenship.* (The Ajegbo report), London: Department for Education and Skills (DfES), 2007.

青山武憲「英国と英国教会」『法学紀要』53，2012年，9〜47ページ。

新井浅浩「イギリスにおけるナショナル・カリキュラムと子どもの精神的・道徳的発達」『比較教育学研究』26，2000年，29〜40ページ。

新井浅浩「イギリスにおける人格・価値教育の発展」武藤孝典編『人格・価値教育の新しい発展——日本・アメリカ・イギリス』学文社，2002年，13〜34ページ。

Crick, B., *Essays on Citizenship*, London: Continuum, 2000 (クリック，B.，関口正司監訳『シティズンシップ教育論——政治哲学と市民』法政大学出版局，2011年).

Department for Education (DfE), *Promoting Fundamental British Values as Part of SMSC in Schools: Departmental Advice for Maintained Schools*, London: DfE, 2014.

HM Government, *Prevent Strategy*, London: The Stationery Office, 2011.

菊地かおり「多様性のための教育とシティズンシップ教育——イングランドにおける展開に着目して」『オセアニア教育研究』(21)，2015年，52〜66ページ。

武藤孝典・新井浅浩編『ヨーロッパの学校における市民的社会性教育の発展——フランス・ドイツ・イギリス』東信堂，2007年。

Office for Standards in Education (Ofsted), *Better Inspection for All*, London: Ofsted, 2015.

Qualifications and Curriculum Authority (QCA), *Education for Citizenship and the Teaching of Democracy in Schools: Final Report of the Advisory Group on Citizenship.* (The Crick Report), London: QCA, 1998.

QCA, *The National Curriculum: Handbook for Primary Teachers in England* (*Key Stages 1 and 2*), London: QCA, 1999.

QCA, *The National Curriculum: Handbook for Secondary Teachers in England* (*Key Stages 3 and 4*), (Revised edition), London: QCA, 2004.

清田夏代『現代イギリスの教育行政改革』勁草書房，2005年。

柴沼晶子「英国の宗教教育——公立学校を中心として」柴沼晶子・新井浅浩編『現代英国の宗教教育と人格教育（PSE）』東信堂，2001年，3〜87ページ。

杉田〔菊地〕かおり「シティズンシップ教育で道徳教育」福田弘・吉田武男編『道徳教育の理論と実践』協同出版，2013年，195〜211ページ。

3　ドイツ

（1）ドイツの価値教育の制度

　ドイツでは「宗教授業（Religionunterricht)」という教科が，すべての公立学校の 1 年から12年生の最終学年までの間，またさまざまな職業訓練学校で原則的に義務づけられている。しかし，この教科は他教科とは異なる性質がある。それは，ドイツ連邦共和国の基本法第 7 条により他教科にはない絶対的な位置づけにある必須教科でありながらも，保護者もしくは生徒自身（各連邦州の規定の年齢に達した者）が「宗教授業」の受講を希望しないことを申請すれば，義務の効力がなくなるという点である。ドイツでは1970年の初め頃から，中等教育における「宗教授業」の在籍数の減少が顕著になり，その生徒を対象とする価値教育の問題が議論されるようになった。その打開策として，1980年初期までに（連邦州により時期は異なる），「宗教授業」とは異なる指導目的・内容を盛り込んだ価値教育の特別指導カリキュラム・指導要綱が各連邦州で草案された。それが「倫理（Ethik)」や「実践哲学（Praktische Philosophie)」などの科目である（名称は連邦州により異なる）。この科目は，価値の媒介および宗教と世界観の知識について，並びに哲学的問題提起について議論を行うもので，「宗教授業」との相違点は，特定の宗教や宗派との結びつきがないことである。このようにして，ドイツは，「宗教授業」に参加しないすべての生徒の価値教育の義務化を図っている。

　ドイツは文化高権（教育分野の各連邦州の自立性を尊重）の原則があるため，教育制度，カリキュラムなどは，各州の学校法規により定められている。したがって，「宗教授業」から「倫理」などの科目への置換時期や，その科目の名称，位置づけも州によって異なる。基本的に「倫理」などの科目は，中等教育第一段階（Sekunderstufe I：7-10学年）から開設されるが，バイエルン州では 5 年生から，ザクセン州では 1 年生から，ラインラント＝プファルツ州では 4 年生からと異なっている。また，中等教育第二段階（Sekunderstufe II：11-13学年）から位置づけを変える州もある。

　以下は各連邦州の科目の名称と位置づけを示すものである。科目の名称の相違は，各連邦州が内容や重点を置く観点の表れである。例えば，旧東ドイツに位置していたベルリンやブランデンブルク州では，無宗教の生徒が多いことが勘案されている。またハンザ同盟[1]の中心都市であるブレーメンは，宗教の中立

▷1　ハンザ同盟
北欧の商業圏を支配した北ドイツの都市同盟。ブレーメンはその中心の一つである。ブレーメン港とともに独立した連邦州を構成するため，ブレーメン州とも呼ばれる。

性がより強調されている。

この科目の位置づけは，以下の5つのカテゴリーの形態がある。

(1) 「宗教授業」の代替科目として位置づける。
- ・「倫理 (Ethik)」：バーデン＝ヴュルテンベルク州，バイエルン州，ヘッセン州，ラインラント＝プファルツ州
- ・「一般倫理 (Allgemeine Ethik)」：ザーランド州
- ・「子どもの哲学 (Philosophieren mit Kindern)」：メクレンブルク＝フォアポンメルン州
- ・「価値と規範 (Werte und Normen)」：ニーダーザクセン州，シュレースヴィヒ＝ホルシュタイン州

(2) 「宗教授業」もしくは以下の科目のどちらかを選択する必須選択教科として位置づける。
- ・「価値と規範」ハンブルク州
- ・「実践哲学 (Praktische Philosophie)」：ノルトライン＝ヴェストファーレン州
- ・「倫理」：ザクセン州，テューリンゲン州
- ・「倫理授業 (Ethikunterricht)」：ザクセン＝アンハルト州

(3) 「倫理」を正規科目とし，「宗教授業」と「ヒューマニズム的人生観の授業 (Humanistischer Lebenskundeunterricht)」を自由選択科目に位置づける。ベルリンのみが実施している。「倫理」の代替教科はない。

(4) 特例的な位置づけ：ブランデンブルク州
「生活科─倫理─宗教科 (Lebensgestaltung-Ethik-Religionskunde (LER))」を正規教科として位置づける。宗教，倫理で行われる価値教育に対し，異なる人生観，生活様式，世界観，宗教間の共存の問題の解決を目指す，共生に重点が置かれた科目である。これは，新たなモデルケース (1992～95) として試みられ，1996年以来，必須教科に位置づけられ，2004年度以降から全面的に実施されている。法的には，以下の3つの可能性が認められている。
- ・「生活科─倫理─宗教科」のみの履修。
- ・『生活科─倫理─宗教科』に加えて，『宗教授業』もしくは「ヒューマニズム的な生き方の授業」の科目選択。
- ・「宗教授業」もしくは「ヒューマニズム的な生き方の授業」のどちらかのみの履修。

(5) 特例的な位置づけ：ブレーメン
ブレーメンでは，教会の責任下にある宗教教育はなく，諸宗派を超えた「聖書の歴史／宗教学」を正規教科とし，中等教育段階では「哲学と倫理」が，また高等教育段階では「哲学」が，代替科目または必修選択科目として機能する。

第Ⅴ部 価値教育をめぐる諸外国の動向

（2）「宗教授業」の取り組み

　1960年代終わりまでの「宗教授業」は，キリスト教の「聖書授業（Bibelunter-
richt）」（聖書テキストに沿って，解釈する）が行われていた。しかし，文化革命
（学生運動）との関連で，その形態は崩壊し，キリスト教はもはやドイツ社会の
決定的な勢力ではなく，価値づけの点で，他の諸勢力のなかの一つにすぎない
と見なされるようになった。そのため，「宗教授業」は，さまざまな宗教，宗
派の授業が設置されるようになった。各連邦州の政府は，公法の法人である宗
教団体に支援を要請し，共同作業による「宗教授業」を開設している。プロテ
スタント，カトリックのキリスト教以外の宗教団体として，ユダヤ教，ギリシ
ア正教，イスラーム教，仏教がある。多文化，多民族が共生するドイツにおい
て，これらの団体との協力による「宗教授業」は必至である。しかし，それゆ
え「宗教授業」に非民主主義的，ファンダメンタルな考えやテロの策謀などが
影響を与えかねない要素がある。したがって，ドイツでは「宗教授業」の国家
監督権が法で定められている。ドイツの伝統的なカトリック教会とプロテスタ
ント教会の州教会（Landeskirche）は，実質的な授業計画や教科書の決定，授
業の検閲の権利を有し，さらに教員資格試験（国家試験）付与にも貢献している。
　「聖書授業」に代わって登場したのが，問題提起型の「宗教授業」である。
これはキリスト教に基礎づけられた人間観と現実的な事柄とを結び付けて考
え，それら双方を補い合うものである。例えば，搾取されている第三世界の
人々のためのキリスト者の行動を考える，あるいは愛と性に関する新しい考え
方を問題にするなどである。問題提起型の「宗教授業」が浸透していくなか
で，世界宗教のテーマにも目が向けられるようになった。今日のドイツでは，
高学年前期（5年生から10年生まで）の「宗教授業」の教科書には，必ず複数の
宗教について記述されている。キリスト教はもちろんのこと，ユダヤ教，イス
ラーム教，仏教，ヒンズー教である。これら世界宗教は公平に扱われている
が，ユダヤ教に関しては特別な位置づけがなされている。それはホロコースト[2]
のゆえのドイツの特別な歴史的な理由である。また，イスラーム教への偏見，
先入観をなくすことも大きな課題とされている。したがって，宗教の教師は，
各宗教の確実な知識をもつだけではなく，宗教問題を中立に議論することがで
きる能力が求められている。それゆえにドイツでは国が宗教の教師の継続教育
を100％資金援助している。
　1990年頃から，「宗教授業」に「相互宗教間学習（Interreligiöses Lernen）」と
いう新たな方法が導入されるようになった。「相互宗教間学習」では，次のこ
とが目指されている。

　　・生徒の宗教的なアイデンティティや状況が学習過程の出発点となる生徒主
　　　導型学習にする。

▷2　ホロコースト
ナチスによるユダヤ人の大
虐殺のこと。

・特定の宗教の代替えではなく，その宗教を前提としながら，それを超えて宗教学習の可能性を状況に応じて広げる。

・混合文化，混合宗教，宗教に属さない生徒の対話を確立する。

・メディア教材よりもクラスメートの実際的なもの，（例えば経典の朗読・祈り・儀式など）を教材とする。

・小学校1年生から始める。

・実際にある宗教間の相違を解消するのではなく，そこに根づく障害を克服する。

・時折，モスクやシナゴーグなどを訪問し，異文化体験する。

・異文化の祭りに参加したり，料理を作ったり，ダンスをしたりするなど，さまざまなものを全感覚をもって経験する。

・尊厳を認め合うことにより，人権の実現を図る。

・教師は「教える者」ではなく「ファシリテーター」としての役割を果たす。

・生徒に対話能力を身に着けさせる。それは諸宗教が歩み寄るということではなく，伝統のなかにある宗教的に根拠づけられた人道的な潜在能力を開発して，人間と自然に対する破壊的な力を阻止する力をつけるということである。

具体例として，アーヘンにある小学校でのプロテスタントの「宗教授業」の一例を紹介する。

クラスの子どもの所属宗教の構成は，プロテスタントが9人，カトリックが10人，イスラームが7人，無宗教が2人，ユダヤ教が1人，仏教が1人である。その日のテーマは「創造」である。教師は一連の授業で，子どもたちの諸宗教の創造神話を取り上げる。ユダヤ—キリスト教の神話，ヨルバ族の神話，ナイジェリアの民の起源，あるいはコーラン（イスラーム教の聖典）のなかの創造の描き方である。各々の創造物語に関する授業を通して，子どもに自分たちのアイデンティティを確認させると同時に，宗教の比較によって多元的な宗教理解の現実を経験させる。すなわち諸宗教間には解消されない相違があり，その相違は隠すことはできないし，また隠すべきことではないことを理解させる。この学習は，実際のクラスメートのなかにある相違性を理解し，尊重するといった点で優れているが，学習の目的はさらに上を目指している。教師は諸国民の創造神話に共通するものに子どもたちの注意を向ける。「地球，この地は賜物である。それは神あるいは神々に由来するもので，非常に貴重である。例えば，ヨルバ族は土地を売買することはできないと信じている。人間は地球を用いるものではあるが，それを所有する者ではない。このことを基準にすれば，我々が，どこであろうと，自然とどのように付き合っていくべきか，その仕方はおのずと結論できるのである」（Rickers, 2002, p. 103）。このように共通の

▷3　ヨルバ族
ギニア湾岸に強大な王国をつくった種族。人間と王権の起源に関する神話をもっている。

第Ⅴ部　価値教育をめぐる諸外国の動向

普遍的真理に目を向けさせるのが，相互宗教間学習の特徴である。

（3）「宗教授業」に代わる価値教育の取り組み

　「倫理」などの科目を開設するにあたって，当初は文化，言語，生物，歴史，社会など他の関連教科の単なる延長になるのではないかということが懸念された。しかし，それも徐々に克服され，その真価が確保されるようになり，現在では他教科との密接な関連のもとに構成されるようにもなった。他教科と関連させることは，テーマが重複するというリスクをもたらすが，その一方で複数の専門領域にまたがる共同学習の多様なチャンスを提供している。しかし，これは最初から意図的に計画されたものではない。実は価値教育に関する専門的な養成を受けた教師の不足により，分野が近い学問を専攻した教師がその授業を行わなければならなかったことが，専門科学的な多様性を生み出したのである。死，性，社会的態度などのテーマは，哲学，生物学，心理学的な側面から，スターやアイドルに関する事柄は音楽的な側面から，環境問題は地理学や自然科学的な側面からアプローチが行われている。

　ただし，この科目の課題が他教科と違う点は，正当な価値判断と決断へ，また責任ある行為へと生徒を教育することである。また「宗教授業」との違いは，前述したように特定の宗教や宗派との結びつきがないことから，さまざまな宗教の信条や世界観などの多元性が混在していることである。哲学の分野との内容的近似性はあるが，その領域の違いは明確化されている。哲学が体系的に構造化し，理論的に精通した意図的な内容で構成された指導カリキュラムの作成が重要であるのに対し，この科目では生徒が経験できる状況を問題解決に方向づけられることが重視されている。したがって，具体的な生活に関することと結びつけられる状況的アプローチ（Situationsansatz）が求められている。また，社会科における社会性と市民性の次元の専門的近似性も指摘されているが，この科目では，価値と価値ある行為に意義が見出されていることから，純粋につきつめていく実証主義的な学問と性格的に異なると見なされている。「倫理」などの科目とは，つまり，人間とは何かを理解させ，また人間的生活の道徳—倫理的次元（moralische-sittliche Dimension）の意識を覚醒させ，さらに個人の世界，社会的な世界，自然の世界における責任ある行動を自ら求めるようにすることである。この科目では，教師が生徒の価値に介入して制限することはできないので，生徒独自の責任ある価値判断の能力や成長の伸び代を教師が呼び起こすことが求められている。最終的には，生徒自身が自己評価し，自己教育できるようにすることが目的である（このような生徒主体の学習の事例として，ベルリンの「倫理」を以下紹介する）。

▷4　ここでいう道徳—倫理的次元とは，カント（I. Kant, 1724〜1804）の考え方が基盤にある。カントは単に外面的に道徳法則に一致している場合を「適法性（Legalität）」と呼び，道徳法則に対する尊敬を動機としている場合を「道徳性（Moralität）」と呼んで区別した。この内面的原理が非常に重視されているのである。したがって，慣習や「優勢的な風習」といった安易に身に着くものの付与や習得は道徳・倫理的次元とみなしていない。

134

〈ベルリンの「倫理」のテーマ〉

「倫理」の学習テーマは次の12である。

①私は誰？②お互いに知り合う③未知なることを見つける④コミュニケーション⑤規則，規範，法律⑥対立の解決⑦異なる判断⑧自由時間の構成⑨祝祭を祝うこと⑩家族の中の生活⑪幸福であること⑫成功と失敗

例えば，「倫理」が始まる最初の学年である７年生では，「私・時間旅行（私は誰）」「家族のなかの生活」「未知なることを見つける」「幸福であること」の４つのテーマが取り上げられる。しかし，これらを中心にその他のテーマは関連的に取り扱う。７年生では，それらのテーマを通じて，アイデンティティ，異なるものとの関わり，幸福について考えを深め，生活実践することが目指されている。

「倫理」の教科書は，テーマごとに章立てされている。各章の構成は，冒頭にはそのテーマの主題が示されている。次に２つの学習アプローチが記載されている。これは，どの教材をどの順番で使用するかという学習方針である。生徒は自分に合った学習アプローチを選ぶことができる。その次に記載されているのが，学習の組み立てに関するもので，３種類ある。そこには学習の観点が示されており，生徒はそのなかから自分に合った方法を選択することができる。それにより，生徒は自分の経験とテーマを結び付けて自立的に学習を組み立てることができる。章の最後には，読み物資料，写真，絵，歌，研究調査結果などの資料が掲載されており，生徒はこれらの資料を自分が選んだ学習アプローチに沿って使用できる。また，個々が用いた資料も補足として用いることもできる。生徒は，同じ学習アプローチ，学習組み立てをするメンバーとグループを作り，そこでディスカッションなどのグループワークをする。また，グループワークにふさわしくないテーマの時は，個人的に取り組むことができる。

しかしながら，教育をこうした，生き方を考える実践と捉える視点は，世俗的な視点のみでそれらを捉えることの限界に気づかせ，スピリチュアリティへの覚醒をもたらす。そのため，今日，ドイツではシュタイナー教育のようなホリスティック教育への関心も高い。

▷5　シュタイナー教育
シュタイナー（R. Steiner, 1861〜1925）により提唱された教育学を基盤に実践している教育で，身体，心性，精神を調和的に発達させ，すべての教育的事柄のなかに道徳的，倫理的な事柄を浸透させた教育が目指されている。

引用・参考文献

Berlin Senatsverwaltung für Bildung, Jugend und Sport, "Berliner Unter-richtsmaterial-ien Ethik", 2006.

Ministerium für Bildung, Jugend, Sport, "Zur Situation des Ethikunterrichts in der Bundesrepublik Deutschland" Bericht der Kulutusministerkoferenz von 22.02.2008.

Rickers, F., 石川立訳「ドイツの宗教授業」『基督教研究』64（1），2002, pp. 89-108.

Winfried, B. "Wörterbuch der Pädagogik 16"., vollsiändig überarbeite Auflage unter Mitarbeit von Frithjof Grell Stuttgart:Kröner, 2005.

4 フランス

（1）宗教と学校教育をめぐる問題

　フランスでは2015年に，宗教団体を名乗る組織による同時多発的な大規模テロが起こった。同国での宗教関連の問題としては，以前にも，ムスリムのスカーフ着用をめぐって国全体を巻き込む大きな議論が噴出したことがあった。それは，一般に「スカーフ事件」として知られるもので，1989年10月，フランス北部オワーズ県の公立中学校の女子生徒3人が，ムスリムの象徴であるスカーフをかぶって登校し，学校や校長からの再度の勧告に保護者，生徒とも抵抗したため，退学処分を受けたのである。この事件の後，11月に，政府の諮問機関であるコンセイユ・デタ（国務院）は，学校における宗教的表象の着用自体はライシテに反するものではないが，これみよがしの場合は強制的勧誘や無秩序などの要因となり，ライシテに抵触すると判断した。その後も，同様の事件は相次ぎ，2003年には，当時のシラク大統領が設置した「フランス共和国内におけるライシテ適用に関する特別委員会（スタジ委員会）」の報告書のなかで，「イスラムのスカーフ」は「コミュノタリスム[1]」の象徴，「女性への抑圧」とされ，「宗教シンボル禁止法」制定の必要性が指摘され，2004年「宗教シンボル禁止法」が制定されるに至った。この法律において，「これみよがし（ostensible）」な宗教的表象の着用が禁止された。

　しかし，法律制定後も，イスラームのシンボルをめぐる問題は解決されていないのが現状である。最近でもムスリムの女性用の水着である「ブルキニ」の着用が複数の自治体で禁止されるなど，フランスの教育と宗教の問題は切り離せない。

（2）「ライシテ（laïcité）」の原則

　フランスにおける学校教育の大きな特徴として，「ライシテ（laïcité）」の原則があげられる。「ライシテ」とは，宗教的中立性，政教分離を意味する言葉である。フランスにおける初等教育の基礎を築いた1833年のギゾー法では，「初等教育には必然的に道徳・宗教教育（l'instruction morale et religieuse）[2]が含まれる」とされ，公教育において宗教が教えられるべきことが規定されていたが，1882年のフェリー法では，これが「道徳・公民教育（l'instruction morale et civique）」にとって代わられた。このようにフェリー法によって，公教育の世

▷1　コミュノタリスム
共同体主義。全体的な原則よりも，共同体固有の閉鎖的な原則を重視すること。この場合は，フランスの共和国としての原則ではなく，イスラームの原則にしたがうことであり，これは，フランス社会の分裂を促す要素として危険視される傾向にある。

▷2　道徳教育や公民教育にあたる教科の名称として，これまで instruction, éducation, enseignement の3語が用いられてきた。éducation という語が，とくに価値の領域において，導くという意味をもつのに対して，instruction, enseignement は知識の伝達という意味をもつという違いがある。

4 フランス

俗性の原則が確立されたのである。

　イスラーム圏からの移民の多いフランスにおいて，公教育の宗教的中立性を担保するとともに，学校教育において，他民族との共生の重要性を教えていくことも必要とされている。紆余曲折を経て1985年に公民教育が再興された際，これが人種差別や偏見の否定に寄与する旨を国民教育省は述べている。では，現在の道徳・公民教育では，どのようなことが教えられるべきであるとされているのだろうか。以下，フランスの教育制度から見ていこう。

（3）教育制度

　フランスの子どもたちは，6歳から5年間は小学校（école élémentaire），次の4年間は中学校（コレージュ，collège），18歳までの3年間は高等学校（リセ，lycée）に通う。6歳から16歳までの10年間は義務教育期間であり，小学校1年生から高等学校1年生の時期にあたる。小学校および中学校の就学率は100％である。ただし，各自の進度により，落第や飛び級もあり得るため，必ずしも全員が同じ学年で義務教育を終えるとは限らない[3]。義務教育期間だけでなく，高等学校も授業料は無償である。なお，高等学校には進学を目的としたものと，職業的専門知識を習得することを目的としたものがある。大学などの高等教育機関に進むには，高等学校卒業資格でもあるバカロレア（Baccalauréat）を受験し，合格することが条件となる。また，小学校入学以前の教育に関しては，幼稚園（エコール・マテルネル，école maternelle）があり，義務化はされていないが，9割以上の幼児が3年または4年の幼稚園教育を受けている。費用は，公立の場合は無料である。

　学年暦は9月に始まる。3学期制をとっており，地域および年度によって異なるものの，概ね1学期：9月1日〜11月30日，2学期：12月1日〜2月28日，3学期：3月1日〜6月30日という日程である。これに，秋休み，クリスマス休暇，冬休み，春休みとそれぞれ2週間の休みがあり，学年の終わる7月初めから次の学年が始まる9月初めまで2カ月の夏休みがある。

（4）教育課程

　授業時数表（horaires）と学習指導要領（programmes）からなる教育課程の基準は，国が設定している。学習指導要領は，学習期，すなわち，小学校の1，2，3年次の基礎学習期（cycle2, cycle des apprentissages fondamentaux），4，5年次，中学校1年次の強化期（cycle3, cycle de consolidation），中学校2，3，4年次の深化期（cycle4, cycle des approfondissements）ごとに教科別の目標や内容を設定している。

　この教育課程の基準は，概ね5年に1回改訂されており，価値教育に関する

▷3　就学年齢に関しては，同じ年の1月1日から12月31日に生まれた子どもたちは同じ年に就学することとなる。
なお，1学級あたりの子どもの数は，国公立・私立の教育機関を平均すると，小学校で22.7人，中学校で24.5人である。

第Ⅴ部　価値教育をめぐる諸外国の動向

▷4　道徳・公民教育は，基礎学習期で週1時間，強化期および深化期では歴史・地理とセットで週3〜3.5時間という授業時数が設定されている。

「道徳・公民教育（Enseignement moral et civique：EMC）」について最新のものは，2015年6月に公表された。これは，2008年に公表されたものを改訂したものであり，前回のものでは，価値教育にあたるものは小学校で「公民・道徳教育（Instruction civique et morale）」，中学校では「公民教育（éducation civique）」であった。「道徳（moral）」と「公民（civique）」という言葉の順序が入れ替わり，さらに，「道徳」という言葉が付け加えられたことで，道徳により重きが置かれることになったことが推察でき，着目に値しよう。

（5）教科書と担当教師

　教科書に関しては，出版社と教育者の双方に自由が与えられている。出版社側には，出版の自由が認められている。政府は，発行された教科書が学習指導要領の内容に準拠しているかどうか検査することはない。一方，教育者側には，教科書の選択および使用の自由が認められている。

　教師に関しては，初等教育では学級担任制，中等教育では教科担任制である。小学校教授免許状，教科，分野別の中等教育教授免許状などの国家資格を得て教師になる。この資格を取得するために，高等教員養成学院（Ecoles supérieures du professorat et de l'éducation：ESPE）において2年間の養成を受けられる。ESPEへの入学要件として，学士号の取得が求められている。

（6）道徳・公民教育の原則と目標

　小学校および中学校における道徳・公民教育の実施にあたっては，以下の4つの原則が適用される。すなわち，「自分自身で，また他者とともに考え行動し，自分の立場や選択を論証することができる」，「個人や集団の行動を規定する規範や規則の正当性を理解し，それらを尊敬し，それらに従って行動する」，「意見や信条，信仰，生き方の多様性を認める」，「社会的，政治的なつながりをつくる」という原則である。また，この教科においては，未来の市民と，その批判的理性の形成が目的とされ，子どもたちは，連帯と尊敬，責任といった価値を理解し，尊重し，共有することを可能にする道徳的な意識（une conscience morale）を獲得するとされている。ここで教えられる道徳は，市民権の価値（共和国に関する知識，その価値の適応，規則や他者とその権利と利益の尊重）と密接な関係にある，市民的な道徳である。同時に，宗派の信仰や思想の多様性を尊重し，良心の自由を肯定するライックな（laïque）理性も重要であるとされている。

（7）指導内容

　学習指導要領に明記されている道徳・公民教育の4つの側面とそれぞれの目

的を以下に示す。

> ・感受性：自分と他者
>   目的
>   1．気持ちや感情を調整しながら，それを特定し，表現すること
>   2．話を聞き，共感する，また，自分はそのようなことができると思うこと
>   3．自分を集団の一員であると感じること
> ・権利と規則：他者と生きるための原則
>   目的
>   1．民主的な社会において規則や法に従う理由を理解すること
>   2．フランス共和国や民主的な社会の原則と価値を理解すること
> ・判断力：自分自身で，また，他者と共に考える
>   目的
>   1．批判的反省の能力を発達させること：道徳的判断の有効性の基準を探求することによって，ディスカッションや議論において他者の判断と自分の判断を比較することによって
>   2．独自の興味と一般的な興味を区別すること
> ・参画：個人として，集団として行動する
>   目的
>   1．学校や施設における責任をもち，それを受け止めること
>   2．集団生活や環境の局面を受け止め，市民としての社会的意識，環境への意識を発達させること

（8）指導方法

国民教育省の web ページには，道徳・公民教育の指導方法として，以下の6つが紹介されている。

① ディベート

見方の相違，さらには衝突を背景に，妥協や意見の一致の追求を目指す。ディベートの実践は，とくに生徒における道徳的判断力と公民精神の構築を助ける。

② モラルジレンマ

生徒に，一方が先験的に良い，あるいは正しいということがないような2つの解決策を提示する。目的は，生徒たちの道徳的自律性を成長させ，彼ら自身で判断する力を発達させることを教えることである。

③ 哲学的なねらいをもつ討議

哲学的なねらいをもつ討議，あるいは口頭での内省は，決定をすることも行動することもねらいとせず，物事の意味を考えることを目的としている。

④ 価値の明確化

人生の経験の体系的な検討に基づいた価値教育の方法であると定義され得る。この方法は道徳・公民教育の究極目的と緊密な結びつきのある原則を拠り

所とする。この究極目的とはすなわち，人生の不測の事態において価値を調整することを可能にする，道徳的自律をねらいとする横断的な能力の発達である。

⑤　生徒の声

　学級や小学校，中学校のレベルでの生徒の声は，何よりもまず，あらゆるメンバーとの対話とやりとりの，そして，学級や学校での生活と関連する出来事への生徒たちの提案，さらには決定の自由な表明の特権的な場である。これにより，組織を方向づけ，学級での生活や学校の機能を改善することを可能にし，また，毎年実際に実施されるいくつかの行動の主導権をとることができるようになるべきである。

⑥　明確なメッセージの技術

　明確なメッセージは，責任やお互いの尊敬，自律性の構築の精神で，小さな相違の非暴力的な解決への議論へと向かわせ，仲間の間での小さな衝突を緩和することをねらいとする。この理由で，初期の段階で学校の雰囲気を向上させるための適切な手段のようにみえる。

　以上，国民教育省が提案する６つの方法を見てみると，生徒が自分自身の意見をもち，それを適切に相手に伝えることで，社会のなかでよりよい関係を築いていく方法が求められていることが特徴であるといえよう。これは，「考え，議論する」ことが求められている日本の道徳教育に対しても示唆的である。

（9）評　価

　道徳・公民教育の評価は，知識の漸進的な獲得の過程において記録され，生徒たち自身が彼らの進歩を感じ取ることができるようにしなければならないとされている。そして，知識と態度をつなぐという評価の原則に基づき，内省的なポートフォリオ評価と，能力と知識の一覧表での評価という，２つの評価方法が明記されている。ポートフォリオ評価は，知識や能力の獲得について，生徒が個々に記録するものである。一覧表での評価は，道徳・公民教育の４つの次元，すなわち，「感受性」「権利と規則」「判断力」「参画」に基づいた自己評価ないし，仲間内での評価である。これは以下の５つの項目に分けられる。すなわち，(1)自分に自信をもち，学校の集団との連帯を感じる漸進的な能力（感受性），(2)規則を理解し，尊重し，その仕上げに参加する漸進的な能力（権利と規則），(3)対話し，議論し，自分の見解を表明し，他者の見解を理解する漸進的な能力（判断力），(4)学級や学校での生活において主導権や責任を担う漸進的な能力（参画），(5)道徳・公民教育と結びついた知識の統制である。

　このように，評価にあたって，生徒自身の参画が求められていることや，学校生活を通した連続的な発達が重視されていることが特徴である。

引用・参考文献

服部憲児「1990年代以降のフランスにおける教員養成制度改革」『教育行財政論叢』第13巻，2016年。

フランス国民教育省ホームページ「Cycle 2，3，4の学習指導要領」。

http://www.education.gouv.fr/pid285/bulletin_officiel.html?pid_bo=33400（2017年7月22日閲覧）

フランス国民教育省ホームページ「Enseignement moral et civique Méthodes et démarches cycle4」。

http://eduscol.education.fr/pid34832-cid92404/methodes-et-demarches.html（2017年7月22日閲覧）

フランス国民教育省ホームページ「小中学校におけるEMCの評価」。

http://cache.media.eduscol.education.fr/file/EMC/63/9/Ress_emc_evaluation_ecole_college_521639.pdf（2017年7月22日閲覧）

フランス国民教育省報告書「デジタル時代の教科書」2010年7月。

http://eduscol.education.fr/educnet/numerique/dossier/telechargement/rapport-ig-manuels-scolaires-2010.pdf（2017年7月22日閲覧）

外務省ホームページ「世界の学校を見てみよう」。

http://www.mofa.go.jp/mofaj/kids/kuni/0116france.html（2017年7月22日閲覧）

外務省ホームページ「諸外国・地域の学校情報」。

http://www.mofa.go.jp/mofaj/toko/world_school/05europe/infoC53600.html（2017年7月22日閲覧）

石堂常世『フランス公教育論と市民育成の原理』風間書房，2013年。

国立教育政策研究所「教育課程の編成に関する基礎的研究報告書4　諸外国における教育課程の基準——近年の動向を踏まえて」2013年3月。

http://www.nier.go.jp/kaihatsu/pdf/Houkokusho-4.pdf（2017年7月22日閲覧）

『ライックな道徳——道徳のライックな授業のために（Morale laïque : pour un enseignement laïque de la morale)』。

http://cache.media.eduscol.education.fr/file/04_Avril/64/5/Rapport_pour_un_enseignement_laique_de_la_morale_249645.pdf（2017年7月22日閲覧）

文部科学省「教育指標の国際比較」平成24（2012）年版。

http://www.mext.go.jp/b_menu/toukei/data/kokusai/_icsFiles/afieldfile/2013/02/05/1318687_3_1.pdf（2017年7月22日閲覧）

文部科学省「諸外国の義務教育制度の概要」。

http://www.mext.go.jp/b_menu/shlngl/chukyo/chukyo3/045/siryo/__icsFiles/afieldfile/2012/03/19/1318730_5.pdf（2017年7月22日閲覧）

日本大学教育協会『諸外国の教員制度 養成・研修・人事』2003年。

諸外国の教科書に関する調査研究委員会『フランスの教科書制度』2007年。

5 スイス連邦

▷1 独 Schwiizerischi Eidgnosseschaft／仏 Confédération Suisse／伊 Confederazione Svizzera／ロマンシュ Confederaziun Svizra

▷2 盟約者団
ハプスブルク家に対抗すべく同盟を結んだ諸州。当初はウーリ，シュヴィーツ，ニートヴァルデンの3州であったが，次第に拡大・発展していった。

▷3 永久盟約
「盟約者団」が結んだ同盟。「原初同盟」「誓約同盟」などとも呼ばれる。

▷4 カントン
州のことを指す。26州（うち3つは半州）がある。

▷5 ゲマインデ
フランス語圏ではコミューン，イタリア語圏ではコムーネという。市町村レベルのような各地方の自治体。26州のなかに約2900程度あるとされているが，日本のような人口規模による市区町村の区別のようなものはなく，大都市も山間部も同じ地位や権限をもっている。ゲマインデの1団体あたりの規模はかなり小さなものとなっており，半数近くのゲマインデが人口500名以下，10万名以上はチューリッヒ，バーゼル，ローザンヌ，ジュネーヴの5つ程度と言われている。

▷6 スイスにおける直接民主主義的な政治参加の方法としては，選挙や住民総会による直接参加のほかに，全政府レベルにおける各種の国民発議（イニシア

（1）スイス連邦[1]の基本的枠組み

スイス連邦は，「盟約者団[2]」に代表されるように，異なった血縁・地族同士がお互いの自治権を守るため，誓約を交わしながら一つの連邦を形づくってきた多民族・多言語・多宗教国家である。1291年の「永久盟約[3]」以降，連合体は徐々に発展・拡大を遂げ，1848年に現在のスイスの基本的枠組み（連邦制国家）を整えた。各州が自由と自治権を守ることを誓約する形で発展・拡大を遂げてきたスイスはその前史を含めれば世界最古の共和制国家といえる。

スイスの統治システムは連邦，カントン[4]，ゲマインデ[5]という三層の政府から構成されており，連邦とカントンが主権を分割する二元的な主権構成（分割モデル）をとっている。連邦議会は二院制で国民代表の国民議会（下院・定数200）と州代表の全州議会（上院・定数46）で構成される。連邦議会の選挙は4年ごとに行われる。連邦参事会（内閣）は，連邦議会の合議会を経て選任される7名の閣僚から構成される。7名はそれぞれ各省の大臣を務め，そのなかの1名が大臣兼任のまま任期1年の大統領を務めることになっている。特定の個人に権力が集中しないよう，大統領がほぼ1年任期のローテーション制となっている点も相互の対等性を確保しようとするスイスならではの仕組みである。

このように，スイスは歴史的にも，まず谷間にある村落共同体のようなゲマインデが存在し，それがいくつか集まって州としてのカントンを構成するようになり，やがて各カントンが自由と自治権を守るために同盟を重ね，最終的に大規模な連邦政府を設けるに至ったという経緯をもっており，そのような地方自治の精神は現在でも重んじられている。スイスでは各カントンの自己決定，独立性，権限領域における条約締結権等などが憲法で保証されており，基本的に単一の地方制度なるものは見られず，多くの事柄は各カントンが主権の範囲内で独自に決定している。スイスではカントンの数だけ地方制度が存在しており，それらの制度も歴史的民族的な伝統に依拠しながら，他種多様な形で行われている。さらにいえば，各カントンの法制に基づいて憲章や条例，規則などを実際に制定しているのはゲマインデであり，その意味では包括的な視点からスイスの教育制度を眺めることは難しい。また，徹底した民主主義を貫くスイスでは直接民主制[6]が浸透しているのも特徴であり，1848年の連邦憲法制定以降560件以上ともいわれる国民投票回数を誇るスイスの動向は非常に流動的でも

あるため，一概にこれがスイスの価値教育の現状であると断じることは難しい。

しかし，長期にわたり個別的に行われてきたスイスの教育政策も次第にスイス連邦としての共通した枠組みを設けようとする動きが見られるようになってきている。今日，そのような試みはとくにスイスフランス語圏において顕著にみられる。

（2）グローバル化とスイス PER

スイスにおける公教育の協調への動き自体は1970年代からすでにみられ，「スイスフランス語圏およびテッサンにおける公教育制度の州間議会（Conférence intercantonale de l'instruction publique de la Suisse romande et du Tessin）」（以下「CIIP」）によって「スイスフランス語圏の教育」が始動していた。その後，2000年代に入ると改革の動きが加速していき，2003年，CIIP が「スイスフランス語圏における共通カリキュラムや指導法の確立」を宣言した後，2006年5月に連邦憲法が改正され，7月に「義務教育学校における協調に関する州間協定（l'Accord intercantonal sur l'harmonisation de la scolarité obligatoire）」（以下「HarmoS 協定」）の策定へと進んだ。2009年には HarmoS 協定を具体化するねらいのもと，州間共通の教育システムを構築するための「スイスフランス語圏学校条約」が施行され，2010年にはすべての州が加わり，2012年には HarmoS 協定の完全実施が果たされた。2012年から2017年まで，スイスフランス語圏が州間の教育改革を積極的にリードしており，具体的には「スイスフランス語圏における学校教育計画（Plan d'études romand）」（以下「スイス PER」）を設けて改革を進めてきている。スイス PER では，「サイクル」ごとに計画概要が作成されており，全体の構造や各領域のねらいなどを確認することができる。サイクルとは，いくつかの学年を一つの周期として区分けしたものであり，Cycle 1：1 e-4 e（4 à 8 ans），Cycle 2：5 e-8 e（8 à 12 ans），Cycle 3：9 e-11e（12 à 15 ans）となっている。また，スイス PER の教育計画は，大きく3つの体系的な枠組みと，その枠組みのなかに含まれる各分野や能力などの複合的な視点から構成されている。具体的には次のような領域や能力などが設定されている（「PER」（http://www.plandetudes.ch/home）の概念図に基づき，筆者作成）。

Ⅰ．原理的な5つの領域 Domaine：言語：（フランス語，ドイツ語，英語など）／数学と自然科学（数学，自然科学など）／人文社会科学：（地理，歴史，市民性への教育，倫理と宗教文化など）／芸術：（クリエイティブアートと工芸，ビジュアルアート，音楽など）／身体と運動：（体育，栄養教育など）
Ⅱ．横断的能力：協同／コミュニケーション／学習能力開発／創造力／分析的アプローチ
Ⅲ．総合的な教育 cycle 1，2，3：MITC（メディア・インターネット・情報技術・通信）／健康・幸福感／個人のプランや選択／共に生きる・民主主義の実践／相互依存関係（社会・経済・環境）／アイデンティティ

ティブ）と国民投票（レファレンダム）の2つの制度が設けられている。

▷7　CIIP
スイスフランス語圏における共通カリキュラムや指導法の確立を目指し，設立された機関。「公立学校」の使命として，すべての学生の学びを可能とするようシステム開発や方法の構築を目指している。

▷8　HarmoS 協定
スイスの義務教育学校における州間の協調を図るために作成された協定。4歳からの幼児教育の義務化も定められた。HarmoS では（1 e-11e）までの義務教育期間が想定されているが，サイクルの区分に関しては州が柔軟に対応することができるようになっている。

▷9　スイス PER
とくにスイスフランス語圏における7つの州に共通する価値観や目標を設定し，普遍的な学習目標の構築を目指そうとするプロジェクト。公教育の協調，学校への入学年齢や義務教育期間，新しい教育のねらいや変更などに関与する HarmoS 協定の枠組みのなかで構想されており，義務教育はすべての児童生徒に，バランスのよい教育（現代社会のなかで，あるいは将来個人として，職業人として生きるなかで，豊かな人生を送ることができるように，優先度の高い判断能力の学習や，ねらいに関連性をもたせた教育）を保証しなければならないという理念を掲げている。

第Ⅴ部　価値教育をめぐる諸外国の動向

上記のごとく，複合的な視点から教育を捉え直し，義務教育段階におけるそれぞれのサイクルに対応させるかたちで段階的に発展させていくことをコーディネートすることが，「教育グローバル計画（Projet global de formation）」のイメージとして描かれている。とりわけ，スイスPERでも現在，「持続可能な開発のための教育（Éducation en vue du développement durable）」と「市民性への教育（Éducation à la citoyenneté）」（以下「市民性への教育」）が21世紀に求められる現代的課題として優先度の高い項目となっている。

（3）スイスPERにおける「市民性への教育」の一例

スイスPERの教育計画において，「市民性への教育」は上記の「原理的な5つの領域」の「人文社会科学（Sciences humains et sociales）」（以下「SHS」）の領域の一環として位置づけられている。SHSは，「地理／歴史／市民権／倫理と宗教文化」から構成されており，各段階に「研究ツールと方法」「人間と社会の関係」が設定されている。例えば，Cycle 2（5e-8e）つまり，8歳から12歳あたりの段階における「研究ツールと方法」を見ると，「新しい資料を作成するために情報収集をする／歴史や地理に関する調査を行う／さまざまな手段や手掛かりを駆使して時代を再提示する／グラフィックの活用（図，表など）／異なる記述やスケールでそれぞれの機能を比較する（見取図，平面図，概念図，写真，模型など）／地理や歴史に関する専門的語彙を活用する／批判的手法との関連における参考情報の選択」など，非常に多様な指導へのアプローチ方法が示されている。それらすべてを網羅的に説明するのは難しいため，ここでは例えば先に見たCycle 2の最初の段階，つまり5e（8歳頃）を対象として，CIIPによって採択された教材《Mon Manuel de français》（以下『教材』）とその教師用指導書《Mon Manuel de français: Livre du maître》（以下『指導書』）の概略について，とくに日本との違いを意識したときに見えてくる特徴についてふれておくことにしたい。

① 文学や物語作品による導入

まず，Cycle 2の最初の段階で扱われる主題の一つは，「違いを尊重すること（respect de la différence）」であり，『教材』および『指導書』ではこれを「ねらい」とした資料と指導展開例が複数時間にわたって構想されている。第一段階（セッション1）では，「ボルカ」という短い文学作品を通して，主題に関わる諸問題を共感的に「感じ取らせる」手法がとられている。それも動物を擬人化した形で比喩的に登場人物の気持ちに共感させる工夫が見られ，この点は日本と共通する部分も見てとれるが，『教材』ではさらに，「ハンディキャップがあっても幸せになることができるでしょうか」という問いかけから第二段階（セッション2）にかけて，具体的な解決策への「討議」に十分な時間を割いて

▷10　概要：2羽のつがいの渡り鳥が6羽のヒナを産んだ。そのうちの1羽，ボルカだけは羽を片方しかもっていなかった。羽以外は他のヒナ鳥たちと何ら変わるところはなかったのだが，泳ぎや飛ぶ練習のときにはいつも，ボルカ1羽だけ遅れてしまうので，ボルカはその時間を楽しいと感じることができなかった。親鳥たちはとにかく他の鳥たちの世話で大忙し。ボルカはいつも寂しく苦しかった。季節も変わり少しずつ寒くなってきた。あるとても寒い日，渡り鳥たちは一斉に温かい土地を目指して旅立つことになった。けれどもボルカは飛べなかった。ボルカはみんなが出発するのを隠れて見ていたのであるが，誰もボルカがいないことに気がつかなかった。みんな自分たちの旅のことで頭がいっぱいだったのである。彼らは曇り空の中に消えていき，涙はボルカの長いくちばしをゆっくりと落ちていった。（『教材』68ページ，翻訳および要約筆者）

おり，こうした展開に関してはまさに昨今の日本の道徳授業に求められている課題である。これまで日本の道徳授業ではボルカに同情し，異質な他者であっても受け入れようとする気持ちを抱かせるところで1時間枠が終了してしまい，次の時間にはまた別の内容項目を別の資料等で取り上げようとするため，問題解決に向けた実質的な討議まではもっていけないか，討議はホームルームや児童会活動といった特別活動の領域における実践として割り切られてしまう可能性が高かった。それに対して，『指導書』における「ボルカ」の扱いは，単に憐れみの情を引き起こして終わるのではなく，児童らの身近な問題，学校内外で遭遇し得る日常の問題に転用させ，そこから討議の本質，討議とは何のために，誰のために，なぜ，どのようにして行われるのかといったことまで考えさせるきっかけとなるように構成されている。そのため，「ボルカ」という感動資料は，それ単独では道徳的行為を保証する教材としては弱いものの，セッション2以降の「討議」への導入として位置づけられるがゆえに，「ボルカ」という感動資料のもつ特質が最大限発揮されてくるという効果が見てとれるのである。

② 特別活動の基礎となる「話し合い」と「振り返り」

　次に，「ボルカ」を通して問題への喚起が行われた後で，『教材』には多くの児童らが遊んでいる休み時間の校庭の風景，とくにそこで車椅子の子どもが一人だけ孤立している写真が示される。「ハンディキャップがあっても幸せになることができるでしょうか」という問いを共有した後で，児童らは改めて「車椅子の子どもが孤独を感じないようにするために何ができるか」という問いを向けられるのである。この点に関しても，題材自体は日本でもめずらしくないテーマである。ただ，『指導書』を見ると，話し合いのねらいとするところが日本の話し合い活動とは大きく異なるように思われる。日本では話し合いをすること，それも道徳的な動機をもって真摯に話し合いに参加することが重視されるきらいがある。例えば車椅子の子どもが孤独を感じないようにするために一人ひとりが何かしようと思うか否か，そして，何かしたいと思ったならば，そのような気持ちをもって話し合いに参加すること，そのような行為そのものが重視されるきらいがある。それに対し，『指導書』を見ると，ここでの話し合いは，一人ひとりが何かしてあげたいという気持ちになることや，自分にできることを考え意見を述べ合うだけの活動ではなく，より組織的な取り組みを児童たちが発案し，それを積極的に提言していくこと，そして，みんなで採択した決議を実現させていくための具体的な方策を立てるという実質的な話し合い活動なのである。そのため，『指導書』には，「実質的な対話」を可能にするための空間配置や，議論の組み立てに関する原則への配慮など，議論の質や手続きに関する意識づけが明確に示される。

第Ⅴ部　価値教育をめぐる諸外国の動向

　このように発案を実質化させていく方法への視座は，セッション2の後半で行われる，話し合いの結果をまとめる「報告書作成」の活動においても見られる。考えたことや話し合いの結果をワークシートに記録させるというのは日本においても頻繁に見られる活動であるが，日本の場合は，ともすると児童らの道徳的心情や考えの深まりを教師が確認するためだけにワークシートが活用されるきらいがある。それに対し，『指導書』ではグループで採択された「決議」を「記録する」資質・能力を身につけさせるトレーニングの一環として行われている。

③　「議事録」の作成方法と「発議」の意義に対する理解

　そして，第三段階（セッション3）はまさにこの点，すなわち「子ども議会の報告書」の作成方法について学ぶセッションとなるのである。資料には議事録の具体的な例文として，「ジャン・ジャック・ルソー学校」と「ヨハン・ハインリッヒ・ペスタロッチ学校」の2つの資料が示され，児童らはこれらのモデルを通して，議事録の具体的な様式やおさえるべき論点などを学習することになる。

　以上のように，セッション1で「ボルカ」という文学作品を読むことで芽生えた，主題に対する共感的理解はセッション2の「写真」を通した身近な問題解決のための話し合い活動へと発展し，さらにその記録を残すという作業によって，また，2種類の「子ども議会」の例文を通して，議事録の書き方や要点をつかむことへとつなげられていた。当初の文学作品を通した話し合いは，最終的には児童が現実的な問題を解決していくための具体的なアイデアをいかにして具現化させていけばよいかという知的活動に高められていった。とくに，「ボルカ」という物語の次に用意される「子ども議会」の議事録は子どもたちに，議事録の書き方を学ばせる資料となっていくだけでなく，自分たちの生活や行動に影響を及ぼす規則や決定が，いつだれがどこでどのようにして決められていくものであるのかということに気づかせ，それらの決定やそのプロセスを，議事録や掲示物などから読み取る力を育成させることにもつながっていた。日本では特別活動の領域として，児童会活動があり，学級目標づくりや委員会活動，話し合い活動などは学級活動や児童会活動などで別に行われる時間が確保されている。そのため，道徳授業で敢えて学級目標や児童会生徒会活動の議題などを素材として取り上げることはほとんど考えられていないし，そのような活動は特別活動で行われるものとみなされている。しかしながら，それらの活動の基礎となるスキル，論の立て方や，討議を進めるための手続き，論拠の示し方や討議の経緯を要領よくまとめ保存するために知っておくべきポイントなど，そのような基礎的能力の育成はそのどちらの枠においても十分保証されているとはいえない。スイスの国民投票の多さはよく知られるところで

あるが，それは国民がそれだけ「発議」しているということであり，スイスの価値教育は「発議する」ということと強く結びついているように思われる。もちろん，スイスと日本では同じ民主主義でも大きく異なっており，同一線上で語ることはできないが，少なくとも日本の道徳教育・特別活動に比べて，スイスの価値教育は児童会活動や生徒会活動の実践に活かされてくるようなスキル形成への意識が強く働いており，そのような観点から特別活動を含め，日本の道徳教育のあり方を改めて振り返ってみてもよいのではないだろうか。

　以上，冒頭にも述べたごとく，スイス連邦に関しては州の権限が強く，教育の実態に関しては各州あるいは各学校現場によって大きく異なることが予想されるため，指導実態に関しては，教材だけではなく実際に訪問調査をするなど個々の事例を見ていく必要があるが，さしあたり政策的には，州間に共通した教育システムを構築するべく改革を断行中であり，多様性を維持しつつも共通化をはかろうとするスイスの試みは，グローバル化のなかで多様性を尊重した共生社会を目指そうとする今日の日本社会にとっても注目すべき対象国の一つとなってきているといえよう。

引用・参考文献

森田安一編『スイス・ベネルクス史』世界各国史14，山川出版社，1998年。

沼田良「スイスにおける新連邦憲法の制定と地方自治の概要」作新学院大学地域発展学部『作新地域発展研究』2003年，51〜65ページ。

スイス PER のホームページ（http://www.plandetudes.ch/web/guest/PG2-contexte，2017年5月30日閲覧）。

田中マリア「道徳的実践力を高める教材開発の可能性──スイス PER における価値教育のための教材例を手掛かりに」『筑波大学道徳教育研究』第16号，2015年，1〜25ページ。

ウルリッヒ・イム・ホーフ，森田安一監訳『スイスの歴史』刀水歴史全書，1997年。

6 韓 国

（1）道徳教育のはじまり

　韓国という国名は，憲法に明示されている国号「大韓民国」の略語である。韓国の史書『三国遺事』[▷1]には，紀元前2333年，韓半島の平壌に壇君王倹[▷2]が朝鮮を建てたと書いてあり，この朝鮮が韓国の歴史のはじまりになる。朝鮮という国号は古い朝鮮の意味で古朝鮮と呼び，古朝鮮の後を高句麗と百済と新羅，渤海，高麗，朝鮮という国が続いたが，518年間続いた朝鮮は1910年，日本帝国（日本）に併合された。

　韓国の歴史における以上の国々には共通の道徳教育が行われた。古朝鮮の建国神話には壇君王倹は「人間に広く益をもたらす」という意味の「弘益人間」の理念に基づく国づくりを実現しようと朝鮮を建てたという建国理念が書いてある（李範教，2005，91頁）。古朝鮮の後に続いた国々は「弘益人間」の理念を達成しようと王には忠，父母には孝，他人には恕を施す儒教の道徳と，生命尊重の仏教の慈悲の道徳を教え込んだ[▷3]。とくに，恕は「易地思之[ヨクチサジ]」[▷4]という言葉で教え込んだ。その意味は思いやりと同様である。このような道徳教育は，高句麗の太学[▷5]や局堂[キョンダン]，百済の五経博士，新羅の花郎徒や国学，高麗の国子監や学堂等，朝鮮の成均館や郷校，書院，書堂等の学校を中心に行われた。「弘益人間」は現在の韓国教育の理念になっている。

（2）民主主義道徳教育への発展

　1945年8月15日，日本帝国の敗戦で韓半島は解放されたが，当時残された日本軍の武装の解除を口実に，北緯38度線を境界として占領していた米ソ軍によって，2つの国に分裂され，南は米軍の統治によるなか韓国が，北はソ連軍の統治によるなか北朝鮮が建てられた。

　南の米軍政庁は日本帝国が残した学校を国民学校6年，中学校6年，大学校4年に区分し，学制を作って施行した。また，民主主義を基礎にした韓国語の教科書を作成するなど学校教育の制度化にも着手した。道徳教育は，教科「社会生活科（사회생활과）」と一緒に行われた。一方，総選挙を経て国会が誕生し，国会を通じて憲法が制定され，大統領が選出された。その後，1948年8月15日，大韓民国民主主義共和国の宣布と共に米軍政は終わった。教育基本法は1949年12月31日に制定された。

▷1 『三国遺事』
高麗の僧一然がAD1281年完成した歴史書。韓国の建国神話から後三国までの歴史が自由な形式で書かれている。AD1145年金富軾の編纂『三国史記』と共に韓国最古の歴史書である。

▷2 壇君王倹
韓国の初めの国朝鮮を建国した壇君王倹を檀君王倹とも書く。AD1187年の李承休著『帝王韻紀』による。

▷3 『論語』で孔子は恕の意味を自分の望まないことは人にもしむけないことだと言っている。

▷4 易地思之
相手の立場に立って考えて見ることの意。韓国の昔からの道徳である。

▷5 太学
AD372年に設立された高句麗の国立学校。上流階級の子弟たちに文学と経学等を教えた韓国歴史上最初の学校。

しかし，1950年6月25日，北朝鮮の侵入により朝鮮戦争が発生した。戦争中，6年制の中学校は3年制の中学校と高校に分かれ6・3・3・4の学制が出来上がった。1953年7月27日，休戦協定が結ばれ朝鮮戦争は休戦となった。1954年，政府は第1次教育課程改革を断行し，道徳教育を全教科およびその他教育活動全般の中，年35時間とするよう改めた。第2次教育課程改革断行中の1968年には，軍政府は「弘益人間」の理念のもとで反共産主義と道徳を方針とした国民教育憲章を頒布した。1971年，第3次教育課程改革では，初等・中等学校に教科「道徳（도덕）」が，高等学校には教科「国民倫理（국민윤리）」が置かれた。1997年，国民政府は情報化とグローバル化という新しい時代を迎え，第7次教育課程改革を断行した。道徳教育に関する科目としては，初等学校（小学校）1・2年に教科「正しい生活」，初等学校3年から高校1年までは教科「道徳」が置かれることとなった。また，この時初等学校においては国定の，中等・高等学校においては検定の道徳教科書が作られることになった。

▷6　韓国の侵入説があるが，それは北朝鮮の欺瞞戦術から出た説。北朝鮮が急に侵入し韓国が防衛攻撃をしたら，北の方は南の方が侵攻するから仕方なく宣戦布告をするという作戦である。

▷7　国民教育憲章
日本の教育勅語と同様の形式。全部393字で出来上がっている。軍政府が終わった1993年から廃止されたような状態になった。

（3）現在の道徳教育

科学技術の発達と経済発展に偏った現代の韓国社会においては，「人間疎外」とも言うべき現象が頻発するようになってきた。そこで，2015年9月から，教育課程改革が断行され，教科「道徳」の内容の再編成と「人性教育」が強調されることになった。「人性教育」とは人間のよい心を育てようとする人間教育である。以下，現行の教育課程における道徳教育の概要を確認しておこう。

現在の道徳教育は，教育基本法の教育理念（教育は「弘益人間」の理念のもと，すべての国民をして，人格を陶冶し，自主的な生活能力と民主的な市民として必要な資質を備えるようにし，人間らしい生活を営むべく，民主国家の発展と人類共栄の理想を実現することに寄与することを目的とする）（金允燮，2003，307項）を達成することを目指し，そのような目的に合致する人間像として自主的な人間，創意的な人間，教養ある人間，共に協力し合う人間を規定し，この人間像を追求する道徳教育の内容として，以下のような構成を示している。

① 道徳教育の内容──初等学校1・2学年（NCIC，2015）

初等学校1・2学年の道徳教育は，教科「正しい生活」を中心に行われる。その内容は8つの領域から構成されている。8つの領域は大主題と核心概念である小主題から成っている。8つの大主題と小主題とを，内容順に列挙すると次の通りである。(1)校──学校と友だちおよび私──学校生活と規則および体と心の健康，(2)春──春迎えと春の自然──健康安全と衛生および生命尊重，(3)家族──家族と親戚および多様な家族──家庭における礼儀作法および配慮と尊重，(4)夏──夏迎えと夏の生活──節約および夏の生活と学習計画，(5)村──隣近所と我が村

▷8　韓国教育基本法の第1章総則の第2条である。

▷9　NCIC
国家教育課程情報センターの英語 national curriculum information center の頭字。

▷10　この教科には国定教科書『正しい生活』を使う。

—公衆道徳および仕事の大切さ，(6)秋—秋迎えと秋の姿—秩序および感謝，(7)国—我が国と外国—愛国および異文化に対する共感，(8)冬—冬迎えと冬越し—施しと奉仕および動植物保護，冬の生活と学習計画

② 道徳教育の内容——初等学校３年から中学校および高等学校１年まで（NCIC, 2015）

初等学校３年から高等学校１年までの８年間の教科「道徳」の内容は，４つの領域に体系化されている。その４つの領域には徳目のような核心と価値が表記され，その内容も表記されている。内容を，核心の価値に沿って正確に教育するためである。４つの領域と核心となる価値およびその内容は以下の通りである。

「自分自身との関係」と「誠実」

(1)初等学校３・４学年[11]：○道徳授業では何を学ぶのか（勤勉・正直），○時間をなぜ惜しむか（時間管理と節約），○なぜベストを尽くすべきなのか（忍耐）。

(2)初等学校５・６学年：○どうすれば感情の調節がよくできるのか（感情表現と衝動調節），○自主的な生き方とは何か（自主自立），○正直な生き方とはどんなものか（正直な生き方）。

(3)中学校１～３学年[12]：○なぜ道徳的に生きていくのか（道徳的な生き方），○道徳的に行動するため必要なのは何か（道徳的行動），○私はどのような人になりたいのか（自己実現性），○生きる目的は何か（生の目的），○幸福のためにどのように生きるべきか（幸福な生き方）。

(4)高等学校１年：1 『撃蒙要訣』[13]—志を立てることと自分の生き方 ㊀ '志をたてる' とは何か。自分の生き方で '志をたてる' ことは，なぜ必要なのか。㊁自分が立てた志を実践するためにいかなる努力をするべきか。2 『修心訣』[14]—真の自分を見つけることと修養 ㊀ '真の自分' とは何か。㊁修養の方法として，悟ったことを実践の場で適用するのは，いかにして可能か。3 『倫理形而上学定礎』[15]—道徳法則と人間の尊厳性 ㊀自分の道徳的な選択と行動の原理はそれ自体が道徳的なのか，そうでなければ異なる何かのためなのか。㊁人間が尊厳ある存在だという根拠は何か。他人のために尽くすべきだとは何か。

「他人との関係」と「配慮」

(1)初等学校３・４学年：○家族の幸福のために何をすべきか（孝，友愛），○友人と仲良く過ごすためにどうするべきか（友情），○礼儀作法がないとどうなるだろうか（礼儀作法），○一緒に何かを為すとき，どのようなあり方がよいか（協同）。

▷11 初等学校３～６学年は国定教科書『道徳３』『道徳４』『道徳５』『道徳６』を使う。

▷12 中学校１～３年は検定教科書『道徳１』『道徳２』『道徳３』を使う。

▷13 『撃蒙要訣』
AD1577年，朝鮮の代表的な儒学者李栗谷の心掛けに関する教育的な内容を書いた著書。

▷14 『修心訣』
AD1200年頃高麗の普照国師知訥の修行に関する著書。宝物770号。

▷15 『倫理形而上学定礎』
カントのAD1785年の道徳哲学書。

⑵初等学校5・6学年：○インターネット上などの情報空間で守るべきことは何か（インターネット上などの情報空間における礼節，遵法），○お互いの考えが違うときどうするべきか（共感，尊重），○人はなぜ他人を助けるのか（奉仕）。

⑶中学校1～3学年：○家庭での葛藤はいかに解決するのか（家庭倫理），○真の友情とは何か（友情），○性の道徳的意味は何か（性倫理），○隣人に対する望ましい姿勢とは何か（隣人との生活），○情報化時代，われわれはどのように意思疎通すべきか（情報通信に関する倫理），○平和的な葛藤の解決はいかにすれば可能なのか（平和的葛藤解決），○暴力の問題をいかに取り扱うか（暴力の問題）。

⑷高等学校1年：1『ニコマコス倫理学』⧏16—生の目的としての幸福と徳 ㊀アリストテレスが述べる究極的な目的としての幸福とは何か。㊁幸福な生き方のため，私はいかなる人間になるべきか。また，いかなる努力が必要なのか。2『論語』⧏17—人間らしさとしての仁の心と実践 ㊀仁の心とは何か。㊁仁の実践における多様な方法には何があるのか。3『金剛経』⧏18—関係のなかで存在する自分と恵愛的な生き方 ㊀自分はこの世に存在するすべての物事といかなる関係を結んでいるのか。㊁慈愛心なくして，慈悲の精神を日常生活でいかに実践するのか。

「社会共同体との関係」と「正義」

⑴初等学校3・4学年：○私は公共の場においていかにするべきか（公益，遵法），○自分と異なる場合，差別してもいいのか（公定性，尊重），○統一性はなぜ必要か（統一性のある意志，愛国心）。

⑵初等学校5・6学年：○われわれは相互の権利をなぜ尊重すべきか（人権尊重），○公正な社会のために何をするべきか（公正性），○統一性をもたらす望ましい道は何か（統一性のある意志），○全世界の人々といかに生きていくのか（尊重，人類愛）。

⑶中学校1～3学年：○人権の道徳的意味は何か（人間尊重），○多文化社会で発生する葛藤をいかに解決するのか（文化多様性），○世界市民としての道徳的課題は何か（世界市民的倫理），○国家の構成員としての望ましい姿勢は何か（道徳的市民），○正義とは何か（社会正義），○北朝鮮をいかに理解して望むのか（北朝鮮理解），○われわれにとって統一の意味とは何か（統一性のある倫理意識）。

⑷高等学校1年：1『国家』⧏19—調和のとれた魂と正義の国家 ㊀調和のとれた魂と正義の国家とは何か。㊁プラトンはなぜ哲人政治を主張したのか。現代民主主義国家において哲人政治の意図と制度に関していかなる見解が提示できるのか。2『牧民心書』⧏20—公職者の姿勢として清廉と民を愛する

▷16　『ニコマコス倫理学』
アリストテレス（BC384～322）の著書。ニコマコスはアリストテレスの息子。中庸と幸福，最高善等を論じた代表的な書物。

▷17　『論語』
孔子（BC552～479）の仁礼忠孝恕等に関する言行録。

▷18　『金剛経』
金剛般若波羅蜜経または金剛般若経をいう。大乗仏教の経典。

▷19　『国家』
プラトン（BC427～347）の著書。

▷20　『牧民心書』
AD1818年，朝鮮の実学者丁若鏞の著書。官吏の不正を批判し牧民官が守る指針を民の立場で書いた。

第Ⅴ部　価値教育をめぐる諸外国の動向

> ▷21　『正義論』
> ハーヴァード大学のジョン・ロールズ教授の著書（1999年）。

こと　㊀公職者はなぜ清廉でなければならないか。㊁"公職者は百姓の世話を病人の看病をするようにすべきだ。"という言葉の真の意味は何か。　3『正義論』[21]――正義の社会のための正義の原則　㊀正義とは順序が正義なのか，結果が正義なのか。㊁ロールズ（J. Rawls）はなぜ格差原理を主張したのか。格差原理に対してわれわれはどこまで合議ができるか。

「自然および超越との関係」と「責任」

(1)初等学校3・4学年：○生命をなぜ大切にするのか（生命尊重，自然愛），○美しい生き方をしている人々の姿はどうあるか（美しい愛）。

(2)初等学校5・6学年：○困難にぶつかるとき前向きな態度がなぜ必要なのか（自我尊重，肯定的態度），○私は正しい生き方をしているのか（倫理的省察）。

(3)中学校1～3学年：○自然と人間との望ましい関係とは何か（自然観），○科学技術と道徳との関係は何か（科学と倫理），○生と死の意味は何か（生の大切さ），○いかにして心の平和に到達するのか（心の平和）。

> ▷22　『功利主義論』
> イギリスの哲学者ミル（John Stuart Mill）の1863年の著書。

> ▷23　『動物解放』
> オーストリアの哲学者ピーターシンガーの1975年の著書。功利主義の立場で動物を考慮した内容。

> ▷24　『老子』
> 生誕と死没が不明の老子は道家の始祖。中国の最古の伝記資料。

> ▷25　『荘子』
> 古代中国末の思想家荘子（BC369頃～BC289頃）に関する書物。老子と道家を成している。

> ▷26　『新約』
> AD30年頃とされる古代イスラエルのイエスの死ぬ前の3年間の生涯を中心に編集されたバイブル。

> ▷27　『コーラン』
> イスラーム教の経典。預言者ムハンマドがAD610年から受けた啓示。

(4)高等学校1年：1『功利主義論』[22]，2『動物解放』[23]――最大多数の最大幸福と道徳的考慮範囲の拡大　㊀最大多数の最大幸福は道徳的な行為基準として適合するのか。㊁道徳的な考慮対象になるための条件とは何か。3『老子』[24]，4『荘子』[25]――自然の道理から学ぶ生き方の智慧および偏見と先入見を脱した真の自由　㊀自然の道理から学ぶ生き方の智慧とは何か。㊁われわれはなぜ偏見と先入見をもつようになるのか。自分をはじめ，われわれの偏見と先入見は自分と他人にいかなる影響を及ぼすか。5『新約』[26]，6『コーラン』[27]――人間の生き方からの宗教の意味と宗教に対する姿勢　㊀宗教はわれわれの生き方に対し，いかなる意味をもつのか。㊁多様な諸宗教が共存するためわれわれに要求される姿勢とは何か。教科「道徳」と教科「倫理」で，15巻の古典が示されているが，4つの領域にて1巻以上にして全部で6巻以上を選択して授業をするようになっている。

③　道徳授業時間数と授業方法および評価方法

　まず，道徳授業の時間数は，初等学校1・2学年は，週1時間にして1学年は34時間，2学年も34時間配当されている。初等学校3学年から6学年までは，教科「道徳」は教科「社会」と統合教科のように扱われ，学年ごとに週4時間にして年136時間が配当されている。初等学校の授業1時間は40分が原則であり，授業のある週は年34週である。中学校も，教科「道徳」は教科「社会」と統合教科のように扱われ，学年ごとに週5時間にして年170時間が配当されている。中学校の授業1時間は45分が原則であり，授業のある週は年34週である。高等学校は単位履修制であり，1単位は50分を基準として17回を履修

6 韓　国

する授業量である。高校の教科「道徳」は教科「社会」と統合され，教科「社会」として10単位以上履修するようになっている。高校の教科「道徳」には，「伝統と倫理」が進路選択科目，「生活と倫理」「倫理と思想」が一般選択科目になっている。

次に，道徳授業の方法について見てみよう。道徳教育が目指す人間像は自主的，創造的，教養的，協力的な人間であり，教育全体からいえば，未来社会が要求するよい人間性をもつ創造的・総合的な人間である。このような人間像の育成を目指す授業としては，さまざまな活動ができる統合的な教科のプログラムを生徒自身が作って実行するのが望ましいと考えられており，具体的には，道徳教科に社会教科と歴史教科を統合し，生徒自ら道徳的・社会的・歴史的な問題を総合的に観察し，調査し，討論し，解決することが可能な，またすべての生徒が興味をもつようなプログラムを作って実行する授業が行われている。

最後に，道徳授業に対する評価方法について見てみよう。このような統合的な教科のプログラムを作って実行することを通して，生徒の道徳性について，認知的・情意的・行動的側面から統合的に評価することが求められる。具体的な方法としては，生徒による自己評価，感想の記述，口話，報告書作成，個人に対するインタビュー，生徒同士による相互評価等がある。初等学校の高学年と中学・高校の生徒の場合は，叙述文や論述文，探究報告書，実践に関するエッセイ，ポートフォリオ発表等を通じた評価方法があげられる。評価の結果は数字より文章や上中下などによる記述を勧めているが，ランク分けはしないのが原則になっている。何より生徒自身が自分の評価を知り，参考にすることが大切であると述べられている。絶対評価と質的評価が重んじられている。

▷28　高校の道徳と倫理科目には検定の『高等学校道徳』『倫理と思想』等の教科書がある。

引用・参考文献

車錫基『教育史　教育哲学』集文堂，1991年。

河一植『韓国史』ILBIT，1998年。

金允燮『韓国教育法』ハンオル出版社，2003年。

国家教育課程情報センター（NCIC）ホームページ（http://ncic.re.kr）にて，1945年から2017年現在までの教育課程すべてをダウンロードして使用するようになったことから，現在教育課程に関する出版は停止されている。

李範教訳解『三国遺事の総合的解釈（上・下）』民族社，2005年。

孫仁珠『米軍政と教育政策』民栄社，1992年。

7 中　国

（1）中国における価値観教育の定義

　中国の教育実践において，価値観教育は極めて重要な地位を占めている。ここにおける価値観は，世界観や人生観を含んだ「三観」の一つとして，初等教育，中等教育と高等教育において重要な教育内容の一部を構成している。

　こうした価値観教育は，非常に豊富で広い意味をもつ内容であり，研究分野によって異なる。例えば，心理学の分野では，価値観と個人行為は密接な関係にあり，価値観教育は，教育を受ける人々への価値理論の教育，価値観念の養成，価値心理へ導く価値活動の指導であると定義されている（李斌雄，2001，10ページ）。これは価値観を養成する過程における心理学的な考察を重視している。一方，教育学の分野では，価値観教育は道徳教育▷1，公民教育，品格教育などの内容と緊密につながっている。そこでは，価値観教育は学校の道徳教育の一部と大まかにみなされ，児童生徒に価値を感じさせ，道徳経験を積み重ねさせ，道徳レベルを向上させるための教育内容の一つとして考えられている（朱小蔓，2013，35ページ）。換言すれば，現代中国においては，価値観教育は社会主義における核心的な価値観の学習と教育の過程であるといえよう。

　価値観教育は，精神教育，道徳教育，社会教育，文化発展教育，人格教育といった多様な内容を含んだ複雑な概念であると考えられており，これを厳密に定義することは困難である。とくに，中国では価値観教育と道徳教育との関係は複雑であり，中国の価値観教育を分析する際には，絶えず思想教育，政治教育との関係性を意識しながら議論していくことが肝心である。

（2）中国における価値観教育の変遷

　1978年の改革開放▷2以降，中国において価値観教育の重要性が認識され，その後の教育政策にも反映されることとなった。1986年には，中国政府による「中共中央の社会主義精神文明建設指導方針についての決議」という報告において，「社会主義の現代化と全面的な改革に役立つ世論の力，価値観念，文化条件と社会環境を構築する」ことが宣言された。ここにおいて，価値観念問題という文言が初めて政府の重要な公式文書に登場した。

　その後，2001年中共中央国務院が公布した「基礎教育の改革と発展についての決定」は児童生徒に「……徐々に正確な世界観，人生観と価値観を形成させ

▷1　道徳教育
中国において，道徳教育は広義の道徳教育と狭義の道徳教育に分けられる。広義の道徳教育は道徳教育，思想教育，政治教育，法律教育などの内容が含まれている。狭義の道徳教育は「徳育」と簡略され，学校教育における道徳教育の意味である。本研究における「道徳教育」という用語は狭義の道徳教育の意味で使用する（王灿淑，2008，30ページ）。

▷2　改革開放
基盤は維持しつつ，社会制度や機構・組織などをあらためて変えること。

……理想，道徳，文化，規律をもつ新しい世代の人々になる……生徒に正しい世界観，人生観，価値観を教えてあげなければならない」と指摘された。そのことによって，価値観教育が本格的に教育上の任務として規定された。その後，2004年には，中国共産党中央国務院が「大学生の思想政治教育を一層強化し，改善することについての意見」を公布し，そこにおいて，大学生という集団は，ほかの社会集団から区別されるとともに，大学生の思想政治教育の重要性が強調された。

　また，大学生の思想政治教育に関して，一番重要な任務は理想信念の教育を核心とすることだとして，正確な世界観，人生観，価値観の養成のために教育の進展を遂げることと規定された。そのうえ，高等学校の思想政治理論の授業が思想政治教育の主流とみなされた。そのことによって，中国における価値観教育実践の構造が大きく変わった。

　まず，基礎教育段階における価値観教育は，教科の属性からいうと，教育学分野の道徳教育学に属する。この段階では，道徳性に関わる価値観を主として，小学校から中学校まで貫く明確な課程標準と教材の策定をベースとしながら，また，各地域の学校がある程度，自分の意志で教材を編纂しながら，顕在的な，あるいは潜在的な方法を駆使した授業実践が行われている。

　一方，高等教育段階における価値観教育は，学科の属性からいうと，マルクス主義の理論に基づく思想政治教育学に属する。この段階では，政治性に関わる価値観を主として，全国的に統一した思想政治理論課用の教材と独自の教材編纂委員会がある。なお，これらの教材や基準はそれまでの基礎教育段階における教材や基準と必ずしも一貫性を有しているわけではない。中国の高等教育段階における価値観教育は極めて独特な側面を有しているのである。

（3）中国の小学校における価値観教育の実践

　90年代に入ると，受験競争の激化や「高分低能」の増加が批判され，中国の教育界には学校教育の果たす役割を見直す必要があるとの認識が広まった。そのため，2000年代に入り，受験での合格を目指し，知育を重要視する従来の「応試教育」（受験教育）から，子どもの「徳育，知育，体育，美育」の全面発達や人間性を育てようとする「素質教育」へと教育方針も改められた。この方針転換により，「知識とスキル，課程と方法，感情態度と価値観」という教育目標を掲げる新たな価値観教育が中国の基礎教育分野の重要な指標の一つになった。

　2001年6月に教育部は2001年版「基礎教育課程改革綱要（試行草案）」を公布し，新しい課程教育目標が提示された。2001年版「基礎教育課程改革綱要（試行草案)」の冒頭では，「新しい教育目標は時代の要求にあうべきである。子ど

▷3　基礎教育段階
中国の学校教育においては主として義務教育段階であり，小学校と中学校を含めた9年間である。

▷4　高分低能
90年代に入ると，受験競争の激化や「高分低能」（試験の点数は高いが，応用力に乏しい者）の増加が批判され，中国の教育界には学校教育の果たす役割を見直す必要があるとの認識が広まった。そのため，2000年代に入り，『基礎教育課程改革綱要（試行）』（2001年6月）と『課程標準』（2002年9月）が相次いで発表され，受験での合格を目指し，知育を重要視する従来の「応試教育」（受験教育）から，子どもの「徳育，知育，体育，美育」の全面発達や人間性を育てようとする「素質教育」へと教育方針も改められた。

▷5　素質教育
その理念とは，受験に偏っている「受験教育」を見直し，すべての学習者の資質の向上を図る教育への転換。学習者の道徳資質，知力資質，身体資質，審美資質，労働資質（徳，知，体，美，労）の全面的な発達を目指すという内容で構成された教育理念である（那楽，2015，19ページ）。

もに愛国主義，集団主義，社会主義，人民のために奉仕する精神を養い，中華民族の優れた伝統を継承し，法律と社会公徳を遵守し，正しい世界観，人生観と価値観を確立し，創造的精神，実践能力と科学文化素養を育成し，基礎知識・基本技能と方法を身につけさせる」ことなど，今までも強調されてきた内容が述べられたほか，子どもに「社会的責任感」「人文資質と環境意識」をもたせること，「健康な体格と良好な心理的資質や健全な審美情趣と生活スタイルを養う」ことなど，彼らの生涯にわたる発達を念頭においた提言もなされた。

　また，以下のような具体的な目標も示された。(1)知識の伝授に重きを置いた傾向から，積極的，主体的な学習態度の形成を強調し，基礎的知識・基本的技能を獲得すると同時に，正確な価値観を学習し形成するように改めること，(2)科目の整合性に欠けていた現状を改め，教育課程構成の均衡性，総合性と選択性を実現すること，(3)教育内容は，子どもの生活や社会の発展に関連させ，子どもの学習に対する意欲と経験を重視したものとすること，(4)指導方法においては，子どもの自主的な参加と探究的な学習活動や，他者と交流し，協調する能力の育成に重点を置くこと，(5)子どもの発達と教師の資質向上を促進するための評価方法を実施すること，(6)教育課程の管理においては，国家，地方，学校の3段階の管理方法へと改め，地方や学校が学習者へ適応する課程を強化すること，である。

　これらの目標を見てみると，2001年の基礎教育課程改革，すなわち2001年版「綱要」の公布は，前節において記述された問題を解決するために提出されたものと考えられる。具体的にいえば，目標(1)は，教育課程の機能に対して改革を行い，基礎知識・基本技能の伝授を重視する現状を改善し，教授・学習過程で子どもに積極的，自主的な学習精神を養成し，正確な価値観を形成することに重きをおくこと。目標(2)は，教育課程の構成に対して改革を行い，科目の数が多く，統合性に欠けている現状を改善し，小学校から中学校まで9年一貫制に基づいて科目と授業時間を配置し直すこと。今回の課程改革において，教育課程の構成は大きく調整され，小学校では総合的な教科を中心として，また，中学校では独立した科目とともに総合的な教科も設置されることとなった。目標(3)は，課程内容に対して改革を行い，「難しい」「複雑」「あまり使用されない」「時代錯誤である」といったような学習内容を削除したうえで，子どもの年齢や個性を考慮し，わかりやすい内容を増やすこと。目標(4)は，指導方法に対して改革を行い，従来の「教師主導」の指導方法から「学習者中心」の指導方法へと改めること。すなわち，教師は知識を伝授するだけではなく，子どもに学習方法を身につけさせ，他人に頼らず自分で考える能力を育成させ，自主的に学習する意欲や探求的な活動に対する興味などを高めさせるべきであると考えられるようになったということである。そして，目標(5)は，評価方法に対して

改革し，今までの成績や点数のみを重視する評価方法を変えて，「成長記録」や「テストと試験」などの形式を採用し，教師による評価，子ども間の相互評価，自己評価という３つの方式を通して総合的な評価を行うこと。目標(6)は，教育課程の管理に対して改革し，国による統一管理から国家，地方，学校という３段階の管理方法へと改め，各自の権利と義務を明らかにすることである。

　2001年の基礎教育課程改革[46]以降，道徳系の教科名が変更され，全面にわたって改革が進められてきている。すなわち，小学校における道徳教育に関して，第１学年〜第２学年では従来の「思想品徳」と「自然」とを「品徳と生活」に統合し，第３学年〜第６学年では従来の「思想品徳」と「社会科」とを「品徳と社会」に統合した。中学校では，「思想政治」から「思想品徳」に改称し，高等学校では「思想政治」に保留した。これによって，小学校低学年段階が「道徳性」，中高学年が「社会性」，中学校と高等学校が「政治性」を中心に育成されることとなったことが確認できる。その他，国語，数学，外国語，芸術などの教科および高等学校段階における各教科の具体的な課程標準基準において，「感情と態度」に関わる価値観が新たに強調された。以下は，日本における学習指導要領に該当する課程標準[47]（2011年版各教科）に基づいた，「総合的な教科」における価値観教育の内容である。

① 「品徳と生活」（小学校第１学年〜第２学年）

　小学校における「品徳と生活」の大きなねらいは，児童に，よりよい道徳性と生活習慣を身につけさせ，生活を希求するように導こうとするところにある。とくに，ここでは「感情と態度」「行為と習慣」「能力と知識」「プロセスと方法」という４つの機能目標が示されている。「感情と態度」には，「年配の方を尊敬して，集団を愛して，故郷に愛着をもつ。命を大切にして，科学を信じて，自然に情熱をもつ。自信，誠実な人になる」といった目標が示されている。「品徳と生活」の内容に関しては，「健康で安全な生活」「快活で積極的な生活」「責任感があり，愛のある生活」「頭を動かし，創意ある生活」というように，望ましい生活のあり方を４つに区分したうえで，より具体的な内容項目を振り分けている。価値観教育に関わる具体的な内容は表⑦-1のとおりである。

表⑦-1　小学校における低学年の「品徳と生活」の内容

1	親と年上の親戚を愛し，家族に優しくして，積極的に自分ができる家事労働を分担する。
2	他人のことにも気を配って，仲間を愛し，楽しく自分の物を仲間と分かち合い，仲間と協力しあう。
3	自分が担った任務を真面目に完成させる。
4	礼儀正しく，秩序を守り，公共物を大切にし，上品な行動をする。
5	労働者たちを尊敬し，彼らの労働成果を大切にする。
6	動物と植物を大切にし，資源を節約し，自然環境を守るために，自分なりにやれることをやる。
7	集団生活を好きになって，クラスの栄誉を守る。

▷6　基礎教育課程改革
基礎教育段階における課程改革のこと。中国が建国されてから今日までに，基礎教育課程改革は8回にわたって行われた。具体的には，1950年，1952年，1956年，1963年，1978年，1981年，1988年および2001年に行われた。
2001年の基礎教育課程改革は1996年から現在（2016年）に至るまで約20年間続いているので，研究上，学者たちはいくつかの段階を設けているものの，それに対する統一的な認識は形成されていない。多くの学者は2001年に注目するが，その前の1996年の教育部による調査から改革は始まりだしていたことに注目していない。本研究では，転換期は大きな転換点となる2001年の基礎教育課程改革を包含しつつ，改革の準備が行われた1996年から，新たな教育課程が全国で実施されることになった2005年までの10年間を想定している。

▷7　課程標準
中国の教育部によって示される基礎教育課程に対する基準を示す文書。日本の「学習指導要領解説」に相当するものである。

8	故郷の自然風景と名所旧跡，主な特産などの知識を覚え，故郷の発展と変化を感じる。
9	革命時期の指導者を尊敬し，英雄が偉大であることを理解する。
10	国旗，国章を尊敬し，国歌を歌え，自分が中国人であることに誇りをもつ。

出所：中華人民共和国教育部制義務教育『品徳と生活課程標準』北京師範大学出版社，2011年より
筆者作成。

② 「品徳と社会」（小学校第3学年～第6学年）

小学校の第3学年～第6学年における総合的な教科としての「品徳と社会」の目標を見ると，まず，大目標について，「子どもが社会を認識し，社会に参加し，社会に適応することによって，良好な道徳性の育成を促進し，「社会性」を発展させるとともに，思いやり，責任感，好ましい行動の習慣と個人的資質をもつ社会主義に相応しい公民の基礎を培うこと」と記されたうえで，「感情・態度・価値観」という小目標が掲げられている。その具体的な内容は，「生命を愛し，生活を愛するなどの面での態度。生活のなかで必要な資質。社会生活に参加する民主的意識，法律意識，規則に従う意識。愛国主義感情と国際意識。自然を愛し，環境を保護する意識」である。この目標からわかるように，中国における小学校の第3学年～第6学年の総合的な教科としての「品徳と社会」の目標は，「知識」だけではなく，「感情，態度と価値観」についても注目されるようになった。

（4）中国の中学校における価値観教育の実践

「思想品徳」という教科は，生徒の生活に基づき，彼らの道徳性の発展を指導して促すことを最終的な目的とした教科である。道徳，心理健康，法律，国情などの分野の内容を統合し，「成長中の私，他人と集団と私，国家と社会と私」という3つの方面の内容に分けられる。価値観教育に関わる具体的な内容は以下のとおりである（中華人民共和国教育部制義務教育『思想品徳課程標準』北京師範大学出版社，2011年より筆者作成）。

1	生命の大切さを感じられ，自尊心と自信をもち，楽観的で向上心をもち，強い意志をもつようになる。
2	エコ環境と人類の生存との関係を理解し，環境を守り，勤勉で倹約し，資源を大切にする意識を備える。
3	親孝行し，他人を尊重し，誠実で信用を守り，人助けを楽しみとする性格を養成し，責任感をもち，公平と正義を求める美徳を養う。
4	労働を深く愛し，実践を重視し，科学を崇敬し，自主自立，勇気を出して競争し，よく協力し，思い切って革新するなどの個性を形成する。
5	規則意識，法制観念，公共精神を身につけ，公民意識を高める。
6	集団，母国，人民，社会主義を深く愛し，中華文学を認め，革命時期に形成した伝統を継承し，民族精神を発展させ，グローバルな意識と国際的な視野をもち，平和を深く愛する。

▷8 「社会性」の具体的な意味は時代によって変化してきた。すなわち，個人の発達と社会発展とが対立するものと認識された1990年代初頭に，研究者たちが主張していた「社会性」とは，「主体性」と並立する人間の本質的な特性であり，個人の行動は「社会生活様式，道徳規範，行為基準」などに制約されるものであった。1997年には，「社会性」に，「自己」と「他者」との関わりといった人間関係という新たな意味合いが付与されるようになった。さらに，2001年以降，「社会性」は，生き生きとした個々人の「交流」と「協調」であり，人と人のつながりをもつ生活の場としての「社会」をよりよいものにするために，他者と協力し連携する態度や能力といった人間関係であるという認識が定着した。

以上，見てきたごとく，中国における価値観教育は，道徳教育や政治教育と密接な関係をもちつつ，社会主義における革新的な価値観を伝える教科として重要な役割を果たしている。教育現場においては，道徳教育学に基づく基礎教育段階と，マルクス思想主義に基づく高等教育段階の2つに分かれ，価値観教育が体系的に実施されている。とくにここでは，小学校の「品徳と生活」「品徳と社会」，中学校の「思想品徳」を中心に詳しく見てきたが，先にも述べた通り，高等学校と大学ではそれぞれ「思想政治」，思想政治理論課が設置され，発達段階に即した独自の価値観教育を行っている。

引用・参考文献

中華人民共和国教育部制定「基礎教育課程改革綱要（試行）」2001年6月7日。

中華人民共和国教育部制定『九年義務教育思想品徳課程標準』北京師範大学出版社，2011年。

中華人民共和国教育部制定『九年義務教育思想政治課程标准』北京師範大学出版社，2011年。

中華人民共和国教育部制定『全日制義務教育品徳与生活課程标准』北京師範大学出版社，2011年。

中華人民共和国教育部制定『全日制義務教育品徳与社会課程标准』北京師範大学出版社，2011年。

李斌雄『社会科課程中的公民教育研究』中国社会科学出版社，2001年。

李霞『文革後中国基礎教育における「主体性」の育成』東信堂，2015年。

那楽「中国の小学校における道徳教育の変容──『思想品徳』から『品徳と生活』への転換に着目して」『道徳と教育』2015年。

藤雪麗「小学校における中国の課程標準と日本の学習指導要領の比較研究──中国義務教育改革目標の6項目を中心に」『山口大学教育学部附属教育実践総合センター研究紀要』第30号，2010年。

王灿淑『中国基础道德教育研究』人民出版社，2008年。

朱小蔓『社会变革时期中国小学生道德价值观调查』教育科学出版社，2013年。

8　シンガポール

（1）シンガポールの歴史的・社会的背景と道徳教育の進展

①　多民族社会の形成と教育的分裂

　シンガポール共和国（Republic of Singapore）は，マレー半島の南端，赤道直下に位置する島嶼・都市国家である。1819年に英国・東インド会社の書記官ラッフルズ（T. Stamford Raffles）が上陸した当時，この島はマレー人120人，中国人30人ほどが住む小さな漁村にすぎなかった。1824年にシンガポールは正式に英国の植民地となり，天然ゴムや錫の積み出し港として発展し始めると，中国南部，マレー半島や周辺諸島，南インド地域などから多数の労働者が渡来して，今日の多民族状況の原型が形成された[1]。

▷1　2016年現在の国民人口は393.4万人。住民の人種構成は華人系（Chinese）292.3万人（74.3％），マレー系(Malays)52.6万人(13.4％)，インド系（Indians）35.7万人（9.1％），混血などのその他12.8万人（3.2％）。

　1869年のスエズ運河の開通にともなって，シンガポールはヨーロッパとアジアを結ぶ枢要な中継港として飛躍的に発展し，人口も急増したが，教育による社会的な分裂も進んだ。先住民であるマレー系は農村でコーラン学校や村落学校を運営し，イスラームの教義やアラビア語を教えていたが，都市部に住む中国系は富裕商人や同郷・同姓組織が中心となって，福建語や広東語など各々の方言を教授用語とする学校を作り，その読み書きや算術，英語など，それぞれの労働環境に適した実利的な教育を授けていた。一方で英国植民地当局は官吏育成のために英語教育を奨励し，有望な現地人子弟には奨学金の給付や英国留学の支援を行い，現地人エリート層の組織化を図った。また当局は先住民であるマレー系を経営下の産業・労働体制に組み込もうと，マレー語初等学校を設置して商業取引や労働倫理に関する内容を教え，その世俗化を試みた。

　20世紀に入ると中国語学校では辛亥革命の影響を受けて政治色が強まり，「普通話（華語）」教育の振興，中国の古典や歴史・地理の重視，本土の教師や教科書の採用といった中国志向の動きが急速に進んだ。同じ中国系でも，シェークスピアを諳んじる英語教育組と孫文を信奉する華語教育組では各々が異なった歴史認識や価値観をもち，両者の亀裂は次第に深まった。このように人種や宗教，言語，教育などで分裂した複雑な社会状況が，独立後のシンガポールに国家統合と「国民」の創生という大きな課題を背負わせることになった。

②　独立初期の国民意識教育の推進

　1959年にシンガポールは内政自治権を獲得し，初の立法議会選挙で人民行動党（People's Action Party: PAP）が勝利して，同党書記長のリー・クアンユー

（Lee Kuan-Yew／李光耀）が初代首相に就任した。リー首相は経済の近代化とともに，「シンガポール人（Singaporean）」としての国民的アイデンティティの創出を重要目標に掲げた。政府・教育省は早速，1959年に「倫理（Ethics）」科を小・中学校に導入し，「礼儀正しさ」「誠実」「忍耐」「親切」「遵法精神」といったよき市民としての規範となる価値項目を教授した。

　マレーシアとの2年間の合併期を経て，1965年に分離・独立してからは，政府・教育省は共通語をマレー語から英語に切り替えて，民族語との二言語教育を開始した。翌66年にはすべての小・中学校で国旗掲揚・降納の式典を毎朝夕に実施し，国歌と国民誓詞を斉唱することを義務づけた。1967年には「倫理」科に代わって，必修・無試験科目の「公民（Civics）」科をすべての小・中学校に導入し，「愛国心」「忠誠心」「市民意識」といった価値項目を追加して，新国家の建設に求められる国民意識の強化を図った。

　70年代に入ると政府・教育省は二言語教育に注力するために，他の既存教科の統合・削減を行い，73年に小学校の公民，歴史，地理の各教科は「生活教育（Education for Living: EFL）」に統合された。EFL では社会学習と道徳教育の両面から，児童がシンガポールの置かれた地理的環境やその制約などをより深く理解できるように，「愛国心」「忠誠心」「国民の責務」「東洋と西洋のよき伝統」「多民族・多文化の協調」といった価値を強調した。EFL は公民を第1・2学年で週3時間，歴史と地理を第3・4学年で週5時間，第5・6学年では週7時間配分したが，中学校では公民科が引き続き週1時間教えられた。

③　道徳教育の改革と「宗教知識」科の導入

　70年代の順調な経済成長にともない，英語の経済的な需要はさらに高まり，70年代後半には英語校の在籍者数はすべての言語系学校の8割を占めるに至った。このような英語化社会の進展に対して PAP・政府指導層は，青少年の間に過度の個人主義や快楽追求，浪費指向といった「西洋的不徳」が蔓延し，「勤労」「献身」「孝行」「敬老」といった「アジア的美徳」が侵されているとの懸念を抱くようになった。1979年に出された2つの報告書は，EFL や公民科による道徳教育がこのような精神的退廃を防ぐ役目を十分に果たしていないと厳しく指弾した。その一つはゴー・ケンスイ（Goh Keng-Swee／呉慶瑞）副首相兼教育相がまとめた『教育省報告書（*Report on the Ministry of Education*）』，もう一つがオン・テンチョン（Ong Teng-Cheong／王鼎昌）交通・通信相がゴー教育相に提出した『道徳教育報告書（*Report on Moral Education*）』である。

　前者は，小学校の EFL の内容に関して，「そのほとんどが無用。コミュニティセンターの役割とか，政府が設けたクリニックの機能とか，そのような題材は子どもの倫理観の育成にほとんど意味がない」とし，中学校の公民科も「国会議員ですらあまり知らないような憲法の細目を並べていて，的はずれな

▷2　シンガポール国民誓詞「シンガポール市民である私たちは，人種，言語，宗教に関わりなく，一つの団結した人民として，国家の安寧，繁栄，前進のために，正義と平等に基づく民主的な社会を建設することを誓います」。

第Ⅴ部　価値教育をめぐる諸外国の動向

内容だ」と厳しく批判した。そして，「英語教育へと大勢が移行する中，文化喪失（deculturisation）の危険性は看過できない。これを克服する方法は，子どもたちに自身の文化の歴史的起源を教えることである。華人系の中学生には華語で漢代の儒教国家の成立に至る中国黎明史を，インド系にはインド古代史を，マレー系には先祖と群島の初期の歴史を教えることである」と，アジアの伝統や歴史，文化遺産に関する教育を強調するように説いた。また報告書を受け取ったリー首相はその回答のなかで，「華語の教授と学習において最も重要なのは，社会的・道徳的行為の規範を伝承することである。第一には個人，社会，国家に関する儒家の思想や考え方である」と述べ，儒教思想への傾倒を窺わせた。また後者の『道徳教育報告書』は，「小学校のEFLと中学校の公民科の間に連続性がない」とシラバスの不整合を指摘し，取り上げる題材についても，EFLは「年齢段階に合っていない」「繰り返しが多く退屈」，公民科は「社会科的な要素が多く，徳目が少ない」「概念が抽象的過ぎる」とその欠点を具体的に列挙した。そして「宗教の学習は道徳的な価値を教えるのに役立つ」との見解を示し，将来の宗教教育の導入を示唆した。

▷3　『道徳教育報告書』
日本，台湾，ソビエト連邦の公民・道徳関連科目の内容を比較参照しながら，道徳教育の目標を「個人」の領域で「生活習慣の形成」「人格の形成」，「社会的責務」の領域で「コミュニティへの所属意識」「文化遺産の尊重」，「国家への忠誠心」の領域で「愛国心」「国家建設の精神」の6分野に整理した。

　2つの報告書の提言を踏まえて，1981年に小学校で「よき市民（Good Citizen）」，中学校では「生活と成長（Being and Becoming）」という新しい教科が設けられ，関連教材の充実，児童生徒の主体性や活動経験を重視した教授法の導入などが目指された。

　加えて1984年には，中学第3・4学年に「宗教知識（Religious Knowledge）」科が必修・試験科目として導入され，儒家倫理（Confucian Ethics），聖書知識，仏教学，イスラーム知識，ヒンドゥー教学，シーク教学という6つの宗教が採用されたが，なかでも重視されたのが儒家倫理であった。当時は欧米の学者らを中心に，日本やアジアの新興経済国の経済成長の要因を儒教と関連づける「新儒教主義」が喧伝された時期でもあり，リー首相やゴー教育相は「20世紀に高度成長を志す国にとって，儒教の倫理観は個人の行動指針として重要」と訴えて，連日儒教キャンペーンを繰り広げた。しかし，華人文化を強調するような政策に対して，マレー系やインド系からは警戒感が示されるようになり，また宗教知識科の授業を通して，生徒の間に宗教熱が昂じ，その勧誘をめぐって宗教団体の間で対立も生じるようになった。この結果，1989年に宗教知識科は必修から外され，選択科目に格下げされた。

▷4　新儒教主義（New Confucianism）
プロテスタンティズムに由来する職業倫理が近代資本主義を生み出したというマックス＝ウェーバーの宗教社会学の論に準えて，勤勉，忠誠，団結，滅私奉公といった儒教的価値観がアジア地域の経済成長に貢献したとする説。

④　「公民・道徳教育」の導入と「国民教育」プログラムの開始

　政府は宗教知識科の失敗を補うかのように，「国家イデオロギー（National Ideology）」の制定を構想し，1991年に大統領教書を通じて「国民共有価値（Shared Values）」を公表した。その価値とは，「コミュニティよりも国家，個人よりも社会の優先（Nation before community and society above self）」，「家族は

社会の基礎単位（Family as the basic unit of society）」，「コミュニティによる個人の支援と尊重（Community support and respect for the individual）」，「争いではなく協調（Consensus, not conflict）」，「人種的・宗教的な調和（Racial and religious harmony）」の5つであった。また1994年にはコミュニティ開発省が「共有価値」を家族関係や家庭生活に関わる事項に翻案して，「シンガポール家族価値（Singapore Family Values）」を発表し，「愛情，配慮，思いやり（Love, care and concern）」，「相互尊重（Mutual respect）」，「孝順敬老（Filial responsibility）」，「献身（Commitment）」，「コミュニケーション（Communication）」の5つを示した。

　これらを受けて1994年に教育省は，小学校と中学校に新たに「公民・道徳教育（Civics and Moral Education: CME）」を導入し，「共有価値」や「家族価値」の価値項目をCMEの教科書や教材で示し，ワークブックなどを用いて，児童生徒にその理解と実践を促した。

　さらに1997年にリー・シェンロン（Lee Hsien-Loong／李昇龍）副首相（現首相）は，CMEや社会科，歴史科といった既存教科に留まらず，学校の教育活動全体を通じて，「国民教育（National Education: NE）」プログラムを展開する方針を表明した。その目標は，(1)シンガポール人としてのアイデンティティと自尊心の育成，(2)自国史，とくに独立期の現代史の理解，(3)無資源・小国の制約と脆弱性，その克服のための挑戦，(4)シンガポールを成功に導いてきた中核的価値（実力主義，多種族主義）の強調の4点であった。各教科の教科書にはNEの関連コーナーが設けられるとともに，史跡や公共施設への学習旅行，スカウト活動や国家行事（独立記念日，総合防衛の日，人種協和の日，国際友好記念日など）への参加といった体験学習を採り入れて，児童生徒の興味・関心や参加意欲を促しながら，国民意識や愛国心を育むことが目指された。[5]

⑤　「教育期待目標」とカリキュラム2015

　1998年に教育省は，グローバリゼーションと知識経済に対応し，今後のカリキュラム計画・開発，評価における指標として「教育期待目標（Desired Outcomes of Education: DOE）」を公表した。DOEは2008年に設置された「カリキュラム2015委員会（C2015 Committee）」によって改訂され，現在は4つの市民的資質・能力（citizenship competencies）を加えて以下のように示されている。

▷5　1998年にはコミュニティ参加プログラム（Community Involvement Programme）も小・中学校・高等学校で必修となった。以降，児童生徒には年間最低6時間，社会福祉施設や民族・宗教等のコミュニティ団体での奉仕活動が課せられている。

・自信のある個人（Confident person）……強い倫理観，適応力・困難克服力，自己省察，見識ある判断，自立的・批判的思考力，効果的なコミュニケーション力
・自己学習者（Self-directed learner）……自身の学びを振り返り，省察する責任感
・積極的な貢献者（Active contributor）……チーム内での効果的な協働，イニシアチブの発揮，リスク判断力，革新力，卓越した結果を求める向上心
・思いやりのある市民（Concerned citizen）……シンガポールへの愛着，強い市民意識，広い見識，周囲の人々の生活をより良くするための積極的な行動力

第Ⅴ部　価値教育をめぐる諸外国の動向

小学校卒業者 DOE	中学校卒業者 DOE
・善悪を区別できる	・道徳的な誠実さをもつ
・自分の強みと成長できる分野を知る	・自分の能力を信じ，変化に対応できる
・他者と協働・共有し，他者を思いやることができる	・チームの中で働き，他者に共感できる
・物事に生き生きと好奇心を抱く	・創造的で探究心をもつ
・自分で考え，自信をもって表現できる	・多様な意見を尊重し，効果的にコミュニケーションをとることができる
・仕事に誇りをもつ	・自身の学習に責任をもつ
・健康的な生活習慣と芸術への関心	・運動を楽しみ，芸術を鑑賞する
・シンガポールを知り，愛する	・シンガポールを信じ，シンガポールにとって重要なことを理解する

（2）「人格・市民性教育」の概要

　C2015の策定を受けて，2014年から小・中学校には「人格・市民性教育（Character and Citizenship Education: CCE ／華語名「好品德・好公民」）」が導入された。CCE はそれまでの CME や NE の成果を受けて，教科書を用いた授業と学校・学級活動，生徒指導などを統合する活動として構想されている。CCE の具体的な目標や活動内容，題材や教育方法は以下の通りである。[46]

① 価値項目と教育目標

　CCE の小・中学校のカリキュラムは，C2015の価値項目やコンピテンシーを援用し，以下の領域と価値項目で構成されている。

▷6　シンガポールでは，CCE や社会科などの価値的科目や民族語科目については教育省発行の国定教科書が使用され，その他の教科では民間発行の検定教科書が採用されている。CCE の教科書については，道徳教育や生徒指導，芸術系教科や体育科を所管する教育省の人間性発達カリキュラム局が作成する。

領　域	価値項目
中核的価値	尊重（Respect），責任（Responsibility），困難の克服（Resilience），誠実（Integrity），思いやり（Care），協調（Harmony）
社会的・情感的コンピテンシー	自己認識（Self-Awareness），自己管理（Self-Management），社会認識（Social Awareness），関係形成（Relationship Management），責任ある意思決定（Responsible Decision Making）
市民的リテラシー，グローバルな認識，文化横断的技能	積極的なコミュニティ・ライフ（Active Community Life），グローバルな認識（Global Awareness），国民的・文化的アイデンティティ（National and Cultural Identity），社会文化的な配慮・認識（Socio-Cultural Sensitivity and Awareness）

　CCE の活動を通して身につけることが期待される小・中学校の教育目標（Learning Outcomes: LO）は以下の8つである。

LO 1	自己を認識し，自己管理技能を用いて，個人の幸福と成功を導く
LO 2	道徳の諸原理に基づいて，誠実に行動し，責任ある意思決定を行う
LO 3	社会を認識し，対人関係技能を用いて，相互尊重に基づく良好な関係を築く
LO 4	困難を克服し，挑戦を好機に替える能力をもつ

LO 5	国民としての誇りとシンガポールへの帰属意識をもち，国家建設に貢献する			
LO 6	シンガポールの社会文化的多様性を尊重し，社会の統合と調和を促進する			
LO 7	他者を思いやり，コミュニティと国家の発展に積極的に貢献する			
LO 8	見識と責任感をもった市民として，コミュニティや国家，世界の課題に対応する			

② 活動内容の構成・時間

CCE の活動内容は，小学校の第 1 ～ 4 学年では，授業（教授言語は民族語），学級活動（Form Teacher Guidance Period: FTGP），学校全体での CCE（集会や講話など）があるほか，第 5・6 学年ではセクシュアリティ教育（Sexuality Education: SEd）が用意される。FTGP はクラス担任が指導し，キャリア教育（Education and Career Guidance）やネット利用学習（Cyber Wellness），いじめの問題などを取り扱う。中学校の CCE の授業は英語を用いて行い，生徒指導は SEd 5 時間，キャリア教育 4 時間，ネット利用学習 4 時間の配分で実施される。

CCE の各活動の年間配分時間は以下のとおりである[7]。

小学 1-3 年	授業（30）	FTGP（15）	学校 CCE（15）		年間60時間
小学 4 年	授業（45）	FTGP（15）	学校 CCE（15）		年間75時間
小学 5-6 年	授業（45）	FTGP（15）	SEd（4）	学校 CCE（11）	年間75時間
中学 1-5 年	授業（20）	生徒指導（13）	学校 CCE（27）		年間60時間

③ 題材・教育方法

授業の題材と主発問は，6 つの領域（「自分自身」「家族」「学校」「コミュニティ」「国家」「世界」）について，3 つの観点（「アイデンティティ」「関係」「選択」）から設定される。例えば「国家」については小学 6 年に「ロボット惑星」という題材がある。この惑星には法律がなく，街はゴミで汚れ，盗難が多発し，信号機がない。主人公はこの惑星で法や規則の大切さを理解し，清潔・安全・安心なシンガポールに帰っていくという話である。教科書内では「なぜ国には法が必要なのか？」（アイデンティティ），「シンガポールがこの惑星のようだったら，あなたや家族は安心して生活できるか？　その回答の理由は？」（関係），「あなたはこの惑星をどのように改善できるか？」（選択）といった発問が示されている。またワークブックには「あなたの身近で同様の問題はないか？」「その問題の解決のため，どのような規則を作るか？」「その規則は近隣住民にどのような利益をもたらすか？」といった実際生活に即した設問も用意されている。このように CCE の授業では児童生徒の生活や経験と結びつけて，ディスカッションやロールプレイといった体験型・参加型の学習活動を通して，主体的に倫理的課題を考え，社会と積極的に関わり，自ら実践できる市民的資質の育成が目指されている。

▷7　小学校の CCE の授業では，華語版，マレー語版，タミル語版のほか，ヒンディー語やパンジャブ語といったインド系の少数諸言語家庭の児童や民族語の語学力が低い児童のために，英語版の教科書も用意されている。

各言語版の教科書で扱われる題材や価値項目はほとんど同じだが，登場人物のイラストなどは各民族のものに置き換えられ，また共通に設けられた「おばあちゃんの昔話」のコーナーでは，それぞれの民族に伝わる神話や古事，偉人伝が紹介されている。

9 タイ

（1）タイにおける国家原理（国家・宗教・国王）と教育

　タイは東南アジアの大陸部に位置し，国王を元首とする立憲君主制に基づく国である。タイでは，その国民の多くが仏教徒であり，国家の基礎をなす宗教として仏教が位置づけられていることから，仏教倫理の教えに基づく価値の教育が行われてきた。またタイ民族を中心に国民国家の形成がなされたことから，教育においても「タイ的価値」「タイ人らしさ」が重視されており，タイの伝統と文化に根差した道徳的なよい市民の育成が図られている。

　タイでは近代的な教育制度が導入される19世紀後半まで，各地に点在する仏教寺院が教育の場としての中心的な役割を担っていた。教育の対象は男子のみであったが，仏教の教義と合わせて基本的な読み書きや計算などの指導が行われていたという（村田，2007，23〜27ページ）。

　1868年に即位し，タイの近代化を図ったチュラーロンコーン王[1]は，バンコクを中心に王族や官吏を対象とする学校を設立するとともに，地方においては既存の仏教寺院を学校とし，僧侶を教師とすることで，広く国民に教育を普及させようとした。こうした背景もあり，タイでは伝統的に仏教寺院と学校との結びつきが強く見られる。

　また教育内容においても，仏教道徳が重視された。1905年に策定された国家教育計画は，教育の目標として読み書き計算と基本的な仏教道徳を掲げている。これに基づき，初等教育カリキュラムに新たに「道徳」科が導入され，仏教に基づく五戒五徳[2]と品行の指導が提示された。この際，とくに重視されていたのが，親や教師，国王の徳を知り，その恩に報いるという「報恩」の理念と実践である。祖国に対する愛と奉仕といった内容も徳目としてあげられており，仏教的価値と国王や国家に対する価値が合わせて伝えられていることがわかる。

　1932年，従来の絶対王政から国王を君主とする民主主義国家に移行した後は，価値の教育において「国民の義務」という観点がさらに強調されることとなった。こうした動向を受けて，1937年の初等教育カリキュラムでは「道徳」に代わって「国民の義務と倫理」が導入され，民主主義的な国家において必要な政治・法律・経済の知識をもち，かつ道徳性を身につけた「よい国民」の育成が目指された。当時の教科書を見ると，「よい国民」の資質として，礼儀正

▷1　チュラーロンコーン王（1853〜1910）
チャクリ王朝第5代国王（ラーマ5世）。19世紀後半，アジアの植民地化が進むなか，行財政改革，法制度の整備，教育制度の確立，交通通信手段の整備など一連の近代化改革を行った。タイの独立を維持した名君として，現在もタイの国民に敬愛されている。

▷2　五戒五徳
仏教において在家の信者が守るべき規範。五戒とは，殺生をしない，盗まない，欲を慎む，嘘をつかない，酒などの嗜好品を避けるという戒め，また五徳とは，慈悲の心をもつ，正しい職業に就く，自制する，誠実である，意識を平静に保つといった徳目を指す。

しくしとやかであること，尊敬すべきものを知り正しく敬意を払うこと（国王，仏僧，両親，先生，親戚，目上の人，国旗，仏像，国家的記念碑），公共道徳を身に付けていること，国を愛し発展させること，目上の人に従い全体を考えて行動することなどが示されている。

このようにタイの教育では，仏教的な価値を基礎としながら，国王への忠誠，愛国心などがよい国民の資質として重視されてきた。学校教育における国家，仏教，国王に関する価値の伝達は，1960年代以降さらに強まり，1977年の国家教育計画では，「国家・宗教・国王」の重視が明文化される。これに基づいて策定された1978年カリキュラムおよび1990年改訂カリキュラムでは，価値の教育は主として，「人格教育（道徳・音楽・体育を統合）」領域，また「生活経験」領域で行われた。「人格教育」における宗教に関する項目では，国民として国家・宗教・国王を擁護する義務，生活の原理としての仏教の理解と活用，国王の重要性の理解などが掲げられている。

タイの教育において強調される3つの要素，すなわち「国家」「宗教」「国王」は，タイの社会秩序のなかで相互に連関する概念である。国家はタイ民族からなる政治共同体を指す。仏教徒である国王は，仏教の擁護者であるとともに，仏教の正法に従って政治を行う。仏教は国王に支配の正統性を付与するとともに，タイ民族の伝統として尊重される。タイ民族は自らの民族共同体である国家の維持に努めるとともに，仏教と国王に忠誠を誓い，仏教の功徳と国王の庇護を受ける。「国家」「宗教」「国王」は相互に切り離すことができないものであり，教育の場だけでなく社会全体の価値として尊重が求められてきたのである（渋谷・カンピラパーブ，2001，113～115ページ）。

（2）タイにおける教育改革とカリキュラム改訂

タイでは1990年代より，急速な社会変化への対応が重要な教育課題として認識されるようになった。例えば，1994年に発足した「グローバル化時代におけるタイの教育」審議会は，タイがグローバル社会のなかで生き残っていくためには，タイの国際競争力を維持しつつ，自らの文化と伝統を維持すること，すなわちグローバルとローカルのバランスをとることが必要であると提言している。1996年に策定された「第8次国家教育計画（1997～2001年）」は，グローバル化による負の影響として，独自文化の衰退，価値の混乱，物質主義の蔓延といった問題が生じていることをあげ，社会変化に対応できる国民の養成を目標として掲げた。

こうした議論のもと，1999年に新たに制定された国家教育法[3]は，教育の目的としてタイ人が身体・精神・知性・知識・道徳のすべての面において優れた人間となること，また生活を営むうえで必要な倫理と文化を身につけ，他者と幸

▷3　国家教育法
1997年タイ王国憲法の規定をもとに，タイにおける教育の基本理念と原則を示すものとして1999年に制定された法律。教育の目的と原則，権利と義務，教育制度，教授学習の改善，教育経営，教育の基準と質の保障，教育職員，教育資源と投資，教育テクノロジーについて定めている。

福に共生することを掲げ，すべての人の生涯学習，教育に対する社会全体の参加，学習内容と学習過程の継続的な開発を求めた。これらの規定に基づき，2000年代以降のタイでは，教育課程，教育方法，行財政制度，教育の質の保証など，広範囲にわたる抜本的な改革が行われている。

　基礎教育段階においては，2001年に新カリキュラムが策定され，各学校の状況や課題を踏まえた「学校カリキュラム」編成のための基礎として，初等教育（6年）と中等教育（6年）の12年間における学習内容と水準が示された（タイ文部省，2004）。現在は，2001年カリキュラムと基本的な構造は変わらないものの，内容や水準の規定に改訂を加えた2008年基礎教育コア・カリキュラム（以下「基礎教育カリキュラム」）に基づき，学習が行われている。

　同カリキュラムによる基礎教育の目標は以下の5点である（MOE, 2008）。

▷4　足るを知る経済
仏教の中道の教えに基づく「知足（足るを知る）」を理念とし，節度や合理性，内外の変化に対する免疫機能を備えた発展を目指す経済哲学。1990年代以降，当時のプミポン国王（ラーマ9世）により提唱されたもので，現在でもタイにおける開発の指針となっている。

(1)　道徳性，倫理，望ましい価値，自己尊重，自律，仏教または自らの宗教の教義の遵守，「足るを知る経済」の原則の応用

(2)　コミュニケーション，思考，問題解決，テクノロジー，ライフスキルに関する知識と能力

(3)　心身の健康，衛生，運動への意欲

(4)　愛国心，立憲君主制に基づく民主的な生活と政治体制に関する理解

(5)　タイ文化と知恵の維持，環境保全，平和な共生のための公共心

　さらに教育を通して育むべき望ましい人格の資質としては，(1)国家・宗教・国王に対する敬愛，(2)自律，(3)学習意欲，(4)「足るを知る」の原則に基づいた生活，(5)労働に対する貢献と意欲，(6)タイ人としてのナショナリズム，(7)公共心が示された。また重要な原則としては，タイ人らしさと普遍的な価値の双方に基づく国家統一のための教育，学習者中心主義，学校や地域における弾力的なカリキュラム編成があげられている。

（3）基礎教育カリキュラムに基づく価値の教育——初等教育を中心に

　現行の基礎教育カリキュラムに基づく学習活動は，(1)タイ語，(2)数学，(3)理科，(4)社会科・宗教・文化，(5)保健体育，(6)芸術，(7)仕事・職業・テクノロジー，(8)外国語の8領域と，児童発展活動（ガイダンス・児童生徒活動・社会貢献活動）によって構成されている。このうち，道徳や価値の学習は，新たに導入された「社会科・宗教・文化」（①宗教・社会道徳・倫理，②国民の義務・文化・社会生活，③経済，④歴史，⑤地理）において，小学校週3時間，中学校週4時間，高等学校週8時間を目安に行われる。

　「①宗教・社会道徳・倫理」における学習内容は，仏教または自分が信仰す

る宗教の歴史・重要性・指導者・教義に関する知識と理解をもつこと，他の宗教について知ること，よい価値観をもつこと，平和な共生のために道徳の原理を活用すること，信者としての知識と自覚をもって行動すること，自らの宗教を信仰し，維持発展させることなどである。

　タイの多くの小学校で用いられている「仏教」の教科書を見ると，仏教の歴史，仏教における三宝（仏陀・仏法・仏僧）の理解とともに，五戒五徳など仏教に基づく倫理が繰り返し提示されている。こうした価値は，日々の行動規範として，また善悪の判断基準として提示されており，徳目の理解と実践とともに，自分の行動を徳目に従って振り返ることも重視されている。

　また小学校第1学年から学年段階に応じて，仏教の経文の唱和，瞑想，仏教行事への参加などの実践も多く取り入れられている。タイの学校を訪ねると，授業や行事において，児童生徒が声を合わせて経文を唱える姿，教室や講堂で座禅や歩く瞑想をする姿を見る機会が多い。瞑想は，自らの行いに意識を向け，心の平静を保ち，意識を明晰にする方法として重視されており，教科書でも立つ瞑想，歩く瞑想，座る瞑想（座禅）の行い方，正しい呼吸法などが，挿絵や写真も交えて紹介されていた。

　「②市民の義務・文化・社会生活」では，国民の義務と責任を理解し自ら行動すること，タイの伝統と文化を守りタイ社会および地球社会において平和に共生すること，現代社会における政治・行政制度を理解すること，国王を元首とする民主主義を守ることなどが指導される。

　小学校第5学年の単元「市民の義務」は，第一の義務として国家・宗教・国王および国王を元首とする民主主義の維持をあげ，心をあわせ協力して全体のために貢献することの重要性を指摘している。よい国民像としては，法の遵守，投票，納税などの義務を果たすことと合わせて，公共心，また誠実，勤勉，報恩，規律，犠牲，忍耐などの徳をもつことがあげられている。

　同分野の教科書では，学年段階に応じて，家庭，学校，地域コミュニティ，また国家の一員として，規律や礼儀，法を守ることが示される。小学校第2学年の単元「私たちの地域」では，家庭内では父母に対して，地域では仏教寺院などで僧侶や仏像に対して，学校では先生や国旗に対して礼を尽くすことが挿絵と共に示される。また単元「タイ人の生活」では，タイの文化，アイデンティティとして礼儀作法をあげ，相手の年齢や立場に応じた正しい立ち方やお辞儀の仕方，物の受け取り方・渡し方，話し方の作法などを提示している。

　こうした礼儀作法に関する指導と実践は，「社会科・宗教・文化」などの教科だけではなく，日々の学校活動，児童発展活動における学校行事など，学校生活のさまざまな場で伝統的に行われてきたものであり，タイにおける価値教育の一つの特徴として指摘することができる。児童は，保護者や恩師，仏僧，

第Ⅴ部　価値教育をめぐる諸外国の動向

仏陀，国王への敬意・報恩といった価値を知識として理解するとともに，日々の生活や行事における実践の繰り返しを通して学んでいくことが期待されている（渋谷，1999；渋谷，2005，178〜180ページ）。

（4）タイの価値教育に見る多様性とグローバル化への対応

　タイの小学校での実践を見ると，宗教，とくに仏教に基づく価値の重視，よき国民の資質としての道徳性の強調，実践を通した価値の伝達など，タイの伝統的な価値教育の要素が基層としてあることがわかる。では基礎教育カリキュラムに示された「タイ人らしさと普遍的な価値の双方に基づく国家統一のための教育」という原則は，タイの価値教育のなかでどのように生かされているのだろうか。ここでは大きく2点を指摘したい。

　第一に，イスラーム教など仏教以外の宗教に対する配慮である。タイでは南部を中心にイスラーム教を信仰する住民が居住しており，国家統計局による2010年調査によれば，その割合は国内人口の約5％を占める。とくにマレーシアと国境を接する南部4県には，マレー系のイスラーム教徒が集住しており，モスク併設の塾や寄宿塾など伝統的なイスラーム宗教機関による教育が行われてきた。これに対し，タイ政府による国公立学校の設置による初等教育の普及が進められたが，仏教の要素が強い全国共通カリキュラムに対する反発も大きかった。これを受け，南部4県においては1980年代より公教育におけるイスラーム教の学習が認められるようになる。こうした対応は南部4県に限定されたものであり，全国的な展開を可能とするものではなかったが，2001年カリキュラムにおいて，「仏教または自分が信仰する宗教」による道徳性の指導が規定されたことから，各地域や学校の状況に応じて，イスラーム教やキリスト教に基づく価値の指導を行うことができるようになった。2003年にはイスラーム教に基づく学習内容も設定され，信仰原理，イスラーム法，道徳，イスラーム史，コーラン，またイスラーム学習に必要なアラビア語・マレー語の学習を行うことができるようになっている（鈴木，2005，118〜130ページ）。この学習においては，テロや独立分離運動など，イスラームに関わる国内外の情勢を踏まえ，宗教間の平和的共生，タイ社会における幸福な共生，タイ社会におけるよき市民としての資質の養成も重要な要素として加えられた。

　第二に，タイの伝統的な価値を生かしたグローバル化への対応である。グローバル化の進展は，タイに経済的な成長と多様な価値・文化の浸透をもたらすとともに，地域社会の弱体化，環境破壊，物質主義の蔓延，社会的格差などの弊害を生み出している。これに対し，タイの教育において重視されているのが，基礎教育カリキュラムの教育目標や望ましい人格としても提示された「足るを知る」の理念である。仏教の教えに基づき，正しい知識とともに，倹約，

勤勉，自制などの道徳性をもって日々の生活や経済活動を行うことで，精神と物質の調和のとれた発展，個人と社会の幸せが導かれる。こうした理念は，「持続可能な開発（Education for Sustainable Development）」といった国際社会の目標と合致したものとして認識されており，仏教や伝統的な価値を生かして，国際社会の変化に対応する方策が求められている。

　2014年以降，タイでは価値の教育を巡り，新たな議論が起こっている。国を二分する政党間の対立，テロや分離独立運動の活性化など，政治的にも不安定な状態が続くなか，2014年の軍事クーデターにより成立した暫定政権は，「国民の義務」という新教科の導入，「12の価値」の復唱と指導の強化を求めた。これら「12の価値」は，国家・宗教・国王の護持，誠実・献身・忍耐・寛容，親や恩師への感謝，法と年長者の尊重，国王が提唱する「足るを知る経済」の実践などから構成される。ここに見られるのは，国民が王を敬い，親や年長者を尊重し，高い道徳性をもって互いに助け合う寛容で調和のとれた社会のイメージである。軍部による暫定政権が，国家の安定のためにタイの伝統的な価値観を強調し，それを徳目の復唱という形で求めることについては，国内での反発や批判も強くあり，今後の動向は流動的である。タイの伝統的な理念を基礎として行われる価値の教育は，民主主義や人権といった普遍的な価値，異なる文化や宗教に基づく多様な価値とどのように関わるのだろうか。また社会の変化にともなう家庭の変容，子どもたちの意識の変化とどのように関わるのだろうか。「タイ人らしさと普遍的な価値の双方に基づく国家統一のための教育」は，今後もタイの教育の課題である。

引用・参考文献

村田翼夫『タイの教育発展——国民統合・文化・教育協力』東信堂，2007年。

渋谷恵「タイの初等教育における礼儀作法の教育——1990年改訂カリキュラム・教科書の分析を中心として」『比較・国際教育』第7号，1999年，21〜34ページ。

渋谷恵・スネート カンピラパーブ「タイ文部省1990年版改訂初等教育カリキュラムに基づくタイ語教科書抄訳——「民族（チャート）」「宗教」「国王」に関する内容を中心に」『比較・国際教育』第9号，2001年，105〜115ページ。

渋谷恵「タイの『いい子』像の変容」塘利枝子編著『アジアの教科書に見る子ども』ナカニシヤ出版，2005年，178〜180ページ。

鈴木康郎「タイの基礎教育改革におけるイスラームへの対応」『比較教育学研究』第31号，2005年，118〜135ページ。

タイ文部省，森下稔・鈴木康郎・スネート カンピラパーブ訳『タイ仏暦2544（2001）年基礎教育カリキュラム』2004年。

The Ministry of Education, Thailand, "The Basic Education Core Curriculum, B. E. 2551 (A. D. 2008)."

10　マレーシア

▷1　ブミプトラ・ブミプトラ政策

「土地の子」＝「地元民」を意味する語，華人の経済的優位に対抗し，先住民であるマレー人の地位向上を図るために，マレーシア政府が1971年に開始したマレー系住民の優先政策。第二次世界大戦後の英国からの独立後，経済的に豊かな中国系と先住民であるマレー系の対立は進み，対立の原因が経済格差であったために，マレー人を経済的に優遇する国策が施行された。この一連の政策を総称して「ブミプトラ政策」という。

▷2　複合社会

同一政治単位内にあって，それぞれが隣接しながら存在しつつも，互いに融合しない複数の集団を含む社会。マレーシアの場合，主にマレー系，華人系，インド系の民族コミュニティは互いに異なった文化をもち，相互に一部借用・変容の過程が見うけられるが，文化的には不連続で，経済的にも政治的にも利害が一致しないことがしばしば見られる。

▷3　国民統合政策

「国民」という単一共通のアイデンティティへの統合をいう。帰属意識のよりどころとして国民と民族は基本的には二者択一的な関係にあり，マレーシアの場合，ともすれば，国民意識

（1）多文化・多民族社会における宗教・道徳教育の状況

　マレーシアは，1957年に英領マラヤから独立し，人口約3100万人（2017年3月現在），ブミプトラ（Bumiputera）と呼ばれるイスラームを信奉するマレー系および先住民（約65％），仏教・道教・キリスト教徒などを主とする華人系（約25％），ヒンドゥー，イスラーム，キリスト教徒などを主とするインド系（約7％），その他（約2％）といった多文化・多民族から構成される「複合社会」の国である。マレーシアでは，第二次世界大戦終結まで，英国の植民地政策によって民族ごとの分割統治が行われていた。19世紀以降，宗主国である英国は，スズ鉱山の労働者として中国南部の広東や福建などから中国人を，ゴム園のプランテーション労働者としてインド南部のタミル人を，マレー半島に連れてきた。この結果，先住民族であるマレー系の大部分が地方の農漁村に住む一方，移住してきた華人系やインド系は，その多くが都市部かその近郊に住むようになったため，同じ国内に民族独自の文化・社会を保持した複数のコミュニティが並存する複合社会が生み出される結果となった。

　独立後，マレー系が，華人系やインド系と比べて，経済や教育の近代化から取り残され，民族間の経済・社会格差が広がると，マレーシア政府は，1970年代にマレー系の経済・社会進出を図るために，マレー系を優先的に扱う「ブミプトラ政策」を開始すると同時に，教育のマレー語化を中心とした「国民統合政策」を推し進めた。これは，独立国家としての発展ということを考えた場合，どうしてもマレー系・華人系・インド系といった各コミュニティにおける帰属意識の方が強くなりがちなそれぞれの民族に対し，マレーシアという国家の「国民」としてのアイデンティティをもたせる必要があったためである。

　このような，「いかにして『民族』意識の上位概念として『国民』意識を醸成するか」という命題は，マレーシアという複合国家における道徳・価値教育を考える場合，必要不可欠な要素であるといえる。

（2）イスラーム教育・道徳教育の概要

　前述したように，マレー系・華人系・インド系をはじめとする多民族・多文化の複合社会であるマレーシアでは，教育制度もそれらの要件を踏まえて整備されている。

学校教育の理念は，1970年に発表された「国家原則：ルク・ネガラ（Ruku Negara/National Principles）」に表されている。

国家原則（ルク・ネガラ）では，まず，マレーシア国民が達成を目指すべき目標として，(1)すべての国民の統合された国家の実現，(2)民主的な社会の維持，(3)すべての者が繁栄を享受できる公正な社会の樹立，(4)豊かな文化と多様な伝統への自由主義的アプローチ，(5)現代の科学と技術を志向する進歩的社会の構築，という5項目があげられている。そして，これらの諸目標の達成は，(1)神への信仰，(2)国王と国家への忠誠，(3)憲法の遵守，(4)法による統治，(5)良識ある行動と特性，という5つの原則によって導かれる，と続く。

マレーシアの教育制度におけるカリキュラムは，この国家原則に表された方針を元にして，教育計画委員会（The Education Planning Committee：EPC）が基本方針を決定し，さらに，教育省内の付属機関である，カリキュラム開発センター（Curriculum Development Center：CDC）が具体的なカリキュラムを策定・実施していくようになっている。

マレーシアの初等教育段階には，教授言語がマレー語である国民小学校（SRK）と，中国語あるいはタミル語の国民型小学校（SRJK）という，3つの教授言語（マレー語，中国語，タミル語）の小学校が存在している。初等教育段階での学習内容はこれまで「初等教育統合教育課程（Primary School Integrated Curriculum：PSIC/Kurikulum Bersepadu Sekolah Rendah：KBSR）」で定められてきたが，2011年の第1学年から，新カリキュラムの「初等教育標準教育課程（Primary School Standard Curriculum：PSSC/Kurikulum Standard Sekolah Rendah：KSSR）」への移行が順次開始され，2016年までに全学年のカリキュラムの移行が完了した。旧カリキュラムのKBSRでは，いわゆる「読み・書き・算」の3R（Reading, Writing, Arithmetic）に重点を置く他，「人間環境に関する科目（イスラーム教育または道徳教育，科学，地域学習）」，「自己開発に関する科目（音楽，美術，保健体育，技術家庭）」などが設定されていたが，KSSRでは，グローバル化した21世紀に必要な人材の育成のために，これに加えて「推論（Reasoning）」する力，換言すれば「論理的思考力」を養うべきであるという考え方を加えた「4R」に基づいた「21世紀型スキルとコンピテンシー」を定義している。

また，教授言語が，「国語」としてのマレー語で統一されている中等教育機関のカリキュラムは，2014年以降，「中等学校新教育課程（New Curriculum for Secondary School：NCSS/Kurikulum Bersepadu Sekolah Menengah：KBSM）」から，新カリキュラム「中等学校標準教育課程（Secondary School Standard Curriculum：SSSC/Kurikulum Standard Sekolah Menengah：KSSM）」に移行されている。KSSMは，初等教育段階のKSSRと同様に，それまでのKBSMに比べて，学生の論理的思考力，創造性，革新性，起業家精神などを涵養することが重視されたカ

よりも，マレー系・華人系・インド系といった民族アイデンティティの方が強く作用する場合があるため，独立から60年を迎える現在，どのようにして国民としてのアイデンティティを涵養し，多民族の国民統合を行っていくのかが，なお重要な課題となっている。

▷4　マレーシアの教育制度
3歳児からの就学前教育に始まり，初等教育6年，前期（下級）中等教育3年，後期（上級）中等教育2年，大学予備課程（フォーム6）2年，大学（学部）3年となっている。初等教育の学校には，教授言語がマレー語である国民小学校（SRK）と中国語またはタミル語で教育を受ける国民型小学校（SRJK）とがある。各学校の修了時には，全国統一の修了試験を受験することとなっているが，全寮制中等学校への入学以外は，下級中等学校までは自動的に入学できる。

▷5　教授言語
主に学校教育における教授に使用される言語。マレーシアでは，初等教育では，教授言語がマレー語，中国語，タミル語の3種類の学校が併存しているが，中等教育以上ではマレー語に一本化される。このため，中国語またはタミル語で教育を受けた国民型小学校の卒業生には，授業言語がマレー語に統一されている中等学校に進む前に，マレー語や英語の力を補う必要があるため，通常は中等学校に入学する前に，1年間の移行学級に通うことが義務づけられている。

リキュラムとなっている（篠島，2014，9〜21ページ）。

このような，多文化・多民族の複合社会に起因する教育制度の下では，道徳や宗教などの価値規範に関する教育もまた，複数の教科が並列した形で展開される。

価値規範に関する教育は，具体的には，イスラーム教徒（ムスリム）のマレー系児童生徒は「イスラーム教育（Islamic Education/Pendidikan Islam）」，華人系・インド系の非ムスリムの児童生徒が，同じ授業時間に「道徳教育（Moral Education/Pendidikan Moral）」という，民族によって異なる教科において行われており，教授言語によって3タイプに分かれている小学校では，道徳教育の教科書も，マレー語版，中国語版，タミル語版の3種類が発行されている。

非マレー系ムスリムの児童生徒のための道徳教育は，1980年代に導入されたが，それまで，ムスリム児童生徒のためのイスラーム教育の時間に，非ムスリムの生徒に対して教えられていた中国語やタミル語の母語（民族語）教育は，この時，道徳教育に置き換えられた。マレーシアの教育の目的は，西洋の近代的な価値とマレー社会の伝統的な価値との混合物として定義されており，これはイスラーム教育が，マレー系ムスリムという民族カテゴリーから解放されたことを意味するという。

すなわち，当時の初等・中等学校のカリキュラム（KBSR・KBSM）においては，イスラームの信仰の中核にある「正義」や「感謝」など，特定の民族や宗教のカテゴリーを超えた普遍的な性格をもつ16の「純粋な価値（徳目）」が強調され，非ムスリムの児童生徒にも，そうしたマレー社会の伝統的な価値として，イスラームに則した普遍的な諸価値を追求し，それを国民教育に内化しようとする戦略がみてとれる（西野，1997，290〜299ページ）。

1988年，当時のマハティール・モハマド首相の指揮下で，国家原則の諸目標の達成につながる，国民教育の道徳的基礎を確立するための指針として，新たに以下のような，「国家教育哲学（National Philosophy of Education/Falsafah Pendidikan Negara）」が制定された。

> マレーシアにおける教育は，神（Tuhan）への確固たる信仰と献身に基づき，知的，精神的，感情的かつ身体的に均衡と調和のとれた人間（insan）の可能性を，総体的かつ統合的な方法で発展させることを目指すための継続的な努力である。そうした努力によって，有能で教養があり，高い道徳的水準を保持し，高いレベルの個人の幸福を達成する責任と能力をもつと同時に，家庭，社会，国家の調和と進歩に貢献できるマレーシア国民が生み出されるのである。

この国家教育哲学は，初等・中等教育すべての各教科，各学年のシラバスや指導書の冒頭に記載され，「神（大文字で始まる 'Tuhan' は唯一絶対神であるアッラーを意味する）への確固たる信仰と献身」というイスラームの価値観に基づ

▷6　マハティール・モハマド（Mahathir Mohamad）マレーシア第4代首相。1925年，マレーシア・ケダ州アロースター生まれ。マラヤ大学（現・シンガポール大学）医学部卒。医学博士。64年，下院議員に当選。81年7月に首相就任，日本に関する著書を何冊も出したりするなど，熱烈な親日家でもあり，日本や韓国に見習って経済開発を進めようとする「ルック・イースト政策（東方政策）」や，1991年にマレーシアを2020年までに，先進国の仲間入りをさせるという長期開発構想プロジェクト「ビジョン2020」を発表し，2003年10月に首相退任するまでの22年間にわたる長期政権下で，マレーシアの社会的・経済的発展に大きく貢献した。

いた，マレーシアの教育理念の根本を明示・規定しており，その後のカリキュラム内容の決定に対して影響力を与えている。

（3）国民共通の道徳への模索──「公民と市民性の教育」の導入

　このように，マレーシアの「イスラーム教育」および「道徳教育」は，小・中学校で，週3または4コマ（学年による。さらに選択科目で＋2コマの場合もある）を行い，1コマの単位時間が異なる（日本：小45分・中高50分，マレーシア：全校種30分）とはいえ，日本の学校における「道徳」の週1コマ・年間35コマと比べると，かなり多くの時間を割いていることがわかる。

　このうち，ムスリムの児童生徒が必修の「イスラーム教育」には，信仰に関わる学習（神学），信仰に基づく行為に関わる学習（法学），道徳と心のあり方に関わる学習（道徳・神秘主義）の3つの大きな分野がある。さらに，これらの分野すべての基礎として，聖典クルアーンの読み方や解釈，それにともなうアラビア語やアラビア文字の学習，預言者の言行録（ハディース）および，アラビア語に関する学習なども含まれる。さらに，礼拝の仕方（礼拝前に手や足を洗う作法や，礼拝のときに唱える言葉など）を基礎から学び，こうして得られた知識を日常の実践につなげるために，多くの時間が割かれている。

　一方の非ムスリムの児童生徒が必修の「道徳教育」では，「家族」「友人関係」「礼儀作法」「正しい行い」「よい日常生活を送る」「自然を愛し，環境を守る」などの諸項目の他，国民統合を意識した，「各民族の宗教や文化」などを通して互いを認め尊重すること，さらには，「法律」「国の安全保障」「国を愛し，誇りをもつ」までを含んだ，極めて幅広い内容になっている。

　こうして見てくると，同じ「道徳・価値規範」を学習するはずの時間に，ムスリムと非ムスリムそれぞれの児童生徒は，異なった内容を学習していることがわかる。また，非ムスリムの「道徳教育」の学習内容には，社会科学系の科目「地域科（Kajian Tempatan）」や，自然科学系の「理科（Sains）」の内容と重なる単元もしばしば見られる。

　「イスラーム教育」と「道徳教育」の間に存在するこのような学習内容のギャップは，マレー系・非マレー系それぞれが“共通”してもつべき公共心や団結心，マナーなどといった部分よりも，むしろ“差異”の部分ともいえる民族的なアイデンティティが強調されやすく，「民族の枠を超えた国民意識の涵養」という点から見ると，十分な教育になっていないという批判が生じた。また，教育方法や評価の仕方が知識重視になり，宗教的・道徳的実践にまで十分に結びついていないなどの実態を踏まえて，国家原則や国家教育哲学に示された教育の目標をより確実に達成していくための改革が必要となってきた。

　こうした経緯を経て，民族の枠を超えた国民意識の涵養という視点から，

2003年8月，マレーシア教育省から，「国民団結の重要性を伝え，愛国心を向上させる科目を新設」するという発表がされた。このような新科目は，マレーシアのすべての民族が，「共通の科目で互いの歴史や文化を学び，国民意識をより高めること」を目的としており，全民族がこの共通の科目を通して，互いの歴史や文化を学び，複合社会マレーシアの国民としての意識をより高めることを目的として，2005年度から，「公民および市民性の教育（Civic and Citizenship Education/Pendidikan Sivik dan Kewarganegaraan）」という新科目が導入された。この科目は，現在，小学校第4学年から中学校第3学年まで，週2コマずつ導入されており，その目標は，次代を担う子どもたちに対する，マレーシアにおける民族の多様性の理解，愛国心の涵養，国民統合の推進などであり，科目の指導に関する教員研修も，教育省を中心に行われている（手嶋，2017，127〜153ページ）。

（4）マレーシアの宗教・道徳教育の今後──市民性の育成と道徳的実践

　こうして2005年以降，マレーシアでは道徳・価値規範の教育を，民族別の「イスラーム教育」・「道徳教育」と並行して，全民族共通の「公民と市民性の教育」を中心に実施してきたが，各学校段階での修了試験をはじめとする，筆記試験による知識・技能の評価が重視される現状は改善されず，修了試験のある最終学年を中心に，試験科目の補習授業に振り替えられたりしているのが現状である。そのため，マレーシア教育省は2011年11月に，初等・中等教育および短期大学までのすべてのカリキュラムで，道徳教育を強化することを発表した。これは，人格・市民性教育（Character and Citizenship Education：CCE）の一環として実施するもので，従来の道徳・価値教育を行う諸科目に加え，各学校段階の修了試験科目である理数科や英語などの諸科目も活用して，国民の優れた人格の涵養を行っていくものである（Haniza, 2014, p. 300）。

　教育省は，こうした価値規範をどのように各科目の授業に組み入れるのかという方法を説明した指導書を教師に配布しているが，そこには，道徳・価値規範を教える機会として，課外授業など学校生活のあらゆる機会を利用して学習させることを推奨したり，英語の詩や文章を通じて思いやりや尊敬，理科の授業で科学技術の倫理的な側面の討論，数学では，数学者が新たな公理・概念を発見する原動力となった姿勢から「あきらめない心」や「探究心」の大切さなどを考えさせたりすることなどが示されているが，実際に指導にあたる教師側には，自分自身も十分にそうした行いができているのかわからないまま，児童生徒にそれらの価値規範を教えることへの戸惑いも見られる。

　多民族・多文化の複合社会であるマレーシアにとって，国民統合政策は独立以来の大きな課題である。マレーシアの道徳・価値規範の教育は，国家原則や

国家教育哲学における，民族の枠を超えた共通の価値を身につけた，「有能で教養があり，高い道徳的水準を保持し，高いレベルの個人の幸福を達成する責任と能力をもつと同時に，家庭，社会，国家の調和と進歩に貢献できるマレーシア国民」の完成を目指す，という理念や目標を具現化しようとして試行錯誤を続けている。しかし，同じ道徳・価値規範の教育と位置づけられていながら，ムスリムに対する宗教教育である「イスラーム教育」と，非ムスリムに対する「道徳教育」の内容の差異や，他の科目との内容の重複の整理，修了試験をはじめとする筆記試験による知識重視の評価により，前述の２科目や，「公民と市民性の教育」の価値規範教育の科目が，試験科目の補習時間に振り替えられやすいなどの諸課題は，未だ解消されているとは言い難い。

こうした課題の解消のためには，全民族の児童生徒が必修の「公民と市民性の教育」を核として，民族別の科目である「イスラーム教育」や「道徳教育」をサブに置き，その外郭を支える形で，各科目や課外活動などに道徳的価値規範の教育の要素を入れていくようにカリキュラムを再構成する必要がある。

すなわち，市民（＝国民）としての責任や道徳的価値，各民族の文化・宗教の多様性を理解・尊重できるマレーシア国民として，政治・社会への参加や，権利と義務などを，責任をもって全うできる人材を育成するためには，学校で学ぶ知識やスキルをそれだけで終わらせるのではなく，自ら積極的に実社会で活かせるようにするなどの，体験的アプローチと実践性に基づく学習を開発し発展させることが，今後の大きな課題であるといえよう。

引用・参考文献

Haniza Mahmood, Civics and Citizenship Education in Malaysia：*The Voice of Micro Policy Enactors*, School of Social Sciences, Cardiff University, 2014, p. 300.

西野節夫「マレーシアにおける教育改革とイスラーム化政策——価値多元化への対応をめぐって」「特集　価値多元化社会における教育の目的」『教育學研究』第64巻第３号，日本教育学会，1997年，290〜299ページ。

手嶋將博「マレーシアの市民性教育——アセアンネス意識の涵養」平田利文編著『アセアン共同体の市民性教育』東信堂，2017年，127〜153ページ。

簗島史恵「マレーシアの教育制度における教員養成とその採用」『教員養成と採用の接続に関する国際比較研究プロジェクト報告書』東京学芸大学教員養成カリキュラム開発研究センター，2014年，９〜21ページ。

「学習指導要領」平成20年版及び平成29年版の比較対照表【小学校版】

（文部科学省「学習指導要領」をもとに編著者作成。下線は編著者）

平成20年	平成29年
第1章　総　則 第1　教育課程編成の一般方針 1　（略）	第1章　総　則 第1　小学校教育の基本と教育課程の役割 1　（略） 2　学校の教育活動を進めるに当たっては，各学校において，第3の1に示す主体的・対話的で深い学びの実現に向けた授業改善を通して，創意工夫を生かした特色ある教育活動を展開する中で，次の(1)から(3)までに掲げる事項の実現を図り，児童に生きる力を育むことを目指すものとする。 (1)　（略） (2)　道徳教育や体験活動，多様な表現や鑑賞の活動等を通して，豊かな心や創造性の涵養を目指した教育の充実に努めること。
2　学校における道徳教育は，道徳の時間を要として学校の教育活動全体を通じて行うものであり，道徳の時間はもとより，各教科，外国語活動，総合的な学習の時間及び特別活動のそれぞれの特質に応じて，児童の発達の段階を考慮して，適切な指導を行わなければならない。	学校における道徳教育は，特別の教科である道徳（以下「道徳科」という）を要として学校の教育活動全体を通じて行うものであり，道徳科はもとより，各教科，外国語活動，総合的な学習の時間及び特別活動のそれぞれの特質に応じて，児童の発達の段階を考慮して，適切な指導を行うこと。
道徳教育は，教育基本法及び学校教育法に定められた教育の根本精神に基づき，人間尊重の精神と生命に対する畏敬の念を家庭，学校，その他社会における具体的な生活の中に生かし，豊かな心をもち，伝統と文化を尊重し，それらをはぐくんできた我が国と郷土を愛し，個性豊かな文化の創造を図るとともに，公共の精神を尊び，民主的な社会及び国家の発展に努め，他国を尊重し，国際社会の平和と発展や環境の保全に貢献し未来を拓く主体性のある日本人を育成するため，その基盤としての道徳性を養うことを目標とする。	道徳教育は，教育基本法及び学校教育法に定められた教育の根本精神に基づき，自己の生き方を考え，主体的な判断の下に行動し，自立した人間として他者と共によりよく生きるための基盤となる道徳性を養うことを目標とすること。
道徳教育を進めるに当たっては，教師と児童及び児童相互の人間関係を深めるとともに，児童が自己の生き方についての考えを深め，家庭や地域社会との連携を図りながら，集団宿泊活動やボランティア活動，自然体験活動などの豊かな体験を通して児童の内面に根ざした道徳性の育成が図られるよう配慮しなければならない。その際，特に児童が基本的な生活習慣，社会生活上のきまりを身に付け，善悪を判断し，人間としてしてはならないことをしないようにすることなどに配慮しなければならない。	道徳教育を進めるに当たっては，人間尊重の精神と生命に対する畏敬の念を家庭，学校，その他社会における具体的な生活の中に生かし，豊かな心をもち，伝統と文化を尊重し，それらを育んできた我が国と郷土を愛し，個性豊かな文化の創造を図るとともに，平和で民主的な国家及び社会の形成者として，公共の精神を尊び，社会及び国家の発展に努め，他国を尊重し，国際社会の平和と発展や環境の保全に貢献し未来を拓く主体性のある日本人の育成に資することとなるよう特に留意すること。

▷1　アクティブ・ラーニング（能動的な学び）の方向へ。

▷2　「豊かな心」や「創造性」は教育基本法の目標，かつ現代的諸課題に対応した資質・能力である。

▷3　名称の変更は平成27年版（一部改正）から。小学校は平成30年から先行して全面実施。

▷4　平成27年版（一部改正）から。

▷5　下線部「児童相互の人間関係」については，「総則」「第4　児童の発達の支援」の(1)(2)に対応。

▷6　下線部「集団宿泊活動」等については，「総則」「第6　道徳教育に関する配慮事項」の3に対応。

▷7　下線部の内容については，「総則」第6の2の(1)(2)に対応。

▷8　目標と配慮（留意）事項を整理し直した。道徳教育に関しては平成27年（一部改正）によって示され，小学校は平成30年から先行して全面実施。

巻末資料

平成20年	平成29年
3　（略）	◁9 (3)　（略） ◁10 3　（略） ◁11 4　（略） 第2　教育課程の編成 ◁12 1　（略） ◁13 2　（略） 3　教育課程の編成における共通的事項
第2　内容等の取扱いに関する共通的事項 1　第2章以下に示す各教科，<u>道徳</u>，外国語活動及び特別活動の内容に関する事項は，特に示す場合を除き，いずれの学校においても取り扱わなければならない。	(1)　内容等の取扱い 　ア　第2章以下に示す各教科，<u>道徳科</u>，外国語活動及び特別活動の内容に関する事項は，特に示す場合を除き，いずれの学校においても取り扱わなければならない。
2　学校において特に必要がある場合には，第2章以下に示していない内容を加えて指導することができる。また，第2章以下に示す内容の取扱いのうち内容の範囲や程度等を示す事項は，<u>すべての児童</u>に対して指導するものとする内容の範囲や程度等を示したものであり，学校において特に必要がある場合には，この事項にかかわらず指導することができる。ただし，これらの場合には，第2章以下に示す各教科，道徳，外国語活動及び特別活動並びに各学年の目標や内容の趣旨を逸脱したり，児童の負担過重となったりすることのないようにしなければならない。	イ　学校において特に必要がある場合には，第2章以下に示していない内容を加えて指導することができる。また，第2章以下に示す内容の取扱いのうち内容の範囲や程度を示す事項は，<u>全ての児童</u>に対して指導するものとする内容の範囲や程度等を示したものであり，学校において特に必要がある場合には，この事項にかかわらず<u>加えて</u>指導することができる。ただし，これらの場合には，第2章以下に示す各教科，道徳科，外国語活動及び特別活動の目標や内容の趣旨を逸脱したり，児童の負担過重となったりすることのないようにしなければならない。
3　第2章以下に示す各教科，<u>道徳</u>，外国語活動及び特別活動並びに各学年の内容に掲げる事項の順序は，特に示す場合を除き，指導の順序を示すものではないので，学校においては，その取扱いについて適切な工夫を加えるものとする。	ウ　第2章以下に示す各教科，<u>道徳科</u>，外国語活動及び特別活動並びに各学年の内容に掲げる事項の順序は，特に示す場合を除き，指導の順序を示すものではないので，学校においては，その取扱いについて適切な工夫を加えるものとする。
4　（略）	エ　（略）
5　学校において2以上の学年の児童で編制する学級について特に必要がある場合には，<u>各教科，道徳，外国語活動及び特別活動</u>の目標の達成に支障のない範囲内で，<u>各教科，道徳，外国語活動及び特別活動</u>の目標及び内容について学年別の順序によらないことができる。	オ　学校において2以上の学年の児童で編制する学級について特に必要がある場合には，<u>各教科及び道徳科</u>の目標の達成に支障のない範囲内で，<u>各教科及び道徳科</u>の目標及び内容について学年別の順序によらないことができる。
第3章　道徳 第2　内容 　道徳の時間を要として学校の教育活動を通じて行う道徳教育の内容は，次のとおりとする。	カ　<u>道徳科</u>を要として学校の教育活動全体を通じて行う道徳教育の内容は，<u>第3章特別の教科道徳の第2に示す内容とし</u>，その実施に当たっては，<u>第6に示す道徳教育に関する配慮事項を踏まえるものとする。</u>
第3　授業時数等の取扱い 1　<u>各教科，道徳，外国語活動，総合的な学習の時間及び特別活動（以下「各教科等」という。</u>ただし，1及び3において，特別活動について	(2)　授業時間数の取扱い 　ア　各教科等の授業は，年間35週（第1学年については34週）以上にわたって行うよう計画し，週当たりの授業時数が児童の負担過重にならな

▷9　「体育・健康」に関する指導。「道徳科」においても特質に応じて行うことが求められている。

▷10　「豊かな創造性を備え持続可能な社会の創り手となること」が生徒に期待されることとして新たに追記され，そのことに関連して，「育成すべき資質・能力の3つの柱」が加えられた。

▷11　「カリキュラム・マネジメント」が加えられた。

▷12　教育課程の方針が「家庭や地域とも共有される」，つまり社会に開かれたものとなるよう求められている。

▷13　「教科横断的な視点に立った資質・能力の育成」が求められている。

▷14 新設あるいはとくに重視されるようになった点として「学校段階間の接続」「主体的・対話的で深い学びの実現」やその評価の在り方，「生徒の発達の支援」や「特別な配慮を必要とする生徒への指導」「カリキュラム・マネジメントの実現」等があげられる。

▷15 下線部「給食，休憩などの時間」等については，「総則」「第2 教育課程の編成」の3(2)-(ウ)に対応。

▷16 平成29年版「総則」の「第3 教育課程の実施と学習評価」から「第5 学校運営上の留意事項」において，適宜加筆修正されるかたちで対応。

平成20年 ➡	平成29年
は学級活動（学校給食に係るものを除く。）に限る。）の授業は，年間35週（第1学年については34週）以上にわたって行うよう計画し，週当たりの授業時数が児童の負担過重にならないようにするものとする。ただし，各教科等や学習活動の特質に応じ効果的な場合には，夏季，冬季，学年末等の休業日の期間に授業日を設定する場合を含め，これらの授業を特定の期間に行うことができる。<u>なお，給食，休憩などの時間については，学校において工夫を加え，適切に定めるものとする。</u>^{◁15}	いようにするものとする。ただし，各教科等や学習活動の特質に応じ効果的な場合には，夏季，冬季，学年末等の休業日の期間に授業日を設定する場合を含め，これらの授業を特定の期間に行うことができる。
2～5 （略）	イ～第5 （略）^{◁14}
第4 指導計画の作成等に当たって配慮すべき事項	第6 道徳教育に関する配慮事項
1 （略）	道徳教育を進めるに当たっては，道徳教育の特質を踏まえ，<u>前項までに示す事項に加え</u>，次の事項に配慮するものとする。
2 以上のほか，次の事項に配慮するものとする。	1 各学校においては，<u>第1の2の(2)に示す道徳教育の目標を踏まえ，道徳教育の全体計画を作成し</u>，校長の方針の下に，道徳教育の推進を主に担当する教師（以下「道徳教育推進教師」という）を中心に，全教師が協力して道徳教育を展開すること。なお，道徳教育の全体計画の作成に当たっては，児童や学校，地域の実態を考慮して，学校の道徳教育の重点目標を設定するとともに，<u>道徳科の指導方針，第3章特別の教科道徳の第2に示す内容との関連</u>を踏まえた各教科，外国語活動，総合的な学習の時間及び特別活動における指導の内容及び時期並びに家庭や地域社会との連携の方法を示すこと。
(1)～(12) 略^{◁16}	
第3章 道 徳	
第3 指導計画の作成と内容の取扱い	
1 各学校においては，校長の方針の下に，道徳教育の推進を主に担当する教師（以下「道徳教育推進教師」という。）を中心に，全教師が協力して道徳教育を展開するため，<u>次に示すところにより，道徳教育の全体計画と道徳の時間の年間指導計画を作成する</u>ものとする。	
(1) 道徳教育の全体計画の作成に当たっては，<u>学校における全教育活動との関連の下に</u>，児童，学校及び地域の実態を考慮して，学校の道徳教育の重点目標を設定するとともに，第2に示す<u>道徳の内容</u>との関連を踏まえた各教科，外国語活動，総合的な学習の時間及び特別活動における指導の内容及び時期並びに家庭や地域社会との連携の方法を示す<u>必要があること</u>。	
(3) 各学校においては，各学年を通じて自立心や自律性，<u>自他の生命を尊重する心</u>を育てることに配慮するとともに，児童の発達の段階や特性等を踏まえ，指導内容の重点化を図ること。特に低学年ではあいさつなどの基本的な生活習慣，社会生活上のきまりを身に付け，善悪を判断し，<u>人間として</u>してはならないことをしないこと。	2 各学校においては，児童の発達の段階や特性等を踏まえ，指導内容の重点化を図ること。その際，各学年を通じて，自立心や自律性，<u>生命を尊重する心や他者を思いやる心</u>を育てることに留意すること。また，各学年段階においては，次の事項に留意すること。(1) 第1学年及び第2学年においては，挨拶などの基本的な生活習慣を身に付けること，善悪を判断し，してはならないことをしないこと，社会生活上のきまりを守ること。

平成20年 →	平成29年
中学年では集団や社会のきまりを守り，身近な人々と協力し助け合う態度を身に付けること。 高学年では法やきまりの意義を理解すること，相手の立場を理解し，支え合う態度を身に付けること，集団における役割と責任を果たすこと，国家・社会の一員としての自覚をもつことなどに配慮し，児童や学校の実態に応じた指導を行うよう工夫すること。また，高学年においては，悩みや葛藤（かっとう）等の心の揺れ，人間関係の理解等の課題を積極的に取り上げ，自己の生き方についての考えを一層深められるよう指導を工夫すること。	(2) 第3学年及び第4学年においては，善悪を判断し，正しいと判断したことを行うこと，身近な人々と協力し助け合うこと，集団や社会のきまりを守ること。 (3) 第5学年及び第6学年においては，相手の考え方や立場を理解して支え合うこと，法やきまりの意義を理解して進んで守ること，集団活動の充実に努めること，伝統と文化を尊重し，それらを育んできた我が国の郷土を愛するとともに，他国を尊重すること。
第1章 総則（再掲） **第1** 2 道徳教育を進めるに当たっては，教師と児童及び児童相互の人間関係を深めるとともに，児童が自己の生き方についての考えを深め，家庭や地域社会との連携を図りながら，集団宿泊活動やボランティア活動，自然体験活動などの豊かな体験を通して児童の内面に根ざした道徳性の育成が図られるよう配慮しなければならない。	3 学校や学級内の人間関係や環境を整えるとともに，集団宿泊活動やボランティア活動，自然体験活動，地域の行事への参加などの豊かな体験を充実すること。また，道徳教育の指導内容が，児童の日常生活に生かされるようにすること。その際，いじめの防止や安全の確保等にも資することとなるよう留意すること。
第3章 道徳 **第3 指導計画の作成と内容の取扱い** 4 道徳教育を進めるに当たっては，学校や学級内の人間関係や環境を整えるとともに，学校の道徳教育の指導内容が児童の日常生活に生かされるようにする必要がある。 また，道徳の時間の授業を公開したり，授業の実施や地域教材の開発や活用などに，保護者や地域の人々の積極的な参加や協力を得たりするなど，家庭や地域社会との共通理解を深め，相互の連携を図るよう配慮する必要がある。	4 学校の道徳教育の全体計画や道徳教育に関する諸活動などの情報を積極的に公表したり，道徳教育の充実のために家庭や地域の人々の積極的な参加や協力を得たりするなど，家庭や地域社会との共通理解を深め，相互の連携を図ること。

	平成20年 　➡	平成29年

▷1　追加。

▷2　「価値の自覚」を「諸価値についての理解」に変更。

▷3　「物事を広い視野から多面的・多角的に考え」を追加。

▷4　「心情，判断力」を「判断力，心情」の順に入れ替えた。

▷5　「補充，深化，統合」を第3の2(2)に移動。

▷6　「道徳的実践力」を削除。

▷7　学校の教育活動全体を通じて行う「道徳教育」における内容（項目）としての側面から，「道徳教育の要である道徳科」において取り扱われる（内容）項目としての側面が強調される表現となった。

▷8　数字からアルファベットへの変更。

▷9　4つの視点とそれぞれに関連する内容を，学年別に項目番号を付して列挙していたが，4つの視点はそのままに，項目を番号ではなくキーワードで示し，指導における段階的な違いもつかみやすいよう，キーワードごと段階的に提示した。

＊　なお，本表では一つひとつの項目内容を比較しやすいよう，平成20年版の内容項目に関しては，平成29年版の順序に合わせて，並び替えて示した。また，並び替え後の各項目の前に学年段階のみ補記した。

平成20年

第3章　道　徳

第1　目　標

　道徳教育の目標は，第1章総則の第1の2に示すところにより，学校の教育活動全体を通じて，道徳的な心情，判断力，実践意欲と態度などの道徳性を養うこととする。

　道徳の時間においては，以上の道徳教育の目標に基づき，各教科，外国語活動，総合的な学習の時間及び特別活動における道徳教育と密接な関連を図りながら，計画的，発展的な指導によってこれを補充，深化，統合し，道徳的価値の自覚及び自己の生き方についての考えを深め，道徳的実践力を育成するものとする。

第2　内　容

　道徳の時間を要として学校の教育活動全体を通じて行う道徳教育の内容は，次のとおりとする。

　1　主として自分自身に関すること。
〔第1学年及び第2学年〕
(3)　よいことと悪いことの区別をし，よいと思うことを進んで行う。
〔第3学年及び第4学年〕
(3)　正しいと判断したことは，勇気をもって行う。
〔第5学年及び第6学年〕
(3)　自由を大切にし，自律的で責任のある行動をする。

〔第1学年及び第2学年〕
(4)　うそをついたりごまかしをしたりしないで，素直に伸び伸びと生活する。
〔第3学年及び第4学年〕
(4)　過ちは素直に改め，正直に明るい心で元気よく生活する。
〔第5学年及び第6学年〕
(4)　誠実に，明るい心で楽しく生活する。

〔第1学年及び第2学年〕
(1)　健康や安全に気を付け，物や金銭を大切にし，身の回りを整え，わがままをしないで，規則正しい生活をする。
〔第3学年及び第4学年〕
(1)　自分でできることは自分でやり，よく考

平成29年

第3章　特別の教科　道徳

第1　目　標

　第1章総則の第1の2の(2)に示す道徳教育の目標に基づき，よりよく生きるための基盤となる道徳性を養うため，道徳的諸価値についての理解を基に，自己を見つめ，物事を多面的・多角的に考え，自己の生き方についての考えを深める学習を通して，道徳的な判断力，心情，実践意欲と態度を育てる。

第2　内　容

　学校の教育活動全体を通じて行う道徳教育の要である道徳科においては，以下に示す項目について扱う。

A　主として自分自身に関すること
［善悪の判断，自律，自由と責任］
〔第1学年及び第2学年〕
よいことと悪いこととの区別をし，よいと思うことを進んで行うこと。
〔第3学年及び第4学年〕
正しいと判断したことは，自信をもって行うこと。
〔第5学年及び第6学年〕
自由を大切にし，自律的に判断し，責任のある行動をすること。

［正直，誠実］
〔第1学年及び第2学年〕
うそをついたりごまかしをしたりしないで，素直に伸び伸びと生活すること。
〔第3学年及び第4学年〕
過ちは素直に改め，正直に明るい心で生活すること。
〔第5学年及び第6学年〕
誠実に，明るい心で生活すること。

［節度，節制］
〔第1学年及び第2学年〕
健康や安全に気を付け，物や金銭を大切にし，身の回りを整え，わがままをしないで，規則正しい生活をすること。
〔第3学年及び第4学年〕

平成20年	平成29年
えて行動し，節度のある生活をする。 〔第5学年及び第6学年〕 (1)　生活習慣の大切さを知り，自分の生活を見直し，節度を守り節制に心掛ける。	自分でできることは自分でやり，安全に気を付け，よく考えて行動し，節度のある生活をすること。 〔第5学年及び第6学年〕 安全に気を付けることや，生活習慣の大切さについて理解し，自分の生活を見直し，節度を守り節制に心掛けること。
〔第3学年及び第4学年〕 (5)　自分の特徴に気付き，よい所を伸ばす。 〔第5学年及び第6学年〕 (6)　自分の特徴を知って，悪い所を改めよい所を積極的に伸ばす。	［個性の伸長］ 〔第1学年及び第2学年〕 自分の特徴に気付くこと。 〔第3学年及び第4学年〕 自分の特徴に気付き，長所を伸ばすこと。 〔第5学年及び第6学年〕 自分の特徴を知って，短所を改め長所を伸ばすこと。
〔第1学年及び第2学年〕 (2)　自分がやらなければならない勉強や仕事は，しっかりと行う。 〔第3学年及び第4学年〕 (2)　自分でやろうと決めたことは，粘り強くやり遂げる。 〔第5学年及び第6学年〕 (2)　より高い目標を立て，希望と勇気をもってくじけないで努力する。	［希望と勇気，努力と強い意志］ 〔第1学年及び第2学年〕 自分のやるべき勉強や仕事をしっかりと行うこと。 〔第3学年及び第4学年〕 自分でやろうと決めた目標に向かって，強い意志をもち，粘り強くやり抜くこと。 〔第5学年及び第6学年〕 より高い目標を立て，希望と勇気をもち，困難があってもくじけずに努力して物事をやり抜くこと。
〔第5学年及び第6学年〕 (5)　真理を大切にし，進んで新しいものを求め，工夫して生活をよりよくする。	［真理の探究］ 〔第5学年及び第6学年〕 真理を大切にし，物事を探究しようとする心をもつこと。
2　主として他の人とのかかわりに関すること 〔第1学年及び第2学年〕 (2)　幼い人や高齢者など身近にいる人に温かい心で接し，親切にする。 〔第3学年及び第4学年〕 (2)　相手のことを思いやり，進んで親切にする。 〔第5学年及び第6学年〕 (2)　だれに対しても思いやりの心をもち，相手の立場に立って親切にする。	B　主として人との関わりに関すること ［親切，思いやり］ 〔第1学年及び第2学年〕 身近にいる人に温かい心で接し，親切にすること。 〔第3学年及び第4学年〕 相手のことを思いやり，進んで親切にすること。 〔第5学年及び第6学年〕 誰に対しても思いやりの心をもち相手の立場に立って親切にすること。

平成20年	平成29年
〔第1学年及び第2学年〕 (4) 日ごろ世話になっている人々に感謝する。 〔第3学年及び第4学年〕 (4) 生活を支えている人々や高齢者に，尊敬と感謝の気持ちをもって接する。 〔第5学年及び第6学年〕 (5) 日々の生活が人々の支え合いや助け合いで成り立っていることに感謝し，それに<u>こたえる。</u>	〔感謝〕 〔第1学年及び第2学年〕 家族など日頃世話になっている人々に感謝すること。 〔第3学年及び第4学年〕 <u>家族など</u>生活を支えて<u>くれている</u>人々や<u>現在の生活を築いてくれた</u>高齢者に，尊敬と感謝の気持ちをもって接する<u>こと</u>。 〔第5学年及び第6学年〕 日々の生活が<u>家族や過去からの多くの</u>人々の支え合いや助け合いで成り立っていることに感謝し，それに<u>応えること。</u>
〔第1学年及び第2学年〕 (1) 気持ちのよい<u>あいさつ</u>，言葉遣い，動作などに心掛けて，明るく接する。 〔第3学年及び第4学年〕 (1) 礼儀の大切さを知り，<u>だれ</u>に対しても真心をもって接する。 〔第5学年及び第6学年〕 (1) 時と場をわきまえて，礼儀正しく真心をもって接する。	〔礼儀〕 〔第1学年及び第2学年〕 気持ちのよい<u>挨拶</u>，言葉遣い，動作などに心掛けて，明るく接する<u>こと</u>。 〔第3学年及び第4学年〕 礼儀の大切さを知り，<u>誰</u>に対しても真心をもって接すること。 〔第5学年及び第6学年〕 時と場をわきまえて，礼儀正しく真心をもって接すること。
〔第1学年及び第2学年〕 (3) 友達と仲よくし，助け合う。 〔第3学年及び第4学年〕 (3) 友達と互いに理解し，信頼し，助け合う。 〔第5学年及び第6学年〕 (3) 互いに信頼し，学び合って友情を深め，<u>男女仲よく協力し助け合う。</u>	〔友情，信頼〕 〔第1学年及び第2学年〕 友達と仲よくし，助け合う<u>こと</u>。 〔第3学年及び第4学年〕 友達と互いに理解し，信頼し，助け合う<u>こと</u>。 〔第5学年及び第6学年〕 <u>友達と</u>互いに信頼し，学び合って友情を深め，<u>異性についても理解しながら，人間関係を築いていくこと。</u>
〔第5学年及び第6学年〕 (4) 謙虚な心をもち，広い心で自分と異なる意見や立場を<u>大切にする。</u>	〔相互理解，寛容〕 〔第3学年及び第4学年〕 <u>自分の考えや意見を相手に伝えるとともに，相手のことを理解し，自分と異なる意見も大切にすること。</u> 〔第5学年及び第6学年〕 <u>自分の考えや意見を相手に伝えるとともに，</u>謙虚な心をもち，広い心で自分と異なる意見や立場を<u>尊重すること。</u>
4 主として集団や社会とのかかわりに関すること。	C 主として集団や社会との関わりに関すること

▷10 児童にとっての対象の広がりに対応させるかたちで，「3」と「4」の順序を入れ替えた。

平成20年	平成29年
〔第1学年及び第2学年〕 (1) 約束やきまりを守り，みんなが使う物を大切にする。 〔第3学年及び第4学年〕 (1) 約束や社会のきまりを守り，公徳心をもつ。 〔第5学年及び第6学年〕 (1) 公徳心をもって法やきまりを守り，自他の権利を大切にし進んで義務を果たす。	[規則の尊重] 〔第1学年及び第2学年〕 約束やきまりを守り，みんなが使う物を大切にすること。 〔第3学年及び第4学年〕 約束や社会のきまりの意義を理解し，それらを守ること。 〔第5学年及び第6学年〕 法やきまりの意義を理解した上で進んでそれらを守り，自他の権利を大切にし，義務を果たすこと。
〔第5学年及び第6学年〕 (2) だれに対しても差別をすることや偏見をもつことなく公正，公平にし，正義の実現に努める。	[公正，公平，社会正義] 〔第1学年及び第2学年〕 自分の好き嫌いにとらわれないで接すること。 〔第3学年及び第4学年〕 誰に対しても分け隔てをせず，公正，公平な態度で接すること。 〔第5学年及び第6学年〕 誰に対しても差別をすることや偏見をもつことなく，公正，公平な態度で接し，正義の実現に努めること。
〔第1学年及び第2学年〕 (2) 働くことのよさを感じて，みんなのために働く。 〔第3学年及び第4学年〕 (2) 働くことの大切さを知り，進んでみんなのために働く。 〔第5学年及び第6学年〕 (4) 働くことの意義を理解し，社会に奉仕する喜びを知って公共のために役に立つことをする。	[勤労，公共の精神] 〔第1学年及び第2学年〕 働くことのよさを知り，みんなのために働くこと。 〔第3学年及び第4学年〕 働くことの大切さを知り，進んでみんなのために働くこと。 〔第5学年及び第6学年〕 働くことや社会に奉仕することの充実感を味わうとともに，その意義を理解し，公共のために役に立つことをすること。
〔第1学年及び第2学年〕 (3) 父母，祖父母を敬愛し，進んで家の手伝いなどをして，家族の役に立つ喜びを知る。 〔第3学年及び第4学年〕 (3) 父母，祖父母を敬愛し，家族みんなで協力し合って楽しい家庭をつくる。 〔第5学年及び第6学年〕 (5) 父母，祖父母を敬愛し，家族の幸せを求めて，進んで役に立つことをする。	[家族愛，家庭生活の充実] 〔第1学年及び第2学年〕 父母，祖父母を敬愛し，進んで家の手伝いなどをして，家族の役に立つこと。 〔第3学年及び第4学年〕 父母，祖父母を敬愛し，家族みんなで協力し合って楽しい家庭をつくること。 〔第5学年及び第6学年〕 父母，祖父母を敬愛し，家族の幸せを求めて，進んで役に立つことをすること。

平成20年	→ 平成29年
〔第1学年及び第2学年〕 (4) 先生を敬愛し，学校の人々に親しんで，学級や学校の生活を楽しくする。 〔第3学年及び第4学年〕 (4) 先生や学校の人々を敬愛し，みんなで協力し合って楽しい学級をつくる。 〔第5学年及び第6学年〕 (6) 先生や学校の人々への敬愛を深め，みんなで協力し合いよりよい校風をつくる。 (3) 身近な集団に進んで参加し，自分の役割を自覚し，協力して主体的に責任を果たす。	〔よりよい学校生活，集団生活の充実〕 〔第1学年及び第2学年〕 先生を敬愛し，学校の人々に親しんで，学級や学校の生活を楽しくすること。 〔第3学年及び第4学年〕 先生や学校の人々を敬愛し，みんなで協力し合って楽しい学級や学校をつくること。 〔第5学年及び第6学年〕 先生や学校の人々を敬愛し，みんなで協力し合ってよりよい学級や学校をつくるとともに，様々な集団の中での自分の役割を自覚して集団生活の充実に努めること。
〔第1学年及び第2学年〕 (5) 郷土の文化や生活に親しみ，愛着をもつ。 〔第3学年及び第4学年〕 (5) 郷土の伝統と文化を大切にし，郷土を愛する心をもつ。 〔第5学年及び第6学年〕 (7) 郷土や我が国の伝統と文化を大切にし，先人の努力を知り，郷土や国を愛する心をもつ。	〔伝統と文化の尊重，国や郷土を愛する態度〕 〔第1学年及び第2学年〕 我が国や郷土の文化と生活に親しみ，愛着をもつこと。 〔第3学年及び第4学年〕 我が国や郷土の伝統と文化を大切にし，国や郷土を愛する心をもつこと。 〔第5学年及び第6学年〕 我が国や郷土の伝統と文化を大切にし，先人の努力を知り，国や郷土を愛する心をもつこと。
〔第3学年及び第4学年〕 (6) 我が国の伝統と文化に親しみ，国を愛する心をもつとともに，外国の人々や文化に関心をもつ。 〔第5学年及び第6学年〕 (8) 外国の人々や文化を大切にする心をもち，日本人としての自覚をもって世界の人々と親善に努める。	〔国際理解，国際親善〕 〔第1学年及び第2学年〕 他国の人々や文化に親しむこと。 〔第3学年及び第4学年〕 他国の人々や文化に親しみ，関心をもつこと。 〔第5学年及び第6学年〕 他国の人々や文化について理解し，日本人としての自覚をもって国際親善に努めること。
3 主として自然や崇高なものとのかかわりに関すること。 〔第1学年及び第2学年〕 (1) 生きることを喜び，生命を大切にする心をもつ。 〔第3学年及び第4学年〕 (1) 生命の尊さを感じ取り，生命あるものを大切にする。 〔第5学年及び第6学年〕 (1) 生命がかけがえのないものであることを知り，自他の生命を尊重する。	D 主として生命や自然，崇高なものとの関わりに関すること◁11 〔生命の尊さ〕 〔第1学年及び第2学年〕 生きることのすばらしさを知り，生命を大切にすること。 〔第3学年及び第4学年〕 生命の尊さを知り，生命あるものを大切にすること。 〔第5学年及び第6学年〕 生命が多くの生命のつながりの中にあるかけがえのないものであることを理解し，生命を尊重すること。

▷11 児童にとっての対象の広がりに対応させるかたちで，「3」と「4」の順序を入れ替えた。

巻末資料

平成20年	平成29年	
〔第1学年及び第2学年〕 (2) 身近な自然に親しみ，動植物に優しい心で接する。 〔第3学年及び第4学年〕 (2) 自然のすばらしさや不思議さに感動し，自然や動植物を大切にする。 〔第5学年及び第6学年〕 (2) 自然の偉大さを知り，自然環境を大切にする。 〔第1学年及び第2学年〕 (3) 美しいものに触れ，すがすがしい心をもつ。 〔第3学年及び第4学年〕 (3) 美しいものや気高いものに感動する心をもつ。 〔第5学年及び第6学年〕 (3) 美しいものに感動する心や人間の力を超えたものに対する畏敬の念をもつ。	［自然愛護］ 〔第1学年及び第2学年〕 身近な自然に親しみ，動植物に優しい心で接すること。 〔第3学年及び第4学年〕 自然のすばらしさや不思議さを感じ取り，自然や動植物を大切にすること。 〔第5学年及び第6学年〕 自然の偉大さを知り，自然環境を大切にすること。 ［感動，畏敬の念］ 〔第1学年及び第2学年〕 美しいものに触れ，すがすがしい心をもつこと。 〔第3学年及び第4学年〕 美しいものや気高いものに感動する心をもつこと。 〔第5学年及び第6学年〕 美しいものや気高いものに感動する心や人間の力を超えたものに対する畏敬の念をもつこと。 ［よりよく生きる喜び］ 〔第5学年及び第6学年〕 よりよく生きようとする人間の強さや気高さを理解し，人間として生きる喜びを感じること。	
第3 指導計画の作成と内容の取扱い 1 （略）◁12 (1) 道徳教育の全体計画の作成に当たっては，学校における全教育活動との関連の下に，児童，学校及び地域の実態を考慮して，学校の道徳教育の重点目標を設定するとともに，第2に示す道徳の内容との関連を踏まえた各教科，総合的な学習の時間及び特別活動における指導の内容及び時期並びに家庭や地域社会との連携の方法を示す必要があること。 (2) 道徳の時間の年間指導計画の作成に当たっては，道徳教育の全体計画に基づき，各教科，外国語活動，総合的な学習の時間及び特別活動との関連を考慮しながら，計画的，発展的に授業がなされるよう工夫すること。その際，第2に示す各学年段階ごとの内容項目について，児童や学校の実態に応じ，2学年間を見通した重点的な指導や内容項目間の関連を密にした指導を行うよう工夫すること。ただし，第2に示す各学年段階ごとの内容項目は相当する各学年においてすべて取り上げること。なお，特に必要	第3 指導計画の作成と内容の取扱い 1 各学校においては，道徳教育の全体計画に基づき，各教科，外国語活動，総合的な学習の時間及び特別活動との関連を考慮しながら，道徳科の年間指導計画を作成するものとする。なお，作成に当たっては，第2に示す各学年段階の内容項目について，相当する各学年において全て取り上げることとする。その際，児童や学校の実態に応じ，2学年間を見通した重点的な指導や内容項目間の関連を密にした指導，一つの内容項目を複数の時間で扱う指導を取り入れるなどの工夫を行うものとする。	▷12 平成29年版では「総則」「第6 道徳教育に関する配慮事項」の1に対応

187

▷13　平成29年版では「総則」「第6　道徳教育に関する配慮事項」の2に対応。

▷14　平成29年度版では，部分的に「第3　指導計画の作成と内容の取扱い」の2(3)に対応。

平成20年	平成29年
な場合には，<u>他の学年段階の内容項目を加えることができること。</u> ◁13 (3)　(略) ◁14 2　第2に示す道徳の内容は，<u>児童が自ら道徳性をはぐくむためのものであり，道徳の時間はもとより，各教科，外国語活動，総合的な学習の時間及び特別活動においてもそれぞれの特質に応じた適切な指導を行うものとする。その際，児童自らが成長を実感でき，これからの課題や目標が見付けられるよう工夫する必要がある。</u> 3　道徳の時間における指導に当たっては，次の事項に配慮するものとする。 (1)　校長や教頭などの参加，<u>ほか</u>の教師との協力的な指導などについて工夫し，道徳教育推進教師を中心とした指導体制を充実すること。 (2)　(略)	
第3章　道　徳 　第1　目　標 (前段略) 　道徳の時間においては，以上の道徳教育の目標に基づき，各教科，外国語活動，総合的な学習の時間及び特別活動における道徳教育と密接な関連を図りながら，計画的，発展的な指導によってこれを補充，深化，統合し，道徳的価値の自覚及び自己の生き方についての考えを深め，道徳的実践力を育成するものとする。	2　第2の内容の指導に当たっては，次の事項に配慮するものとする。 (1)　校長や教頭などの参加，<u>他</u>の教師との協力的な指導などについて工夫し，道徳教育推進教師を中心とした指導体制を充実すること。 (2)　道徳科が学校の教育活動全体を通じて行う道徳教育の要としての役割を果たすことができるよう，計画的・発展的な指導を行うこと。<u>特に，各教科，外国語活動，総合的な学習の時間及び特別活動における道徳教育としては取り扱う機会が十分でない内容項目に関わる指導を補うことや，児童や学校の実態等を踏まえて指導をより一層深めること，内容項目の相互の関連を捉え直したり発展させたりすることに留意すること。</u> ◁15 (3)　<u>児童が自ら道徳性を養う中で</u>，自らを振り◁16 返って成長を実感したり，これからの課題や目標を見付けたりすることができるよう工夫すること。その際，道徳性を養うことの意義について，児童自らが考え，理解し，主体的に学習に取り組むことができるようにすること。
(4)　自分の考えを基に，<u>書いたり話し合ったり</u>するなどの表現する機会を充実し，<u>自分とは異なる考えに接する中で，自分の考えを深め，自らの成長を実感できるよう工夫すること。</u>	(4)　<u>児童が多様な感じ方や考え方に接する中で，考えを深め，判断し，表現する力などを育むことができるよう，自分の考えを基に話し合ったり書いたりするなどの言語活動を充実すること。</u> (5)　児童の発達の段階や特性等を考慮し，指導のねらいに即して，問題解決的な学習，道徳的行為に関する体験的な学習等を適切に取り入れるなど，指導方法を工夫すること。その際，それらの活動を通じて学んだ内容の意義などについて考えることができるようにすること。また，特別活動等における多様な実践活動や体験活動も道徳科の授業に生かすようにすること。

▷15　「補充，深化，統合」を言い換えたもの。

▷16　平成20年度版「第3章道徳」第3の2「児童が自ら道徳性を育む」ことについて，より具体的に示された。

巻末資料

平成20年	平成29年	
(5) 児童の発達の段階や特性等を考慮し，第2に示す道徳の内容との関連を踏まえ，情報モラルに関する指導に留意すること。	(6) 児童の発達の段階や特性等を考慮し，第2に示す内容との関連を踏まえつつ，情報モラルに関する指導を充実すること。また，児童の発達の段階や特性等を考慮し，例えば，社会の持続可能な発展などの現代的な課題の取扱いにも留意し，身近な社会的課題を自分との関係において考え，それらの解決に寄与しようとする意欲や態度を育てるよう努めること。なお，多様な見方や考え方のできる事柄について，特定の見方や考え方に偏った指導を行うことのないようにすること。	
◁17 4 道徳教育を進めるに当たっては，学校や学級内の人間関係や環境を整えるとともに，学校の道徳教育の指導内容が児童の日常生活に生かされるようにする必要がある。また，道徳の時間の授業を公開したり，授業の実施や地域教材の開発や活用などに，保護者や地域の人々の積極的な参加や協力を得たりするなど，家庭や地域社会との共通理解を深め，相互の連携を図るよう配慮する必要がある。	(7) 道徳科の授業を公開したり，授業の実施や地域教材の開発や活用などに家庭や地域の人々，各分野の専門家等の積極的な参加や協力を得たりするなど，家庭や地域社会との共通理解を深め，相互の連携を図ること。	▷17 「総則」「第6 道徳教育に関する配慮事項」の3，4に対応。
	3 教材については，次の事項に留意するものとする。	
3(3)先人の伝記，自然，伝統と文化，スポーツなどを題材とし，児童が感動を覚えるような魅力的な教材の開発や活用を通して，児童の発達の段階や特性等を考慮した創意工夫ある指導を行うこと。	(1) 児童の発達の段階や特性，地域の実情等を考慮し，多様な教材の活用に努めること。特に，生命の尊厳，自然，伝統と文化，先人の伝記，スポーツ，情報化への対応等の現代的な課題などを題材とし，児童が問題意識をもって多面的・多角的に考えたり，感動を覚えたりするような充実した教材の開発や活用を行うこと。	
	(2) 教材については，教育基本法や学校教育法その他の法令に従い，次の観点に照らし適切と判断されるものであること。	
	ア 児童の発達の段階に即し，ねらいを達成するのにふさわしいものであること。	
	イ 人間尊重の精神にかなうものであって，悩みや葛藤等の心の揺れ，人間関係の理解等の課題も含め，児童が深く考えることができ，人間としてよりよく生きる喜びや勇気を与えられるものであること。	
	ウ 多様な見方や考え方のできる事柄を取り扱う場合には，特定の見方や考え方に偏った取扱いがなされていないものであること。	
5 児童の道徳性については，常にその実態を把握して指導に生かすよう努める必要がある。ただし，道徳の時間に関して数値などによる評価は行わないものとする。	4 児童の学習状況や道徳性に係る成長の様子を継続的に把握し，指導に生かすよう努める必要がある。ただし，数値などによる評価は行わないものとする。	

189

「学習指導要領」平成20年版及び平成29年版の比較対照表【中学校版】

（文部科学省「学習指導要領」をもとに編著者作成。下線は編著者）

平成20年 →	平成29年
第1章　総　則 第1　教育課程編成の一般方針 1　（略）	第1章　総　則 第1　中学校教育の基本と教育課程の役割 1　（略） 2　学校の教育活動を進めるに当たっては，各学校において，第3の1に示す<u>主体的・対話的で深い学びの実現に向けた授業改善</u>を通して，創意工夫を生かした特色ある教育活動を展開する中で，次の(1)から(3)までに掲げる事項の実現を図り，生徒に生きる力を育むことを目指すものとする。 (1)　（略） (2)　道徳教育や体験活動，多様な表現や鑑賞の活動等を通して，<u>豊かな心や創造性</u>の涵養を目指した教育の充実に努めること。

<table>
<tr><td>

▷1　アクティブ・ラーニング（能動的な学び）の方向へ。

▷2　「豊かな心」や「創造性」は教育基本法の目標，かつ現代的諸課題に対応した資質・能力である。

▷3　名称の変更は平成27年版（一部改正）から。中学校は平成31年度から先行して全面実施。

▷4　平成27年版（一部改正）から。

▷5　下線部「教師と生徒及び生徒相互の人間関係」については，「総則」「第4　生徒の発達の支援」の(1)(2)に対応。

▷6　下線部「職場体験活動やボランティア活動，自然体験活動」については，「総則」「第6　道徳教育に関する配慮事項」の3に対応。

▷7　下線部の内容については，「総則」「第6　道徳教育に関する配慮事項」の2に対応。

▷8　目標と配慮（留意）事項を整理し直した。道徳教育に関しては平成27年（一部改正）によって示され，中学校は平成31年から先行して全面実施。

</td><td>

2　学校における道徳教育は，<u>道徳の時間</u>を要として学校の教育活動全体を通じて行うものであり，道徳の時間はもとより，各教科，総合的な学習の時間及び特別活動のそれぞれの特質に応じて，生徒の発達の段階を考慮して，適切な指導を行わなければならない。

道徳教育は，教育基本法及び学校教育法に定められた教育の根本精神に基づき，人間尊重の精神と生命に対する畏敬の念を家庭，学校，その他社会における具体的な生活の中に生かし，豊かな心をもち，伝統と文化を尊重し，それらを<u>はぐくんできた我が国と郷土を愛し，個性豊かな文化の創造を図るとともに，公共の精神を尊び，民主的な社会及び国家の発展に努め，他国を尊重し，国際社会の平和と発展や環境の保全に貢献し未来を拓く主体性のある日本人を育成するため，その基盤としての道徳性を養うこと</u>を目標とする。

道徳教育を進めるに当たっては，<u>教師と生徒及び生徒相互の人間関係を深める</u>とともに，生徒が道徳的価値に基づいた人間としての生き方についての自覚を深め，家庭や地域社会との連携を図りながら，<u>職場体験活動やボランティア活動，自然体験活動</u>などの豊かな体験を通して生徒の内面に根ざした道徳性の育成が図られるよう配慮しなければならない。その際，特に生徒が<u>自他の生命を尊重し，規律ある生活ができ，自分の将来を考え，法やきまりの意義の理解を深め，主体的に社会の形成に参画し，国際社会に生きる日本人としての自覚を身に付けるようにすること</u>などに配慮しなければならない。

</td><td>

学校における道徳教育は，<u>特別の教科である道徳（以下「道徳科」という）</u>を要として学校の教育活動全体を通じて行うものであり，<u>道徳科</u>はもとより，各教科，総合的な学習の時間及び特別活動のそれぞれの特質に応じて，生徒の発達の段階を考慮して，適切な指導を行うこと。

道徳教育は，教育基本法及び学校教育法に定められた教育の根本精神に基づき，<u>自己の生き方を考え，主体的な判断の下に行動し，自立した人間として他者と共によりよく生きるための基盤となる道徳性を養うことを目標とすること。</u>

道徳教育を進めるに当たっては，人間尊重の精神と生命に対する畏敬の念を家庭，学校，その他社会における具体的な生活の中に生かし，豊かな心をもち，伝統と文化を尊重し，それらを<u>育んできた我が国と郷土を愛し，個性豊かな文化の創造を図るとともに，平和で民主的な国家及び社会の形成者として，公共の精神を尊び，社会及び国家の発展に努め，他国を尊重し，国際社会の平和と発展や環境の保全に貢献し未来を拓く主体性のある日本人の育成に資すること</u>となるよう特に留意すること。

</td></tr>
</table>

平成20年	➡	平成29年

平成20年

3　（略）

第2　内容等の取扱いに関する共通的事項

1　第2章以下に示す各教科，道徳及び特別活動の内容に関する事項は，特に示す場合を除き，いずれの学校においても取り扱わなければならない。

2　学校において特に必要がある場合には，第2章以下に示していない内容を加えて指導することができる。また，第2章以下に示す内容の取扱いのうち内容の範囲や程度等を示す事項は，すべての生徒に対して指導するものとする内容の範囲や程度等を示したものであり，学校において特に必要がある場合には，この事項にかかわらず指導することができる。ただし，これらの場合には，第2章以下に示す各教科，道徳及び特別活動並びに各学年，各分野又は各言語の目標や内容の趣旨を逸脱したり，生徒の負担過重となったりすることのないようにしなければならない。

3　第2章以下に示す各教科，道徳及び特別活動並びに各学年，各分野又は各言語の内容に掲げる事項の順序は，特に示す場合を除き，指導の順序を示すものではないので，学校においては，その取扱いについて適切な工夫を加えるものとする。

4　学校において2以上の学年の生徒で編制する学級について特に必要がある場合には，各教科の目標の達成に支障のない範囲内で，各教科の目標及び内容について学年別の順序によらないことができる。

5　各学校においては，選択教科を開設し，生徒に履修させることができる。その場合にあっては，地域や学校，生徒の実態を考慮し，すべての生徒に指導すべき内容との関連を図りつつ，選択教科の授業時数及び内容を適切に定め選択教科の指導計画を作成するものとする。

平成29年

(3) ◁9 （略）

3 ◁10 （略）

4 ◁11 （略）

第2　教育課程の編成

1 ◁12 （略）

2 ◁13 （略）

3　教育課程の編成における共通的事項

(1)　内容等の取扱い

ア　第2章以下に示す各教科，道徳科及び特別活動の内容に関する事項は，特に示す場合を除き，いずれの学校においても取り扱わなければならない。

イ　学校において特に必要がある場合には，第2章以下に示していない内容を加えて指導することができる。また，第2章以下に示す内容の取扱いのうち内容の範囲や程度を示す事項は，全ての生徒に対して指導するものとする内容の範囲や程度等を示したものであり，学校において特に必要がある場合には，この事項にかかわらず加えて指導することができる。ただし，これらの場合には，第2章以下に示す各教科，道徳科及び特別活動の目標や内容の趣旨を逸脱したり，生徒の負担過重となったりすることのないようにしなければならない。

ウ　第2章以下に示す各教科，道徳科及び特別活動並びに各学年の内容に掲げる事項の順序は，特に示す場合を除き，指導の順序を示すものではないので，学校においては，その取扱いについて適切な工夫を加えるものとする。

エ　学校において2以上の学年の生徒で編制する学級について特に必要がある場合には，各教科の目標の達成に支障のない範囲内で，各教科の目標及び内容について学年別の順序によらないことができる。

オ　各学校においては，生徒や学校，地域の実態を考慮して，生徒の特性等に応じた多様な学習活動が行えるよう，第2章に示す各教科や，特に必要な教科を，選択教科として開設し生徒に履修させることができる。その場合にあっては，全ての生徒に指導すべき内容との関連を図りつつ，選択教科の授業時数及び内容を適切に

▷9　「体育・健康」に関する指導。「道徳科」においても特質に応じて行うことが求められている。

▷10　「豊かな創造性を備え持続可能な社会の創り手となること」が生徒に期待されることとして新たに追記され，そのことに関連して，「育成すべき資質・能力の3つの柱」が加えられた。

▷11　「カリキュラム・マネジメント」が加えられた。

▷12　教育課程の方針が「家庭や地域とも共有される」，つまり社会に開かれたものとなるよう求められている。

▷13　「教科横断的な視点に立った資質・能力の育成」が求められている。

平成20年	平成29年
6　選択教科の内容については，課題学習，補充的な学習や発展的な学習など，生徒の特性等に応じた多様な学習活動が行えるよう各学校において適切に定めるものとする。その際，生徒の負担過重となることのないようにしなければならない。 7　各学校においては，第2章に示す各教科を選択教科として設けることができるほか，地域や学校，生徒の実態を考慮して，特に必要がある場合には，その他特に必要な教科を選択教科として設けることができる。その他特に必要な教科の名称，目標，内容などについては，各学校が適切に定めるものとする。	定め選択教科の指導計画を作成し，生徒の負担加重となることのないようにしなければならない。また，特に必要な教科の名称，目標，内容などについては，各学校が適切に定めるものとする。
第3章　道徳 第2　内容 　道徳の時間を要として学校の教育活動を通じて行う道徳教育の内容は，次のとおりとする。	カ　道徳科を要として学校の教育活動全体を通じて行う道徳教育の内容は，第3章特別の教科道徳の第2に示す内容とし，その実施に当たっては，第6に示す道徳教育に関する配慮事項を踏まえるものとする。
第3　授業時数等の取扱い 1　各教科，道徳，総合的な学習の時間及び特別活動（以下「各教科等」という。ただし，1及び3において，特別活動については学級活動（学校給食に係るものを除く。）に限る。）の授業は，年間35週以上にわたって行うよう計画し，週当たりの授業時数が生徒の負担過重にならないようにするものとする。ただし，各教科等（特別活動を除く。）や学習活動の特質に応じ効果的な場合には，夏季，冬季，学年末等の休業日の期間に授業日を設定する場合を含め，これらの授業を特定の期間に行うことができる。なお，給食，休憩などの時間については，学校において工夫を加え，適切に定めるものとする。◁15	(2)　授業時間数の取扱い ア　各教科等の授業は，年間35週以上にわたって行うよう計画し，週当たりの授業時数が生徒の負担過重にならないようにするものとする。ただし，各教科等や学習活動の特質に応じ効果的な場合には，夏季，冬季，学年末等の休業日の期間に授業日を設定する場合を含め，これらの授業を特定の期間に行うことができる。
2～5　（略） 第4　指導計画の作成等に当たって配慮すべき事項 1　（略） 2　以上のほか，次の事項に配慮するものとする。 (1)～(14)　略 ◁16	イ～第5　（略）◁14
第3章　道　徳 第3　指導計画の作成と内容の取扱い 1　各学校においては，校長の方針の下に，	第6　道徳教育に関する配慮事項 道徳教育を進めるに当たっては，道徳教育の特質を踏まえ，前項までに示す事項に加え，次の事項に配慮するものとする。 1　各学校においては，第1の2の(2)に示す道徳教育の目標を踏まえ，道徳教育の全体計画を作成し，校長の方針の下に，道徳教育の推進を主に担当する教師（以下「道徳教育推進教

▷14　新設あるいはとくに重視されるようになった点として「学校段階間の接続」，「主体的・対話的で深い学びの実現」やその評価の在り方，「生徒の発達の支援」や「特別な配慮を必要とする生徒への指導」「カリキュラム・マネジメントの実現」等があげられる。

▷15　下線部「給食，休憩などの時間」等については，「総則」「第2　教育課程の編成」の3(2)-ウ(ウ)に対応。

▷16　平成29年版「総則」の「第3　教育課程の実施と学習評価」から「第5　学習運営上の留意事項」において，適宜加筆修正されるかたちで対応。

巻末資料

平成20年 →	平成29年
道徳教育の推進を主に担当する教師（以下「道徳教育推進教師」という。）を中心に，全教師が協力して道徳教育を展開するため，次に示すところにより，道徳教育の全体計画と道徳の時間の年間指導計画を作成するものとする。 (1) 道徳教育の全体計画の作成に当たっては，学校における全教育活動との関連の下に，生徒，学校及び地域の実態を考慮して，学校の道徳教育の重点目標を設定するとともに，第2に示す道徳の内容との関連を踏まえた各教科，総合的な学習の時間及び特別活動における指導の内容及び時期並びに家庭や地域社会との連携の方法を示す必要があること。 (3) 各学校においては，生徒の発達の段階や特性等を踏まえ，指導内容の重点化を図ること。特に，自他の生命を尊重し，規律ある生活ができ，自分の将来を考え，法やきまりの意義の理解を深め，主体的に社会の形成に参画し，国際社会に生きる日本人としての自覚を身に付けるようにすることなどに配慮し，生徒や学校の実態に応じた指導を行うよう工夫すること。また，悩みや葛藤等の思春期の心の揺れ，人間関係の理解等の課題を積極的に取り上げ，道徳的価値に基づいた人間としての生き方についての考えを深められるよう配慮すること。	師」という）を中心に，全教師が協力して道徳教育を展開すること。なお，道徳教育の全体計画の作成に当たっては，生徒や学校，地域の実態を考慮して，学校の道徳教育の重点目標を設定するとともに，道徳科の指導方針，第3章特別の教科道徳の第2に示す内容との関連を踏まえた各教科，総合的な学習の時間及び特別活動における指導の内容及び時期並びに家庭や地域社会との連携の方法を示すこと。 2　各学校においては，生徒の発達の段階や特性等を踏まえ，指導内容の重点化を図ること。その際，小学校における道徳教育の指導内容を更に発展させ，自立心や自律性を高め，規律ある生活をすること，生命を尊重する心や自らの弱さを克服して気高く生きようとする心を育てること，法やきまりの意義に関する理解を深めること，自らの将来の生き方を考え主体的に社会の形成に参加する意欲と態度を養うこと，伝統と文化を尊重しそれらを育んできた我が国と郷土を愛するとともに，他国を尊重すること，国際社会に生きる日本人としての自覚を身に付けることに留意すること。
第1章　総則（再掲） 第1 2　道徳教育を進めるに当たっては，教師と生徒及び生徒相互の人間関係を深めるとともに，生徒が道徳的価値に基づいた人間としての生き方についての自覚を深め，家庭や地域社会との連携を図りながら，職場体験活動やボランティア活動，自然体験活動などの豊かな体験を通して生徒の内面に根ざした道徳性の育成が図られるよう配慮しなければならない。	3　学校や学級内の人間関係や環境を整えるとともに，職場体験活動やボランティア活動，自然体験活動，地域の行事への参加などの豊かな体験を充実すること。また，道徳教育の指導内容が，生徒の日常生活に生かされるようにすること。その際，いじめの防止や安全の確保等にも資することとなるよう留意すること。
第3章　道　徳 第3　指導計画の作成と内容の取扱い 4　道徳教育を進めるに当たっては，学校や学級内の人間関係や環境を整えるとともに，学校の道徳教育の指導内容が児童の日常生活に生かされるようにする必要がある。	

193

平成20年	平成29年
また，道徳の時間の授業を公開したり，授業の実施や地域教材の開発や活用などに，保護者や地域の人々の積極的な参加や協力を得たりするなど，家庭や地域社会との共通理解を深め，相互の連携を図るよう配慮する必要がある。	4　学校の道徳教育の全体計画や道徳教育に関する諸活動などの情報を積極的に公表したり，道徳教育の充実のために家庭や地域の人々の積極的な参加や協力を得たりするなど，家庭や地域社会との共通理解を深め，相互の連携を図ること。

巻末資料

平成20年 →	平成29年	
第3章　道　徳 第1　目標 　道徳教育の目標は，第1章総則の第1の2に示すところにより，学校の教育活動全体を通じて，道徳的な心情，判断力，実践意欲と態度などの道徳性を養うこととする。 　道徳の時間においては，以上の道徳教育の目標に基づき，各教科，総合的な学習の時間及び特別活動における道徳教育と密接な関連を図りながら，計画的，発展的な指導によってこれを補充，深化，統合し，道徳的価値の自覚及び自己の生き方についての考えを深め，道徳的実践力を育成するものとする。	第3章　特別の教科　道徳 第1　目標 　第1章総則の第1の2の(2)に示す道徳教育の目標に基づき，よりよく生きるための基盤となる道徳性を養うため，道徳的諸価値についての理解を基に，自己を見つめ，物事を広い視野から多面的・多角的に考え，人間としての生き方についての考えを深める学習を通して，道徳的な判断力，心情，実践意欲と態度を育てる。	▷1　追加。 ▷2　「価値の自覚」を「諸価値についての理解」に変更。 ▷3　「物事を広い視野から多面的・多角的に考え」を追加。 ▷4　「自己の生き方」から「人間としての生き方」へ。 ▷5　「心情，判断力」を「判断力，心情」の順に入れ替えた。 ▷6　「補充，深化，統合」を第3の2(2)に移動。 ▷7　「道徳的実践力」を削除。
第2　内容 　道徳の時間を要として学校の教育活動全体を通じて行う道徳教育の内容は，次のとおりとする。 1　主として自分自身に関すること。 (3)　自律の精神を重んじ，自主的に考え，誠実に実行してその結果に責任をもつ。 (1)　望ましい生活習慣を身に付け，心身の健康の増進を図り，節度を守り節制に心掛け調和のある生活をする。 (5)　自己を見つめ，自己の向上を図るとともに，個性を伸ばして充実した生き方を追求する。 (2)　より高い目標を目指し，希望と勇気をもって着実にやり抜く強い意志をもつ。 (4)　真理を愛し，真実を求め，理想の実現を目指して自己の人生を切り拓いていく。 2　主として他の人とのかかわりに関すること。 (2)　温かい人間愛の精神を深め，他の人々に対し思いやりの心をもつ。 (6)　多くの人々の善意や支えにより，日々の生活や現在の自分があることに感謝し，それ	第2内容 学校の教育活動全体を通じて行う道徳教育の要である道徳科においては，以下に示す項目について扱う。 A　主として自分自身に関すること [自主，自律，自由と責任] 自律の精神を重んじ，自主的に考え，判断し，誠実に実行してその結果に責任をもつこと。 [節度，節制] 望ましい生活習慣を身に付け，心身の健康の増進を図り，節度を守り節制に心掛け，安全で調和のある生活をすること。 [向上心，個性の伸長] 自己を見つめ，自己の向上を図るとともに，個性を伸ばして充実した生き方を追求すること。 [希望と勇気，克己と強い意志] より高い目標を設定し，その達成を目指し，希望と勇気をもち，困難や失敗を乗り越えて着実にやり遂げること。 [真理の探究，創造] 真実を大切にし，真理を探究して新しいものを生み出そうと努めること。 B　主として人との関わりに関すること [思いやり，感謝] 思いやりの心をもって人と接するとともに，家族などの支えや多くの人々の善意により日々の生活や現在の自分があることに感謝し，進んで	▷8　学校の教育活動全体を通じて行う「道徳教育」における内容（項目）としての側面から，「道徳教育の要である道徳科」において取り扱われる（内容）項目としての側面が強調される表現となった。 ▷9　数字からアルファベットへの変更。 ▷10　4つの視点とそれぞれに関連する内容を，学年別に項目番号を付して列挙していたが，4つの視点はそのままに，項目を番号ではなくキーワードで示し，指導における段階的な違いもつかみやすいよう，キーワードごと段階的に提示した。 ＊　なお，本表では一つひとつの項目内容を比較しやすいよう，平成20年版の内容項目に関しては，平成29年版の順序に合わせて，並び替えて示した。

195

平成20年	➡ 平成29年
にこたえる。	それに応え，人間愛の精神を深めること。
(1) 礼儀の意義を理解し，時と場に応じた適切な言動をとる。	[礼儀] 礼儀の意義を理解し，時と場に応じた適切な言動をとること。
(3) 友情の尊さを理解して心から信頼できる友達をもち，互いに励まし合い，高め合う。 (4) 男女は，互いに異性についての正しい理解を深め，相手の人格を尊重する。	[友情，信頼] 友情の尊さを理解して心から信頼できる友達をもち，互いに励まし合い，高め合うとともに，異性についての理解を深め，悩みや葛藤も経験しながら人間関係を深めていくこと。
(5) それぞれの個性や立場を尊重し，いろいろなものの見方や考え方があることを理解して，寛容の心をもち謙虚に他に学ぶ。	[相互理解，寛容] 自分の考えや意見を相手に伝えるとともに，それぞれの個性や立場を尊重し，いろいろなものの見方や考え方があることを理解し，寛容の心をもって謙虚に他に学び，自らを高めていくこと。
4 主として集団や社会とのかかわりに関すること。 (1) 法やきまりの意義を理解し，遵守するとともに，自他の権利を重んじ義務を確実に果たして，社会の秩序と規律を高めるように努める。	C 主として集団や社会との関わりに関すること[11] [遵法精神，公徳心] 法やきまりの意義を理解し，それらを進んで守るとともに，そのよりよい在り方について考え，自他の権利を大切にし，義務を果たして，規律ある安定した社会の実現に努めること。
(2) 公徳心及び社会連帯の自覚を高め，よりよい社会の実現に努める。 (3) 正義を重んじ，だれに対しても公正，公平にし，差別や偏見のない社会の実現に努める。	[公正，公平，社会正義] 正義と公正さを重んじ，誰に対しても公平に接し，差別や偏見のない社会の実現に努めること。 [社会参画，公共の精神] 社会参画の意識と社会連帯の自覚を高め，公共の精神をもってよりよい社会の実現に努めること。
(5) 勤労の尊さや意義を理解し，奉仕の精神をもって，公共の福祉と社会の発展に努める。	[勤労] 勤労の尊さや意義を理解し，将来の生き方について考えを深め，勤労を通じて社会に貢献すること。
(6) 父母，祖父母に敬愛の念を深め，家族の一員としての自覚をもって充実した家庭生活を築く。	[家族愛，家庭生活の充実] 父母，祖父母を敬愛し，家族の一員としての自覚をもって充実した家庭生活を築くこと。

▷11 生徒にとっての対象の広がりに対応させるかたちで，「3」と「4」の順序を入れ替えた。

巻末資料

平成20年	平成29年
(7) 学級や学校の一員としての自覚をもち，教師や学校の人々に敬愛の念を深め，協力してよりよい校風を樹立する。 (4) 自己が属する様々な集団の意義についての理解を深め，役割と責任を自覚し集団生活の向上に努める。	［よりよい学校生活，集団生活の充実］ 教師や学校の人々を敬愛し，学級や学校の一員としての自覚をもち，協力し合ってよりよい校風をつくるとともに，様々な集団の意義や集団の中での自分の役割と責任を自覚して集団生活の充実に努めること。
(8) 地域社会の一員としての自覚をもって郷土を愛し，社会に尽くした先人や高齢者に尊敬と感謝の念を深め，郷土の発展に努める。	［郷土の伝統と文化の尊重，郷土を愛する態度］ 郷土の伝統と文化を大切にし，社会に尽くした先人や高齢者に尊敬の念を深め，地域社会の一員としての自覚をもって郷土を愛し，進んで郷土の発展に努めること。
(9) 日本人としての自覚をもって国を愛し，国家の発展に努めるとともに，優れた伝統の継承と新しい文化の創造に貢献する。	［我が国の伝統と文化の尊重，国を愛する態度］ 優れた伝統の継承と新しい文化の創造に貢献するとともに，日本人としての自覚をもって国を愛し，国家及び社会の形成者として，その発展に努めること。
(10) 世界の中の日本人としての自覚をもち，国際的視野に立って，世界の平和と人類の幸福に貢献する。	［国際理解，国際貢献］ 世界の中の日本人としての自覚をもち，他国を尊重し，国際的視野に立って，世界の平和と人類の発展に寄与すること。
3 主として自然や崇高なものとのかかわりに関すること。	D 主として生命や自然，崇高なものとの関わりに関すること ▷12
(1) 生命の尊さを理解し，かけがえのない自他の生命を尊重する。	［生命の尊さ］ 生命の尊さについて，その連続性や有限性なども含めて理解し，かけがえのない生命を尊重すること。
(2) 自然を愛護し，美しいものに感動する豊かな心をもち，人間の力を超えたものに対する畏敬の念を深める。	［自然愛護］ 自然の崇高さを知り，自然環境を大切にすることの意義を理解し，進んで自然の愛護に努めること。
	［感動，畏敬の念］ 美しいものや気高いものに感動する心をもち，人間の力を超えたものに対する畏敬の念を深めること。
(3) 人間には弱さや醜さを克服する強さや気高さがあることを信じて，人間として生きることに喜びを見いだすように努める。	［よりよく生きる喜び］ 人間には自らの弱さや醜さを克服する強さや気高く生きようとする心があることを理解し，人間として生きることに喜びを見いだすこと。

▷12 生徒にとっての対象の広がりに対応させるかたちで，「3」と「4」の順序を入れ替えた。

197

	平成20年 →	平成29年

▷13 平成29年版では「総則」「第6 道徳教育に関する配慮事項」の1に対応。

平成20年

第3 指導計画の作成と内容の取扱い
1 (略) ◁13
(1) 道徳教育の全体計画の作成に当たっては，学校における全教育活動との関連の下に，生徒，学校及び地域の実態を考慮して，学校の道徳教育の重点目標を設定するとともに，第2に示す道徳の内容との関連を踏まえた各教科，総合的な学習の時間及び特別活動における指導の内容及び時期並びに家庭や地域社会との連携の方法を示す必要があること。
(2) 道徳の時間の年間指導計画の作成に当たっては，道徳教育の全体計画に基づき，各教科，総合的な学習の時間及び特別活動との関連を考慮しながら，計画的，発展的に授業がなされるよう工夫すること。その際，第2に示す各内容項目の指導の充実を図る中で，生徒や学校の実態に応じ，3学年間を見通した重点的な指導や内容項目間の関連を密にした指導を行うよう工夫すること。ただし，第2に示す内容項目はいずれの学年においてもすべて取り上げること。

▷14 平成29年版では「総則」「第6 道徳教育に関する配慮事項」の2に対応。
▷15 平成29年版では，部分的に「第3 指導計画の作成と内容の取扱い」の2(3)に対応。

(3) (略) ◁14
2 第2に示す道徳の内容は，生徒が自ら道徳 ◁15
性をはぐくむためのものであり，道徳の時間はもとより，各教科，総合的な学習の時間及び特別活動においてもそれぞれの特質に応じた適切な指導を行うものとする。その際，生徒自らが成長を実感でき，これからの課題や目標が見付けられるよう工夫する必要がある。
3 道徳の時間における指導に当たっては，次の事項に配慮するものとする。
(1) 学級担任の教師が行うことを原則とするが，校長や教頭などの参加，他の教師との協力的な指導などについて工夫し，道徳教育推進教師を中心とした指導体制を充実すること。
(2) (略)

第3章 道 徳
第1 目 標
(前段略)
　道徳の時間においては，以上の道徳教育の目標に基づき，各教科，外国語活動，総合的な学習の時間及び特別活動における道徳教育と密接な関連を図りながら，計画的，発展的な指導によってこれを補充，深化，統合し，道徳的価値の自覚及び自己の生き方について

▷16 「補充，深化，統合」を言い換えたもの。

平成29年

第3 指導計画の作成と内容の取扱い

1 各学校においては，道徳教育の全体計画に基づき，各教科，総合的な学習の時間及び特別活動との関連を考慮しながら，道徳科の年間指導計画を作成するものとする。
なお，作成に当たっては，第2に示す内容項目について，各学年において全て取り上げることとする。その際，生徒や学校の実態に応じ，3学年間を見通した重点的な指導や内容項目間の関連を密にした指導，一つの内容項目を複数の時間で扱う指導を取り入れるなどの工夫を行うものとする。

2 第2の内容の指導に当たっては，次の事項に配慮するものとする。
(1) 学級担任の教師が行うことを原則とするが，校長や教頭などの参加，他の教師との協力的な指導などについて工夫し，道徳教育推進教師を中心とした指導体制を充実すること。

(2) 道徳科が学校の教育活動全体を通じて行う道徳教育の要としての役割を果たすことができるよう，計画的・発展的な指導を行うこと。特に，各教科，総合的な学習の時間及び特別活動における道徳教育としては取り扱う機会が十分でない内容項目に関わる指導を補うことや，生徒や学校の実態等を踏まえて指導をより一層深めること，内容項目の相互の関連を捉え直したり発展させたりすることに留意すること。 ◁16

198

平成20年	平成29年
の考えを深め，道徳的実践力を育成するものとする。	
	(3) 生徒が自ら道徳性を養う中で，自らを振り返って成長を実感したり，これからの課題や目標を見付けたりすることができるよう工夫すること。その際，道徳性を養うことの意義について，生徒自らが考え，理解し，主体的に学習に取り組むことができるようにすること。また，発達の段階を考慮し，人間としての弱さを認めながら，それを乗り越えてよりよく生きようとすることのよさについて，教師が生徒と共に考える姿勢を大切にすること。
(4) 自分の考えを基に，書いたり討論したりするなどの表現する機会を充実し，自分とは異なる考えに接する中で，自分の考えを深め，自らの成長を実感できるよう工夫すること。	(4) 生徒が多様な感じ方や考え方に接する中で，考えを深め，判断し，表現する力などを育むことができるよう，自分の考えを基に討論したり書いたりするなどの言語活動を充実すること。その際，様々な価値観について多面的・多角的な視点から振り返って考える機会を設けるとともに，生徒が多様な見方や考え方に接しながら，更に新しい見方や考え方を生み出していくことができるよう留意すること。
	(5) 生徒の発達の段階や特性等を考慮し，指導のねらいに即して，問題解決的な学習，道徳的行為に関する体験的な学習等を適切に取り入れるなど，指導方法を工夫すること。その際，それらの活動を通じて学んだ内容の意義などについて考えることができるようにすること。また，特別活動等における多様な実践活動や体験活動も道徳科の授業に生かすようにすること。
(5) 生徒の発達の段階や特性等を考慮し，第2に示す道徳の内容との関連を踏まえて，情報モラルに関する指導に留意すること。	(6) 生徒の発達の段階や特性等を考慮し，第2に示す内容との関連を踏まえつつ，情報モラルに関する指導を充実すること。また，例えば，科学技術の発展と生命倫理との関係や社会の持続可能な発展などの現代的な課題の取扱いにも留意し，身近な社会的課題を自分との関係において考え，それらの解決に向けて取り組もうとする意欲や態度を育てるよう努めること。なお，多様な見方や考え方のできる事柄について，特定の見方や考え方に偏った指導を行うことのないようにすること。
4 道徳教育を進めるに当たっては，学校や学級内の人間関係や環境を整えるとともに，学校の道徳教育の指導内容が生徒の日常生活に生かされるようにする必要がある。また，道徳の	

▷17 平成20年度版「第3章道徳」第3の2「生徒が自ら道徳性を育む」ことについて，より具体的に示された。

▷18 「総則」「第6 道徳教育に関する配慮事項」の3，4に対応。

平成20年	平成29年
時間の授業を公開したり，授業の実施や地域教材の開発や活用などに，保護者や地域の人々の積極的な参加や協力を得たりするなど，家庭や地域社会との共通理解を深め，相互の連携を図るよう配慮する必要がある。	
	(7) 道徳科の授業を公開したり，授業の実施や地域教材の開発や活用などに家庭や地域の人々，各分野の専門家等の積極的な参加や協力を得たりするなど，家庭や地域社会との共通理解を深め，相互の連携を図ること。
	3 教材については，次の事項に留意するものとする。
	(1) 生徒の発達の段階や特性，地域の実情等を考慮し，多様な教材の活用に努めること。特に，生命の尊厳，社会参画，自然，伝統と文化，先人の伝記，スポーツ，情報化への対応等の現代的な課題などを題材とし，生徒が問題意識をもって多面的・多角的に考えたり，感動を覚えたりするような充実した教材の開発や活用を行うこと。
3(3) 先人の伝記，自然，伝統と文化，スポーツなどを題材とし，生徒が感動を覚えるような魅力的な教材の開発や活用を通して，生徒の発達の段階や特性等を考慮した創意工夫ある指導を行うこと。	(2) 教材については，教育基本法や学校教育法その他の法令に従い，次の観点に照らし適切と判断されるものであること。
	ア 生徒の発達の段階に即し，ねらいを達成するのにふさわしいものであること。
	イ 人間尊重の精神にかなうものであって，悩みや葛藤等の心の揺れ，人間関係の理解等の課題も含め，児童が深く考えることができ，人間としてよりよく生きる喜びや勇気を与えられるものであること。
	ウ 多様な見方や考え方のできる事柄を取り扱う場合には，特定の見方や考え方に偏った取扱いがなされていないものであること。
5 生徒の道徳性については，常にその実態を把握して指導に生かすよう努める必要がある。ただし，道徳の時間に関して数値などによる評価は行わないものとする。	4 生徒の学習状況や道徳性に係る成長の様子を継続的に把握し，指導に生かすよう努める必要がある。ただし，数値などによる評価は行わないものとする。

索　引

あ行

アクティブ・ラーニング　50
天野貞祐　36
生きる力　39, 40, 89
イスラーム教育　172-177
伊藤博文　27, 28
岩瀬六郎　32
インカルケーション　120, 121, 123, 124
インターネット接続機器　97
エピソード評価　81
及川平治　31
オープン・アプローチ　125
小原國芳　31

か行

価値観教育　154, 155, 157, 159
価値の明確化　16, 40, 120, 121, 123, 139
考える道徳　46, 49, 50
環境教育　87-94
慣習的道徳　15, 16
カント, I.　9, 134, 150
木下竹次　31
キャラクター・エデュケーション　120, 122-124
キャリア教育　165
教育グローバル計画　144
教育測定運動　75
教育勅語　25, 28-31, 33, 35, 149
教学聖旨　26, 27
教科書疑獄事件　30
議論する道徳　46, 49, 50
クリック報告　127, 128
ケアリング　21
現実主義　3-6, 11
コアカリキュラム　49
弘益人間　148, 149
公共道徳　167
構造構成主義　8
コールバーグ, L.　13, 18-20, 121
五戒五徳　166, 169
国民科　25, 28, 33
互恵的利他性　5
心の教育　39
心のノート　40
個人内評価　75, 79, 83, 84
国家教育哲学　174, 175, 177

さ行

コミュニタリアニズム　19
コミュノタリスム　136
サイモン, S. B.　120
沢柳政太郎　31
自己評価　75, 83, 134, 140, 153, 157
持続可能な開発　87-89, 107, 144, 171
持続可能な社会　87-92, 94
実学主義　25, 26
シティズンシップ教育　127-129
指導要録　82, 83
市民性への教育　143, 144
市民的資質　163, 165
宗教教授　125
宗教授業　130-134
宗教知識　161, 162
宗教的中立　136, 137
修身科　25-33, 35-37, 76
修身教育　25, 30-32, 37, 38
修身教科書　28, 30-33
儒教主義　25, 27, 28, 31
主体的・対話的で深い学び　50, 104
シュタイナー教育　135
状況的アプローチ　134
情報活用能力　97-99, 101, 104
情報教育　99, 101
情報モラル　68, 97-105, 107
人格教育　154, 167
シンガポール国民誓詞　161
新教育　15, 30-32
人権教育　107, 110-113, 115
新儒教主義　162
人性教育　149
信念対立解明アプローチ　8
人物主義　30
スイス PER　143, 144
スカーフ事件　136
生活修身　31, 32
生活綴方運動　32
生産財産業　7
世界市民　109, 151
セクシュアリティ教育　165
潜在的カリキュラム　17, 62
全面主義道徳　35, 36
相互宗教間学習　132, 134

た行

相対主義　8, 121
素質教育　155
多面的・多角的　50, 69, 78, 79, 103, 108-110
足るを知る経済　168, 171
知識基盤社会　7
ディスカッション　115, 135, 139, 165
デューイ, J.　8, 13, 15-18, 20
デュルケム, É.　13-15, 17, 18, 20
討議　20, 112, 139, 144
道徳教育推進教師　55, 60, 61
道徳教育報告書　161, 162
道徳性発達　17-19
道徳的価値　5
道徳的雰囲気　20
道徳の教科化　43, 46, 48, 68
トゥリエル, E.　20
徳育論争　26, 27
特設道徳　35, 37, 38
徳目主義　30, 36-38
閉じた道徳　3, 4

な行

内包的アプローチ　125
認知的葛藤　19
認知発達的アプローチ　17, 20, 21
ネットいじめ　100
ノディングズ, N.　21

は行

ハーミン, M.　120
発議　142, 146, 147
発達段階　18-20, 38, 100, 112, 121, 159
パフォーマンス評価　81
反省的道徳　15, 16
ピアジェ, J.　17-20, 121
開かれた道徳　3, 4
ファシリテーション　114
ファシリテーター　110, 113-115, 133
複合社会　172, 174, 176
福沢諭吉　26, 27
副読本　40, 47, 65-68
仏教道徳　166
ブミプトラ政策　172
プラグマティズム　15
別葉　58

ベルグソン，H. *3, 4*
ヘルバルト主義 *15*
ベンサム，J. *9*
報恩 *166, 169, 170*
ポートフォリオ評価 *81, 140*
ホリスティック教育 *135*

ま行
明示的アプローチ *125*
元田永孚 *27-29*
モラルジレンマ *139*
モラル・ジレンマ・ディスカッ
　　ション *121-123*
森有礼 *28, 29, 33*

や行
役割演技 *110*
役割取得 *19, 122*
ヨーロッパ評議会 *109-111*
易地思之（ヨクチサジ） *148*
読み物教材 *65-67, 70*
読み物資料 *38, 49, 66, 76, 94, 104,*
　　135

ら・わ行
ライシテ *136*
ラス，L. E. *120, 121*
リコーナ，T. *122-124*
理想主義 *3-5, 8, 11, 14*
リベラリズム *19*
倫理科 *28, 153*

ロールプレイ *165*
私たちの道徳 *49, 65-67, 72, 93, 95,*
　　105

欧文
CCE *164-176*
CIIP *143, 144*
CME *163, 164*
EFL *161, 162*
EMC *138*
ESD *88, 89, 92, 108*
HarmoS *143*
NCIC *149, 150*
PDCA *75, 79*

《監修者紹介》

吉田武男（筑波大学名誉教授／関西外国語大学短期大学部教授・顧問）

《執筆者紹介》（所属，分担，執筆順，＊は編著者）

＊田中マリア（編著者紹介参照：はじめに，第Ⅴ部5）

吉田　誠（山形大学学術研究院地域教育文化学部教授：第1章）

小林将太（大阪教育大学総合教育系准教授：第2章）

宮本　慧（関西外国語大学外国語学部助教：第3章）

河原芽以（近畿大学九州短期大学通信教育部保育科非常勤講師／筑波保育医療専門学校こ
　　　　ども学科非常勤講師：第4章）

細戸一佳（山梨県立大学非常勤講師：第5章・第11章）

板橋雅則（明治学院大学文学部准教授：第6章）

原口友輝（中京大学教養教育研究院教授：第7章）

吉田武男（筑波大学名誉教授／関西外国語大学短期大学部教授・顧問：第8章）

山本容子（筑波大学人間系准教授：第9章）

村松遼太（元 独立行政法人教職員支援機構研修特別研究員：第10章）

村松香織（元 土浦めぐみ教会付属森の学園初等部・中等部講師：第Ⅴ部1）

菊地かおり（筑波大学人間系助教：第Ⅴ部2）

相賀由美子（東洋大学理工学部・文学部非常勤講師／筑波技術大学障害者高等教育研究支
　　　　援センター非常勤講師：第Ⅴ部3）

川上若奈（筑波大学人間系助教：第Ⅴ部4）

洪　顕吉（韓国嘉泉大学名誉教授：第Ⅴ部6）

那　楽（元 中国・東北師範大学思想政治研究センター准教授：第Ⅴ部7）

池田充裕（山梨県立大学人間福祉学部教授：第Ⅴ部8）

渋谷　恵（明治学院大学心理学部教授：第Ⅴ部9）

手嶋將博（文教大学教育学部教授：第Ⅴ部10）

《編著者紹介》

田中マリア（たなか・まりあ）

　　筑波大学人間系准教授，博士（教育学）

　　『道徳教育の理論と指導法』（学文社，2013年）

　　『道徳教育の理論と実践』（共著，協同出版，2013年）

　　「「思考力」「判断力」「表現力」を育てる道徳教育に関する一考察——スイスの市民教育用教材及び教師用指導書
　　　から」（『倫理道徳教育研究』特別号，2016年）

　　「スイスフランス語圏における市民的教育の進展——価値教育と言語教育の融合への動き」（共著，『倫理道徳教
　　　育研究』創刊号，2017年）ほか。

　　「「スイス PER」における「倫理と宗教文化」教育の現状と課題」（共著，『倫理道徳教育研究』第三号，2020年）

　　『道徳教育』（編著，協同出版，2021年）

	MINERVA はじめて学ぶ教職⑫
	道徳教育

2018年 5 月10日　初版第 1 刷発行	〈検印省略〉
2024年 9 月30日　初版第 4 刷発行	

定価はカバーに
表示しています

編　著　者	田　　中　　マ　リ　ア
発　行　者	杉　　田　　啓　　三
印　刷　者	藤　　森　　英　　夫

発行所　株式会社　ミネルヴァ書房

607-8494　京都市山科区日ノ岡堤谷町 1
電話代表　（075）581-5191
振替口座　01020-0-8076

ⓒ田中マリアほか，2018　　　　　　　亜細亜印刷

ISBN978-4-623-08328-2

Printed in Japan

MINERVA はじめて学ぶ教職

監修 吉田武男

「教職課程コアカリキュラム」に準拠 　全20巻＋別巻1

◆ B5判／美装カバー／各巻180〜230頁／各巻予価2200円（税別） ◆

① 教育学原論
滝沢和彦 編著

② 教職論
吉田武男 編著

③ 西洋教育史
尾上雅信 編著

④ 日本教育史
平田諭治 編著

⑤ 教育心理学
濱口佳和 編著

⑥ 教育社会学
飯田浩之・岡本智周 編著

⑦ 社会教育・生涯学習
手打明敏・上田孝典 編著

⑧ 教育の法と制度
藤井穂高 編著

⑨ 学校経営
浜田博文 編著

⑩ 教育課程
根津朋実 編著

⑪ 教育の方法と技術
樋口直宏 編著

⑫ 道徳教育
田中マリア 編著

⑬ 総合的な学習の時間
佐藤 真・安藤福光・緩利 誠 編著

⑭ 特別活動
吉田武男・京免徹雄 編著

⑮ 生徒指導
花屋哲郎・吉田武男 編著

⑯ 教育相談
高柳真人・前田基成・服部 環・吉田武男 編著

⑰ 教育実習
三田部勇・吉田武男 編著

⑱ 特別支援教育
小林秀之・米田宏樹・安藤隆男 編著

⑲ キャリア教育
藤田晃之 編著

⑳ 幼児教育
小玉亮子 編著

＊＊＊

別 現代の教育改革
吉田武男 企画／徳永 保 編著

【姉妹編】

MINERVA はじめて学ぶ教科教育 　全10巻＋別巻1

監修 吉田武男　B5判美装カバー／各巻予価2200円（税別）〜

① 初等国語科教育
塚田泰彦・甲斐雄一郎・長田友紀 編著

② 初等算数科教育　清水美憲 編著

③ 初等社会科教育　井田仁康・唐木清志 編著

④ 初等理科教育　大髙 泉 編著

⑤ 初等外国語教育　卯城祐司 編著

⑥ 初等図画工作科教育　石﨑和宏・直江俊雄 編著

⑦ 初等音楽科教育　笹野恵理子 編著

⑧ 初等家庭科教育　河村美穂 編著

⑨ 初等体育科教育　岡出美則 編著

⑩ 初等生活科教育　片平克弘・唐木清志 編著

別 現代の学力観と評価
樋口直宏・根津朋実・吉田武男 編著

ミネルヴァ書房

https://www.minervashobo.co.jp/